"十四五"高等职业教育规划教材

智能化成本核算与管理

主 编 王 燕 周 彦

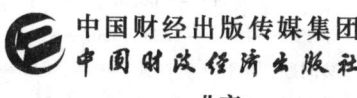

中国财经出版传媒集团
中国财政经济出版社
·北京·

图书在版编目（CIP）数据

智能化成本核算与管理 / 王燕，周彦主编. -- 北京：中国财政经济出版社，2025. 1. --（"十四五"高等职业教育规划教材）. -- ISBN 978-7-5223-3567-4

Ⅰ. F231.2

中国国家版本馆CIP数据核字第20250HT916号

责任编辑：李　媛　　　　　责任校对：张　凡
封面设计：陈宇琰　　　　　责任印制：史大鹏

智能化成本核算与管理
ZHINENGHUA CHENGBEN HESUAN YU GUANLI

中国财政经济出版社 出版

URL：http://www.cfeph.cn
E-mail：cfeph@cfeph.cn
（版权所有　翻印必究）

社址：北京市海淀区阜成路甲28号　邮政编码：100142
营销中心电话：010-88191522　编辑部门电话：010-88190653
天猫网店：中国财政经济出版社旗舰店
网址：https://zgczjjcbs.tmall.com
北京中兴印刷有限公司印刷　各地新华书店经销
成品尺寸：185mm×260mm　16开　16.5印张　406 000字
2025年1月第1版　2025年1月北京第1次印刷
定价：46.00元
ISBN 978-7-5223-3567-4
（图书出现印装问题，本社负责调换，电话：010-88190548）
本社质量投诉电话：010-88190744
打击盗版举报热线：010-88191661　QQ：2242791300

前言

"智能化成本核算与管理"课程是会计、审计、财务管理等财经类专业的主干课程,是在学生已掌握基础会计、财务会计等专业知识的前提下开设的专业核心课。在企业的财会职业岗位中,成本核算与管理岗位处于较高的层次,该课程在培养学生专业能力的同时,更加注重培养学生的综合素养。我们充分考虑了本教材在财会专业人才培养过程中的地位和作用,深入企业调研,与行业企业专家深度座谈,听取他们对教材编写的意见和建议,基于成本核算与管理流程构建课程体系,引导学生形成成本核算理论体系、掌握成本核算方法,具备成本管理意识与能力。本书既可作为高职高专财经类专业教材,也可作为在职会计人员培训以及自学者的学习用书。

本教材编写特色,主要体现在以下几个方面:

1. 教材编写体例突出理论和实践相统一

教材包括主体教材和职业能力训练。主体教材由多个项目和任务为载体组成学习单元,每个学习单元都按照"学习目标—任务案例—知识准备—任务处理—知识拓展—知识归纳"体例编写,有效地避免了理论教学和实践教学脱节的问题。职业能力训练包括"职业判断能力训练、职业实践能力训练、职业拓展能力训练"部分。教材结构清晰、语言简洁、注重应用、关注发展,能激发学生学习的兴趣,提高学生的学习效率和实际操作能力。

2. 教学目标定位准确,教学内容与职业岗位充分对接

本教材在教学目标定位上,既关注学生专业能力的培养,又注重学生社会能力和方法能力的培养,既为培养学生胜任职业岗位能力服务,又为学生可持续发展奠定基础。教学内容与出纳、会计核算、财务管理、审计等岗位职业能力要求充分对接,强调岗位分工与协作,促进综合职业素养养成,将企业真实工作任务改造后作为学习任务,实现教学过程与工作过程的统一。教学内容的前后排序符合学生的认知规律。

3. 反映成本业务智能化发展趋势

教材通过业务平台实训以及编程实训,体现成本核算与管理中的智能化,使学生了解成本核算与管理业务智能化发展趋势,提高学生业务智能化处理能力,促进学生创新能力的发展。

4. 课证深度融合

本教材教学内容与会计专业技术资格证书、财经类 1+X 证书等相关证书的考试内容

相融合，通过本课程学习后有助于学生考取相关证书。

5. 配套丰富数字化资源

为了有效提高学生的自主学习能力，教材中通过提供二维码的形式展示教材配套教学课件、教学微课等服务学习的数字化资源。使用者可以扫码绑定封底的"一书一码"，查看教材二维码中的资源，也可登录 www.read.book.zcmedia.cn 下载相关资源。

本书由校企合作共同编写，山东商业职业技术学院副教授王燕总体设计，王燕和周彦任主编，孔璐玲、牟平和赵丽丽任副主编，李英红、李霞、谭霞、张子琦、李萌、王繁一、张卫红、湖南中德安普大数据网络科技有限公司王腾博参与编写。全书最后由王燕总纂定稿。

本教材在编写过程中参阅、借鉴了一些相关教材、著作和网络资料，在此对相关作者表示诚挚的谢意。由于编写时间仓促，作者水平和实践经验有限，书中不妥之处，恳请读者批评指正。

编 者

2024 年 10 月

目录

项目一　成本归集与分配 ……………………………………………………（ 1 ）
　任务一　成本核算的基本要求与程序 ……………………………………（ 1 ）
　任务二　要素费用的归集与分配 …………………………………………（ 9 ）
　任务三　辅助生产费用的归集与分配 ……………………………………（ 25 ）
　任务四　损失性费用的归集与分配 ………………………………………（ 37 ）
　任务五　制造费用的归集与分配 …………………………………………（ 45 ）
　任务六　生产费用在完工产品和在产品之间的分配 ……………………（ 53 ）
　职业判断能力训练 …………………………………………………………（ 67 ）
　职业实践能力训练 …………………………………………………………（ 78 ）

项目二　运用品种法进行成本核算 …………………………………………（ 103 ）
　任务一　认识成本核算方法 ………………………………………………（ 103 ）
　任务二　认识品种法 ………………………………………………………（ 107 ）
　任务三　品种法成本核算综合应用 ………………………………………（ 112 ）
　职业判断能力训练 …………………………………………………………（ 120 ）
　职业实践能力训练 …………………………………………………………（ 122 ）

项目三　运用分批法进行成本核算 …………………………………………（ 131 ）
　任务一　认识分批法 ………………………………………………………（ 131 ）
　任务二　分批法成本核算综合应用 ………………………………………（ 134 ）
　任务三　简化的分批法 ……………………………………………………（ 136 ）
　职业判断能力训练 …………………………………………………………（ 153 ）
　职业实践能力训练 …………………………………………………………（ 156 ）
　职业拓展能力训练 …………………………………………………………（ 162 ）

项目四　运用分步法进行成本核算 …………………………………………（ 165 ）
　任务一　认识分步法 ………………………………………………………（ 165 ）

  任务二 逐步结转分步法的应用 …………………………………………（169）
  任务三 平行结转分步法的综合应用 …………………………………（182）
  职业判断能力训练 ……………………………………………………………（200）
  职业实践能力训练 ……………………………………………………………（205）

项目五 成本报表的编制与分析 …………………………………………（212）
  任务一 成本报表的编制 …………………………………………………（212）
  任务二 成本报表的分析 …………………………………………………（222）
  职业判断能力训练 ……………………………………………………………（232）
  职业实践能力训练 ……………………………………………………………（235）
  职业拓展能力训练 ……………………………………………………………（237）

项目六 智能化成本核算与管理实训 ……………………………………（239）
  任务一 智能化成本核算与管理业务平台实训 ……………………………（239）
  任务二 智能化成本核算与管理 RPA 软件编程实训 …………………（250）

参考文献 …………………………………………………………………………（258）

项目一
成本归集与分配

学习目标
- 能够熟练区分费用开支、非费用开支；期间费用、生产费用和成本
- 能够熟练进行材料费用、动力费用的核算
- 能够熟练进行人工费用的核算
- 能够熟练进行辅助生产费用的归集和分配
- 会进行损失性费用的核算
- 能够熟练进行制造费用的归集和分配
- 能够熟练地将生产费用在完工产品和期末在产品之间分配

任务一 成本核算的基本要求与程序

PPT

【任务案例】

泉城公司设有一个基本生产车间，大批大量单步骤生产甲、乙、丙三种产品；另外该企业设置供汽和机修两个辅助生产车间，为基本生产车间及其他部门提供服务。

2024年1月，公司发生有关经济业务如下：

（1）以银行存款购买一台机器设备价值120 000元。

（2）以银行存款200 000元购买股票，准备长期持有。

（3）根据"耗用（发出）材料汇总表"，本月共耗用A材料352 000元，其中生产产品耗用320 000元，生产车间一般耗用10 000元，机修车间耗用22 000元；耗用B材料37 260元，全部用于产品生产；耗用C材料541 000元，其中甲产品185 000元，乙产品225 000元，丙产品120 000元，企业管理部门耗用6 000元，建造固定资产耗用5 000元。

（4）以银行存款支付本月外购电费25 160元，其中基本生产车间生产产品耗用13 200元，车间一般耗用5 360元，供汽车间耗用1 000元，机修车间耗用1 200元，企业管理部门耗用2 400元，专设销售机构耗用800元，在建工程耗用1 200元。

（5）本月应付职工工资156 880元，其中基本生产车间生产工人工资91 200元，车

间管理人员工资 12 280 元，供汽车间人员工资 12 000 元，机修车间人员工资 8 000 元，企业管理人员工资 11 400 元，专设销售机构人员工资 16 000 元，在建工程人员工资 6 000 元。

（6）本月实际发生职工福利费 19 296.24 元，其中基本生产车间生产工人职工福利费 11 217.6 元，车间管理人员职工福利费 1 510.44 元，供汽车间人员职工福利费 1 476 元，机修车间人员职工福利费 984 元，企业管理人员职工福利费 1 402.2 元，专设销售机构人员职工福利费 1 968 元，在建工程人员职工福利费 738 元。本月分别按工资总额的 2%、1.5%、16%、1%、8%、0.7% 和 8% 计提工会经费、职工教育经费、养老保险、失业保险、医疗保险（含生育保险）、工伤保险和住房公积金。

（7）计提本月固定资产折旧和无形资产摊销。本月折旧费共 69 381.80 元，其中基本生产车间 42 761.80 元，供汽车间 3 000 元，机修车间 5 000 元，企业管理部门 15 000 元，专设销售机构 3 600 元；无形资产摊销 2 000 元。

（8）支付本月短期借款利息 5 000 元。

（9）企业管理人员报销差旅费 3 000 元，基本生产车间管理人员报销差旅费 3 629.10 元，均以现金支付。

（10）支付广告费 20 000 元。

（11）购买印花税票 300 元。

（12）以银行存款支付办公用品费 10 000 元，其中基本生产车间 4 081.40 元，供汽车间 880 元，机修车间 1 000 元，企业管理部门 4 038.60 元。

（13）以银行存款支付自来水公司水费 9 600 元，其中供汽车间耗用 8 000 元，其余为企业管理部门耗用。

要进行成本核算，首先应正确判断下列问题：哪些属于非费用支出？哪些属于费用支出？费用支出中哪些属于期间费用？

思考：你能根据上述资料正确计算泉城公司 2024 年 1 月的生产费用和期间费用吗？

【任务处理】

一、成本与费用

（一）成本

成本是商品价值的组成部分，是已消耗的生产资料的价值与劳动者为自己所创造的价值之和，即企业为生产产品、提供劳务等发生的各种耗费。商品的价值由三部分构成：生产中已消耗的生产资料的价值，即物化劳动的价值（C）；劳动者为自己劳动所创造的价值，即活劳动的价值（V）；劳动者为社会所创造的价值，即剩余价值（M）。商品的价值可用公式表示为：$W = C + V + M$。在商品价值的三个构成部分（C、V、M）中，成本是前两部分的和，即 C + V 部分。这是理论上成本的内容。

（二）费用

费用有狭义和广义之分。狭义的费用，是指企业在日常活动中发生的，会导致所有者权益减少的，与向所有者分配利润无关的经济利益的总流出。它包括营业成本和期间费用（销售费用、管理费用、财务费用）等。

广义的费用，是指企业在生产经营过程中所发生的各种耗费的总和，除了包括狭义的期间费用等项目以外，还包括生产费用。生产费用是指企业一定时期内在生产产品或提供劳务过程中发生的各种耗费，是对象化的费用，最终计入产品成本。而期间费用直接计入当期损益。实际工作中往往把企业的生产费用和期间费用等合称为生产经营费用。

生产费用和产品成本在经济内容上是一致的，都是以货币表现的材料费、人工费、折旧费等物化劳动和活劳动的耗费。生产费用应计入所生产产品、所提供劳务的成本。产品成本、劳务成本是对象化的生产费用。但生产费用与一定会计期间相联系，是指一定期间的生产耗费；而成本与一定种类和数量的产品或劳务相联系，是指具体到一定种类和数量的产品或劳务上的耗费。费用仅指本期耗费，不包括前期耗费，成本则包括前期耗费。从一个会计期间（月度、季度、半年度、年度）来看，生产费用总额与其完工产品成本、完成劳务成本的总额不一定相等。

【例1-1】根据"任务案例"，泉城公司会计人员对各种支出所做的分析为：

当月非费用支出金额 =（1）120 000 +（2）200 000 +（3）5 000 +（4）1 200 +（5）6 000 +（6）2 970 = 335 170（元）

当月费用支出金额 =（3）925 260 +（4）23 960 +（5）156 880 +（6）74 685.60 +（7）71 381.80 +（8）5 000 +（9）6 629.10 +（10）20 000 +（11）300 +（12）10 000 +（13）9 600 = 1 297 696.50（元）

（3）当月期间费用 =（3）6 000 +（4）3 200 +（5）27 400 +（6）13 563 +（7）20 600 +（8）5 000 +（9）3 000 +（10）20 000 +（11）300 +（12）4 038.60 +（13）1 600 = 104 701.60（元）

二、成本会计的职能

成本会计是运用会计的基本原理和一般原则，采用一定的技术方法，对企业生产经营过程中所发生的各项费用和产品（劳务）成本进行连续、系统、全面、综合地核算和监督的一种管理活动。成本会计属于专业会计内容，它具备会计的基本特征。

成本会计的职能包括成本预测、决策、计划、控制、核算、监督、分析、考核等方面。

（一）成本预测与决策

成本预测是事前根据历史成本资料和其他相关资料，运用定量分析和定性分析的方法，对未来成本水平和变化趋势作出科学推测和估计。成本决策是根据成本预测及相关资料，分析企业具体情况，选择最佳成本方案以确定目标成本的过程。成本预测是成本决策的基础。通过成本预测，可以减少生产经营管理的盲目性，提高成本管理的科学性和预见性。成本决策是编制成本计划的前提，为编制成本计划提供资料。

（二）成本计划与控制

成本计划是指在成本预测和决策的基础上，根据确定的目标成本，规定在计划期内应达到的水平以及应采取的作为成本控制和考核的依据、各项步骤措施。成本计划是降低成本、费用的具体目标，是进行成本控制的依据。成本控制是指依据成本计划确定的费用预算和成本标准，控制和监督产品成本形成过程中的各项因素，以保证计划得以实施的一种管理活动。

（三）成本核算与监督

成本核算是指计算企业生产经营过程中实际发生的成本、费用，并进行相应的账务处理。成本核算可以反映成本计划完成情况，并为进行成本分析和考核提供依据。成本监督是指在成本核算过程中，审核监督企业的成本费用开支是否符合国家的财经纪律、经济政策和企业规章，各项经济活动是否合理合法，促使企业的生产经营沿着正确的轨道运行。

（四）成本分析与考核

成本分析是指采用专门的分析方法，利用成本核算资料，与目标成本、上年实际成本、责任成本等进行比较，了解成本变动的情况，揭示成本差异，分析产生差异的原因，以挖掘企业降低成本、节约开支的潜力。成本考核是指在成本分析的基础上，对成本计划和有关指标的实际完成情况进行定期考察和评价。成本考核是划分各部门责任、考评工作业绩的重要手段。成本考核要与奖惩制度密切结合起来，并且奖惩公平合理，以充分调动各个责任者的积极性。

以上职能相互联系、相互补充，形成了一个有机的整体。成本预测是成本决策的前提，成本决策是成本预测的结果。成本计划是成本决策所确定目标的具体化，成本控制是对成本计划的实施进行监督，保证决策目标的实现。成本核算是对决策目标是否实现的最后检验。通过成本分析，才能查明决策目标未能实现的原因。成本考核是依据成本计划、成本核算和成本分析的资料对责任者进行考核和评价，是实现成本决策目标的重要手段。成本监督检查是成本核算的继续和深化，是保证成本考核资料真实、合法、合理的重要手段。

三、成本核算的基本要求

为了正确核算产品成本，保证产品成本的真实可靠，成本核算工作必须遵循以下基本要求。

（一）正确划分各种支出的界线

企业在生产经营过程中的支出是多种多样的，其用途也是多方面的。要正确核算成本费用，必须严格区分哪些支出计入产品成本，哪些支出计入期间费用，哪些支出不应由产品成本、期间费用负担。如购建固定资产、无形资产和其他资产的支出，以及对外投资的支出等，都属于资本性支出，应计入有关资产的价值，不能计入期间费用和产品成本；企业支付的滞纳金、罚款、违约金、赔偿金和各种捐赠、赞助支出等，都与企业正常生产经营活动没有直接关系，应计入营业外支出。只有正确划分这些界限才能保证成本核算的客观性，提高成本控制的效果。

（二）正确划分各期费用成本的界线

一般情况下，企业应当按月进行成本核算。因此，对于可以计入成本费用的支出，应当根据权责发生制原则，正确划分各期费用成本的界限。按照权责发生制原则，凡应由本期负担的成本费用，不论其款项是否在本期支付，都应列入本期成本费用；凡是不应由本期负担的成本费用，即使款项已经在本期支付，也不应列入本期的成本费用。只有正确划分各期费用成本的界限，才能正确合理地计算各期产品成本、经营损益。

（三）正确划分产品成本与期间费用的界线

在正确划分各种支出和各期费用的基础上应当严格分清哪些费用应当计入产品成本、哪些费用应当计入期间费用。企业本期费用可划分为生产费用和期间费用，生产费用应当计入产品成本，期间费用应当计入当期损益。

（四）正确划分各种产品的成本界线

为了正确计算各种产品的成本，对于可以计入本期产品成本的各项费用，必须在各种产品之间进行严格划分。按照受益原则，属于哪一种产品成本负担的费用，就应计入哪一种产品的成本；对于不能分清由哪种产品负担，即由多种产品共同负担的费用，应采用合理的分配标准，在受益产品之间进行分配。

（五）正确划分本期完工产品成本与期末在产品成本的界线

通过上述费用界线的划分，确定了各种产品当月的成本费用。月末，如果某种产品既有完工产品，又有未完工产品，那么企业需要采取一定的方法将该种产品的成本费用总额在月末完工产品与在产品之间进行合理分配，以确定期末完工产品的总成本和单位成本。

四、成本核算的一般程序

产品成本核算的一般程序是指根据成本核算的基本要求，对成本费用进行分类核算，直到计算出完工产品的总成本和单位成本的基本过程。不同生产工艺过程和生产组织的企业，成本计算的具体方法不同。但是，都共同遵循一个基本程序即确定成本计算对象、确定成本项目、确定成本计算期、审核和控制生产费用、归集和分配生产费用、计算完工产品成本和月末在产品成本。

（一）确定成本计算对象

成本计算对象是生产费用的承担者，即归集和分配生产费用的对象。确定成本计算对象是计算产品成本的前提。由于各个企业的生产特点、管理要求、规模大小、管理水平不相同，所以企业成本计算的对象也不尽相同。对制造业而言，成本计算对象包括产品品种、产品批别和产品的生产步骤等。企业应根据自身的生产特点和管理要求，选择合适的产品成本计算对象。

（二）确定成本项目

成本项目是指生产费用要素按经济用途划分成的若干项目。成本项目一般包括直接材料、直接人工、制造费用三个项目。企业可根据自身具体情况，增减一些项目，如单设燃料及动力、废品损失、停工损失等成本项目。

（三）确定成本计算期

成本计算期是指前后两次成本计算的间隔期，即多长时间计算一次成本。成本计算要按月对费用进行归集和分配。成本计算期不一定是会计结算期。成本计算期的确定，主要取决于企业生产组织的特点。通常，大量大批生产情况下，产品成本的计算期与会计期间相一致；单件小批生产情况下，产品成本的计算期则与产品的生产周期相一致。

（四）审核和控制生产费用

审核和控制生产费用主要是确定各项费用是否开支，开支的费用是否应该计入产品成本。

(五) 归集和分配生产费用

归集和分配生产费用是指将应计入本期产品成本的各种要素费用在各有关产品之间，按成本项目进行归集和分配。分配的原则是：谁受益谁负担。产品生产直接发生的生产费用直接计入产品成本；为产品生产服务的间接费用，可先按发生地点和用途进行归集，然后分配计入各受益产品。

(六) 计算本期完工产品成本和期末在产品成本

对既有完工产品又有月末在产品的产品，应将计入该产品的总成本，采取一定的方法在完工产品与月末在产品之间进行分配，确定完工产品和在产品的成本。

【知识拓展】

一、生产费用的分类

(一) 生产费用按经济内容分类

企业在生产过程中发生的各种耗费称为生产费用。生产费用按经济内容分类，一般包括以下内容：

1. 外购材料

外购材料是指企业为生产产品和提供劳务而消耗的一切由外部购入的原料及主要材料、外购半成品、辅助材料、包装物、修理用备件和低值易耗品等。

2. 外购燃料

外购燃料是指企业为生产产品和提供劳务而耗用的由外部购进的各种固体、液体和气体燃料。

3. 外购动力

外购动力是指企业为生产产品和提供劳务而消耗的由外部购入的各种动力，如电力、蒸汽等。

4. 职工薪酬

职工薪酬是指企业为生产产品和提供劳务而支付的职工工资，以及计提的职工福利、社会保险等。

5. 折旧费

折旧费是指企业计提的固定资产的折旧额。

6. 其他支出

其他支出是指上述费用以外的支出，如差旅费、电话费、办公费、租赁费等。

对生产费用按照经济内容进行分类，可以了解企业生产过程中物化劳动和活劳动的耗费情况，了解生产费用的构成，有利于加强生产费用的核算与管理。

(二) 生产费用按经济用途分类

生产费用的经济用途，指生产费用在生产产品和提供劳务过程中的用途。费用按经济用途的分类，通常称为成本项目，即构成产品制造成本的项目。产品的成本项目反映生产过程中生产费用发生的目的，在哪些方面耗用，便于寻找降低成本费用的潜力。

产品的成本项目，一般包含以下内容。

1. 直接材料

直接材料是指直接用于产品生产的原料、主要材料、外购半成品、燃料、动力、包装材料以及其他直接材料。

2. 直接人工

直接人工是指直接从事产品生产的人员的工资以及提取的职工福利、社会保险等。直接材料和直接人工应于发生时直接计入产品成本。

3. 制造费用

制造费用是指企业各个生产车间（或分厂）为生产产品和提供劳务所发生的各项间接费用。如生产车间管理人员的薪酬；生产车间房屋建筑物、机器设备等的折旧费、租赁费；生产车间的机物料消耗、低值易耗品摊销、水电费、办公费、差旅费、保险费；季节性和修理期间的停工损失等。制造费用应按期分配计入产品成本。

（三）生产费用按计入产品成本的方法分类

计入产品成本的各项生产费用，按计入产品成本的方法，可以分为直接计入费用和间接计入（或称分配计入）费用。

1. 直接计入费用

直接计入费用是指可以分清哪种产品所耗用、可以直接计入某种产品成本的费用。

2. 间接计入费用

间接计入费用是指不能分清哪种产品所耗用、不能直接计入某种产品成本，而必须按照一定标准分配计入有关的各种产品成本的费用。

二、成本的分类

（一）按成本习性分类

成本习性是指成本总额与业务量（产量或销量）变化的依存关系。成本按成本习性可为固定成本、变动成本和混合成本。

1. 固定成本

固定成本是指成本总额不随产量或销售量变动而变动的成本，如机器设备的折旧费、企业管理人员的工资。固定成本总额在一定期间是不变的，但单位产品的固定成本会与业务量变化呈反比例变化。

2. 变动成本

变动成本是指成本总额随业务量的增减变化而成正比例变动的成本，如直接材料、直接人工。单位产品中的变动成本在一定范围内是固定不变的。

3. 混合成本

混合成本是指成本总额随业务量的增减变化而相应地发生增减变化，但变动幅度不与业务量的变动成比例。其兼有固定成本和变动成本两种属性。

（二）按成本是否可控制分类

成本按是否可控制分类可分为可控成本和不可控成本。

1. 可控成本

可控成本是指某一责任单位（包括部门、生产车间等）或个人可以实施控制的成本。

2. 不可控成本

不可控成本是指某一责任单位（包括部门、生产车间等）或个人不可以实施控制的成本。

成本可控与不可控是相对而言的，不是一成不变的。一项成本对某责任单位来说不可控，但对另一责任单位来说可能是可控的。

（三）按成本计入产品对象的方式分类

成本计入产品对象的方式是指成本如何计入产品中。成本按计入产品对象的方式分为直接成本和间接成本。

1. 直接成本

直接成本是指成本与某一特定对象产品或劳务加工步骤之间具有直接关系，其金额于发生时可按一定标准将其直接计入该对象产品或劳务加工步骤的成本中。

2. 间接成本

间接成本是指成本与某一特定对象产品或劳务加工步骤之间没有直接联系，其金额无法于发生时直接归属对象产品或劳务加工步骤的成本。其发生额于会计期末分配计入对象产品或劳务加工步骤。

三、成本核算工作的组织

为了完成成本核算工作的任务，企业应当合理设置成本核算机构，配备好专职或兼职的成本会计人员，并且严格按照有关的法律、规章、制度等进行工作。因此，成本核算工作的组织主要是解决三大问题：设置成本会计机构；配备成本会计人员；制定和执行有关规章制度。

（一）设置成本会计工作机构

1. 设置原则

成本会计工作机构是企业会计机构的重要组成部分。企业通常应根据自身规模的大小、企业机构的设置、生产经营业务的特点，在保证成本核算工作质量的前提下，按照尽量节约工作时间和费用的原则，设置成本会计工作机构。一般大中型企业应专设成本会计机构；规模小的企业，可以不单设成本会计机构，可以在会计部门中指定专门进行成本核算的会计人员。

2. 成本会计工作机构内部的组织分工

成本会计机构内部的组织分工，可以按照成本会计的职能划分为预测决策组、计划控制组、核算组和分析考核组等；也可以按照成本核算的对象划分为产品成本核算组、期间费用核算组等。

企业内部各级成本核算机构之间的组织分工，有集中工作方式和分散工作方式。

集中工作方式是指成本核算、成本报表编制等工作，主要由厂部成本核算机构集中进行。这种方式下，分厂、车间等单位一般不设置专门的成本核算机构，只在会计机构中配备成本核算人员，负责填制、审核、整理有关原始凭证，为厂部进一步的成本核算和分析工作提供资料。

分散工作方式是指成本核算工作，分散由厂级以下的成本核算机构或人员分别进行。厂部成本核算机构负责对下一级成本核算机构或人员进行业务上的指导和监督，负责汇总核算。

企业应当根据自身经营的特点和成本核算的要求,明确企业内部各级成本核算机构的分工。一般来说,大中型企业适用分散工作方式,小型企业适用集中工作方式。企业也可以将两种方式结合应用。

(二) 配备成本会计人员

企业成本会计机构中要配备高素质的会计人员。进行成本核算的会计人员既要精于核算,又要精于管理,遵守职业道德,认真负责地完成成本核算管理工作。

为了提高成本核算工作质量,应当建立岗位责任制,明确分工。

(三) 制定和执行成本核算的规章制度

成本核算法规和制度是企业处理成本核算工作的基本规范,是会计法规和制度的重要组成部分。成本核算机构和会计人员必须严格按有关法律、法规和制度的规定进行成本核算工作,实施会计监督。与成本核算有关的全国性法律、法规和制度可以分为以下三个层次:《会计法》《企业财务通则》和《企业会计准则》《小企业会计制度》。企业进行成本核算,组织成本管理与监督,设置成本会计机构和配备成本会计人员等,都应当遵循上述法规的规定。

企业内部成本核算制度和成本核算办法,内容一般包括:

(1) 成本定额、成本计划和费用预算的编制方法。

(2) 成本核算制度,包括成本计算对象、成本计算方法的确定、成本账户、成本项目的设置、成本核算的流程、生产费用在完工产品和在产品之间分配的方法等。

(3) 成本预测、成本控制和分析制度。

(4) 成本报表制度,包括成本报表种类、格式、编制方法、使用对象和日期等。

任务二 要素费用的归集与分配

PPT

【任务案例】

沿用"任务一"任务案例,泉城公司 2024 年 1 月发生下列各项费用性开支,会计人员分类进行各项要素费用的归集和分配。

(1) 根据"耗用(发出)材料汇总表",本月共耗用 A 材料 352 000 元,其中生产产品耗用 320 000 元,生产车间一般耗用 10 000 元,机修车间耗用 22 000 元;耗用 B 材料 37 260 元,全部用于产品生产;耗用 C 材料 541 000 元,其中甲产品耗用 185 000 元,乙产品耗用 225 000 元,丙产品耗用 120 000 元,企业管理部门耗用 6 000 元,建造固定资产耗用 5 000 元。

(2) 以银行存款支付本月外购电费 25 160 元,其中基本生产车间生产产品耗用 13 200 元,车间一般耗用 5 360 元,供汽车间耗用 1 000 元,机修车间耗用 1 200 元,企业管理部门耗用 2 400 元,专设销售机构耗用 800 元,在建工程耗用 1 200 元。

(3) 本月应付职工工资 156 880 元,其中基本生产车间生产工人工资 91 200 元,车间管理人员工资 12 280 元，供汽车间人员工资 12 000 元，机修车间人员工资 8 000 元，企业管理人员工资 11 400 元，专设销售机构人员工资 16 000 元，在建工程人员工资 6 000 元。

（4）本月实际发生职工福利费 19 296.24 元，其中基本生产车间生产工人职工福利费 11 217.6 元，车间管理人员职工福利费 1 510.44 元，供汽车间职工福利费 1 476 元，机修车间人员职工福利费 984 元，企业管理人员职工福利费 1 402.2 元，专设销售机构人员职工福利费 1 968 元，在建工程人员职工福利费 738 元。本月分别按工资总额的 2%、1.5%、16%、1%、8%、0.7% 和 8% 计提工会经费、职工教育经费、养老保险、失业保险、医疗保险（含生育保险）、工伤保险和住房公积金。

（5）计提本月固定资产折旧和无形资产摊销。本月折旧费共 69 381.80 元，其中基本生产车间 42 761.80 元，供汽车间 3 000 元，机修车间 5 000 元，企业管理部门 15 000 元，专设销售机构 3 600 元；无形资产摊销 2 000 元。

（6）支付本月短期借款利息 5 000 元。

（7）企业管理人员报销差旅费 3 000 元，基本生产车间管理人员报销差旅费 3 629.10 元，均以现金支付。

（8）支付广告费 20 000 元。

（9）购买印花税票 300 元。

（10）以银行存款支付办公用品费 10 000 元，其中基本生产车间 4 081.40 元，供汽车间 880 元，机修车间 1 000 元，企业管理部门 4 038.60 元。

（11）以银行存款支付自来水公司水费 9 600 元，其中供汽车间耗用 8 000 元，其余为企业管理部门耗用。

对于上述经济业务，会计人员应根据各项费用的内容和用途，直接计入或分配计入有关成本和费用账户。

思考：要素费用包括哪些方面？如何进行要素费用的归集和分配？

【任务处理】

一、材料费用

产品成本中的材料费用是指产品生产过程中消耗的原料及主要材料、外购半成品、包装材料，以及燃料和动力等。

产品的生产过程也是材料的消耗过程，材料在产品成本中一般占有较大的比重，所以材料费用的高低会直接影响产品成本和企业的盈利水平。因此，加强材料费用的核算，对正确计算企业产品成本，进而逐步降低产品成本，提高盈利水平有着重要意义。

（一）材料费用的计算

材料费用的计算就是要正确计算产品生产过程中材料消耗的数量和价格，进而正确计算材料费用。材料费用是材料消耗数量与其单价的乘积。

材料消耗金额（即材料费用）= 材料消耗数量 × 材料单价

1. 材料消耗数量的计算

材料消耗数量的计算方法有两种：一是连续记录法（永续盘存制），二是盘存计算法

（实地盘存制）。

（1）连续记录法（永续盘存）。连续记录法是指每次收入、发出材料时，都根据有关收、发材料的原始凭证将材料收入和发出（消耗）的数量记入材料明细账，材料消耗的数量是根据发出材料的原始凭证确定的，并且在材料明细账中能够随时计算出材料的结存数量。

企业生产过程中记录材料消耗数量的原始凭证有"领料单""限额领料单"和"领料登记表"等。期末，对于生产单位已领未用的材料应办理退料手续或假退料手续，从当月的领用数量中扣除。此时，"退料单"也是记录材料消耗数量的原始凭证。

企业应于期末根据全部领料凭证汇总编制"耗用材料汇总表"（其格式如表1-10所示），确定计入直接材料费用的材料消耗额。耗用材料汇总表应按照领料用途和材料类别分别汇总。

（2）盘存计算法（实地盘存）。盘存计算法是指平时只记录材料收入数，不记录材料发出数，材料消耗数量是根据期末实地盘点确定的结存数量倒挤计算出来的。这种方法下，材料消耗数量的计算公式如下：

本期消耗材料数量＝期初结存材料数量＋本期收入材料数量－期末盘存材料数量

从公式可以看出，采用这种方法计算的材料消耗量是不准确的。如果发生材料被盗、被挪用或者损坏等情况，也会将其计算在材料消耗量中，不利于加强管理、堵塞漏洞。因此，这种方法企业采用得较少。

2. 材料单价的计算

在实际工作中，企业可以按照材料实际单价组织材料的核算，也可以按照材料计划单价组织材料的核算，但无论采用哪种材料单价核算的形式，最终计入产品成本的材料费用，都应当是材料的实际成本。

（1）按实际成本计价。企业采用实际成本进行材料的日常核算时，同一品种、规格的材料由于购入的时间和地点不同，各批材料购进的实际价格也很可能不一致，因此产生了消耗材料按什么价格来计算的问题。

在实际工作中，企业可以采用先进先出法、加权平均法或者个别计价法确定发出材料的实际成本。对于不能替代使用的材料、为特定项目专门购入或制造的材料，往往采用个别计价法确定发出材料的成本。

（2）按计划成本计价。企业采用计划成本进行材料的日常核算时，发出材料先按计划成本转账，月末计算材料成本差异率和发出材料应分摊的成本差异，追加或冲减发出材料的成本，从而把发出材料的计划成本调整为实际成本。如果分摊的材料成本差异为超支差异（材料实际成本大于计划成本），将材料成本差异与计划成本相加；如果分摊的材料成本差异为节约差异（实际成本小于计划成本），则材料成本差异与计划成本抵减。其计算公式如下：

发出材料的计划成本＝发出数量×单位计划成本

发出材料应分摊的成本差异＝发出材料的计划成本×材料成本差异率

发出材料的实际成本＝发出材料的计划成本＋（或－）发出材料应分摊的成本差异

（二）直接材料费用的分配

直接材料费用是指产品生产过程中直接用于产品生产的材料费用，如纺织生产用的原棉、机械生产用的钢材等。

对于生产过程中消耗的直接材料费用，凡是能够分清属于某一成本核算对象的，应当直接计入该成本核算对象的生产成本；属于几个成本核算对象共同耗用的材料，则应当选择适当的分配方法，分配计入有关成本核算对象的生产成本。

费用分配时，首先选择分配标准。选择分配标准有两条主要依据：一是分配标准必须与被分配的费用有着密切的联系，以保证费用分配的合理性和科学性；二是分配标准要比较容易取得，以保证费用分配的可行性和实用性。分配标准确定了，费用的分配便可按各产品分配标准的比例进行。

材料费用的分配一般可以选用重量、定额和标准产量作为其分配标准，相应地产生了重量分配法、定额比例法和系数分配法（标准产量法）等方法。

1. 重量比例分配法

重量比例分配法是指以各种产品的重量作为分配标准来分配材料费用的方法。当企业生产的几种产品共同耗用某种材料，耗用量的多少与产品重量又有密切关系时，可采用重量比例分配法。其计算公式如下：

$$直接材料费用分配率 = \frac{各种产品共同耗用的材料费用}{各种产品重量之和}$$

某产品应分配的费用 = 该产品总重量 × 直接材料费用分配率

【例 1-2】根据"任务案例"第 1 项业务，泉城公司本月共耗用 A 材料 352 000 元，其中生产产品耗用 320 000 元。假设该企业本月生产甲、乙、丙三种产品，上述 320 000 元是三种产品共同耗用的，本月三种产品的产量分别为 1 000 千克、2 000 千克、1 000 千克。采用重量比例分配法编制的 A 材料费用分配表如表 1-1 所示。

表 1-1　　　　　　　　　泉城公司材料费用分配表

材料名称：A 材料　　　　　　　2024 年 1 月　　　　　　　　　　单位：元

产品名称	产品重量（千克）	分配率	分配金额
甲产品	1 000		80 000
乙产品	2 000		160 000
丙产品	1 000		80 000
合　计	4 000	80	320 000

注：重量比例分配法的分配标准选取的是产品重量，当分配标准选择产品的产量、体积、长度等时，可以分别称为产量分配法、体积分配法、长度分配法等，其计算方法与重量分配法类似。

2. 定额比例分配法

定额比例分配法是指以各种产品的材料消耗总定额为标准来分配直接材料费用的方法。这里的材料消耗定额，可以是材料定额消耗量，也可以是材料的定额成本。因此，当选择材料定额消耗量作为分配标准时，称之为定额消耗量比例分配法；当选择定额成本作为分配标准时，则称为定额成本比例分配法。无论采用哪种方法，都要求企业各种产品的材料消耗制定有比较先进和合理的消耗定额。

（1）按定额消耗量比例分配。按照直接材料费用分配率计算方法的不同，该方法具体又可以分为直接法和间接法两种。

方法一（直接法），其计算公式如下：

某产品材料定额消耗量 = 该产品产量 × 单位产品消耗定额

$$直接材料费用分配率 = \frac{各种产品共同耗用的材料费用}{各种产品材料定额耗用量之和}$$

某产品应分配费用 = 该产品材料定额耗用量 × 直接材料费用分配率

【例1-3】根据"任务案例"第1项业务，泉城公司本月共耗用B材料37 260元，全部用于甲、乙、丙三种产品的生产。根据耗用材料汇总表，本月三种产品实际共同耗用B材料1 782千克，每千克平均单价为20.909元，总成本为37 260元。设该企业本月三种产品的投产量分别是60件、90件、120件，单位产品B材料消耗定额分别是9千克、8千克、3千克。采用定额消耗量比例分配法，首先计算材料定额耗用量，进而计算分配材料费用，分别编制材料定额耗用量计算表和材料费用分配表（见表1-2、表1-3）。

表1-2　　　　　　　　　　泉城公司材料定额消耗量计算表

材料名称：B材料　　　　　　　　　　2024年1月　　　　　　　　　　单位：千克

产品名称	投产量（件）	单位产品消耗定额	材料定额消耗量
甲产品	60	9	540
乙产品	90	8	720
丙产品	120	3	360
合　计			1 620

表1-3　　　　　　　　　　泉城公司材料费用分配表

材料名称：B材料　　　　　　　　　　2024年1月　　　　　　　　　　单位：元

产品名称	材料定额消耗量	材料费用分配率	应分配材料费用
甲产品	540		12 420
乙产品	720		16 560
丙产品	360		8 280
合　计	1 620	23	37 260

方法二（间接法），其计算公式如下：

某产品材料定额消耗量 = 该产品产量 × 单位产品消耗定额

$$材料消耗量分配率 = \frac{各种产品实际耗用的材料数量}{各种产品定额耗用量之和}$$

某产品实际消耗量 = 该产品定额消耗量 × 材料消耗量分配率

某产品应分配的材料费用 = 该产品实际消耗量 × 材料单价

根据上述资料，采用方法二（间接法）计算并编制材料费用分配表（见表1-4）。

表1-4　　　　　　　　　　泉城公司材料费用分配表

材料名称：B材料　　　　　　　　　　2024年1月　　　　　　　　　　单位：元

产品名称	材料定额消耗量	材料消耗量分配率	材料实际消耗量	材料单价	分配金额
甲产品	540		594		12 420
乙产品	720		792		16 560
丙产品	360		396		8 280
合　计	1 620	1.1	1 782	20.909	37 260

可见，上述两种方法计算过程不同，但最终分配结果是相同的。第一种分配方法计算简单，但不能反映各种产品定额消耗量与实际消耗量之间的差额，不能考核材料消耗定额的执行情况。所以在实际工作中，一般采用第二种方法也就是间接法来计算分配材料费用。

（2）按定额成本（费用）比例分配。该方法是采用各种产品的定额成本作为分配标准进行直接材料费用的分配。

其计算公式如下：

某产品材料定额成本 = 该产品产量 × 单位产品材料定额成本

$$直接材料费用分配率 = \frac{各种产品共同耗用的材料费用}{各种产品材料定额成本之和}$$

某产品应分配费用 = 该产品材料定额成本 × 直接材料费用分配率

上述泉城公司本月消耗用的 B 材料 37 260 元，按定额成本比例分配，计算、编制材料费用分配表（见表 1-5、表 1-6）。

表 1-5　　　　　　　　　泉城公司材料定额成本计算表

材料名称：B 材料　　　　　　　2024 年 1 月　　　　　　　　　单位：千克

产品名称	投产量（件）	单位产品材料定额成本	材料定额总成本
甲产品	60	188	11 280
乙产品	90	167	15 030
丙产品	120	63	7 560
合　计			33 870

注：单位产品材料定额成本 = 单位产品材料消耗定额 × 材料单价。

表 1-6　　　　　　　　　泉城公司材料费用分配表

材料名称：B 材料　　　　　　　2024 年 1 月　　　　　　　　　单位：元

产品名称	材料定额总成本	材料费用分配率	应分配材料费用
甲产品	11 280		12 408
乙产品	15 030		16 533
丙产品	7 560		8 316
合　计	33 870	1.1	37 257

3. 系数分配法（标准产量比例分配法）

系数分配法是将各种产品的实际产量按照预定的折合系数折算为标准产量，以各种产品的标准产量（总系数）作为分配标准来分配直接材料费用的方法。这种方法的分配标准为产品的标准产量，所以也可称为标准产量比例分配法。这种方法一般是在企业生产的同类产品中规格型号较多的情况下使用。采用这种方法，分配过程包括以下步骤：选择标准产品、计算各产品的系数、计算总系数、计算费用分配率、计算各种产品应分配的材料费用。

微课：直接材料
费用分配法——
系数分配法

【例 1-4】大明公司生产 101、102、103、104、105 五种产品，2024 年 1 月共同耗用 C 材料 179 550 元，单位产品 C 材料消耗定额分别为 48 千克、54 千克、60 千克、72 千克和 78 千克；本月实际产量（投产量）分别为 500 件、1 250 件、2 500 件、1 500 件和 1 000 件。C 材料费用采用系数法分配。

（1）选择标准产品。企业一般应当选择正常生产时大量生产的产品作为标准产品，也可以选择系列产品中规格、型号居中的产品作为标准产品。本例中，大明工厂生产一个系列五种产品，可以选择大量生产且在系列产品中居中的产品 103 产品为标准产品。

（2）计算各种产品的系数。系数是某种产品与标准产品在某一指标上的比值。企业可以根据单位产品的定额耗用量、定额成本、售价或者产品的体积、面积、长度和重量等指标来计算各种产品的系数，标准产品的系数为 1。需要注意的是，系数一经确定，在年度内一般不变。产品系数的计算公式如下：

$$某产品的系数 = \frac{该产品定额消耗量（或定额成本、售价等）}{标准产品定额消耗量（或定额成本、售价等）}$$

大明工厂选择 103 产品为标准产品，其系数为 1，其他产品的系数计算如表 1-7 所示。

表 1-7　　　　　　　　　　大明工厂产品系数计算表

2024 年度

产品名称	消耗定额（千克）	系数
101	48	48÷60=0.8
102	54	54÷60=0.9
103（标准产品）	60	1
104	72	72÷60=1.2
105	78	78÷60=1.3

（3）计算总系数（标准产量）。总系数就是各种产品的实际产量按预定的系数换算成的标准产品的产量，也就是费用的分配标准。其计算公式为：

某产品总系数（标准产量）= 该产品本期实际产量 × 该产品的系数

大明工厂本月各种产品的总系数（标准总产量）计算如表 1-8 所示。

表 1-8　　　　　　　　　　总系数（标准产量）计算表

2024 年 1 月　　　　　　　　　　　　　　　　　　　　　　单位：千克

产品名称	实际产量	系数	总系数（标准产量）
101	500	0.8	400
102	1 250	0.9	1 125
103	2 500	1.0	2 500
104	1 500	1.2	1 800
105	1 000	1.3	1 300
合　计			7 125

（4）计算费用分配率。费用分配率即单位标准产品应分配的费用。其计算公式为：

$$费用分配率 = \frac{各种产品共同耗用的材料费用}{各种产品总系数（标准产量）之和}$$

大明工厂 2024 年 1 月的费用分配率为：$\frac{179\,550}{7\,125} = 25.2$

（5）计算各种产品应分配的材料费用。各种产品应分配的材料费用为该产品折合的标准产量乘以费用分配率，其计算公式如下：

某产品应分配费用 = 该产品总系数（标准产量）× 费用分配率

根据上述两个步骤的计算结果，编制 C 材料费用分配表（如表 1-9 所示）。

表 1-9　　　　　　　　　　C 材料费用分配表

2024 年 1 月　　　　　　　　　　　　　　　单位：元

产品名称	总系数（标准产量）	费用分配率	应分配材料费用
101	400		10 080
102	1 125		28 350
103	2 500		63 000
104	1 800		45 360
105	1 300		32 760
合计	7 125	25.2	179 550

（三）分配结转材料费用的账务处理

企业在处理耗用的直接材料费用时，应当将直接计入和分配计入的费用合并编制会计分录。因此，进行账务处理的依据是"耗用（发出）材料汇总表"汇集的全部材料费用和"材料费用分配表"的材料费用分配结果。

【例 1-5】 泉城公司本月"耗用（发出）材料汇总表"如表 1-10 所示，本月"材料费用分配表"如表 1-2 和表 1-3 所示，据以编制分配结转本月材料费用的会计分录如下。

表 1-10　　　　　　　　　　耗用（发出）材料汇总表

2024 年 1 月　　　　　　　　　　　　　　　单位：元

领料部门及用途	A 材料	B 材料	C 材料	合　计
1. 基本生产车间				
（1）产品生产小计	320 000	37 260	530 000	887 260
其中：甲产品			185 000	185 000
乙产品			225 000	225 000
丙产品			120 000	120 000
产品共同耗用	320 000	37 260		357 260
（2）车间一般消耗	10 000			10 000
2. 机修车间耗用	22 000			22 000
3. 企业管理部门			6 000	6 000
4. 固定资产建造			5 000	5 000
合　计	352 000	37 260	541 000	930 260

会计分录如下：

借：生产成本——基本生产成本（甲产品）　　　　　　　　277 420.00
　　　　　　　　　　　　（乙产品）　　　　　　　　401 560.00
　　　　　　　　　　　　（丙产品）　　　　　　　　208 280.00
　　　　　——辅助生产成本——机修车间　　　　　　 22 000.00
　　制造费用——基本生产车间　　　　　　　　　　　 10 000.00
　　管理费用——其他　　　　　　　　　　　　　　　　6 000.00
　　在建工程——建设工程　　　　　　　　　　　　　　5 000.00
　　贷：原材料——原料及主要材料——A 材料　　　　352 000.00
　　　　　　　　　　　　　　　　——B 材料　　　　 37 260.00
　　　　　　　　　　　　　　　　——C 材料　　　　541 000.00

其中：
　　甲产品材料成本为：185 000＋80 000＋12 420＝277 420.00（元）
　　乙产品材料成本为：225 000＋160 000＋16 560＝401 560.00（元）
　　丙产品材料成本为：120 000＋80 000＋8 280＝208 280.00（元）

二、人工费用

产品成本中的人工费用是指从事产品生产的工人薪酬，是构成产品成本的另一重要组成部分，也是企业在生产经营过程中必然发生的一项重要费用。

职工薪酬是指企业为获得职工提供的服务或解除劳动关系而给予的各种形式的报酬或补偿。企业提供给职工配偶、子女、受赡养人、已故员工遗属及其他受益人等的福利，也属职工薪酬。职工薪酬包括如下内容：

（一）短期薪酬

短期薪酬是指企业在职工提供相关服务的年度报告期间结束后 12 个月内需要全部予以支付的职工薪酬。短期薪酬具体包括：

（1）职工工资奖金、津贴和补贴；
（2）职工福利费；
（3）医疗、工伤和生育等社会保险费与住房公积金；
（4）工会经费和职工教育经费；
（5）短期带薪缺勤；
（6）短期利润分享计划；
（7）非货币性福利；
（8）其他短期薪酬等。

（二）离职后福利

离职后福利是指企业为获得职工提供的服务而在职工退休或与企业解除劳动关系后提供的各种形式的报酬和福利，如离职后享受的失业、养老保险、企业年金、人寿保险、医疗保障等。

（三）辞退福利

辞退福利是指企业在职工劳动合同到期之前解除与职工的劳动关系，或者为鼓励职工自愿接受裁减而给予职工的补偿。

(四) 其他长期职工福利

其他长期职工福利是指除短期薪酬、离职后福利、辞退福利之外所有的职工薪酬，包括长期带薪缺勤、长期残疾福利、长期利润分享计划等。上述职工薪酬中，辞退福利直接计入当期损益，不包括在产品成本中的人工费用项目中。

(五) 人工费用的计算

1. 工资费用的计算

工资费用一般包括计时工资、计件工资、奖金、津贴和补贴、加班加点工资及特殊情况下支付的工资等项目。

(1) 计时工资的计算。计时工资是指根据考勤记录登记的每一职工出勤和缺勤的天数，按照企业规定的工资标准计算的工资。工资标准可以采用月工资，也可以采用日工资等。月工资标准成为月薪，由企业依据国家有关劳动工资法规，按照每位职工的工作岗位、工作能力、资历等条件综合确定。日工资由月工资除以法定月计薪天数 21.75 天（年日历天数 365 天减去 104 个双休日，再除以 12 个月）计算求得。

按月薪制计算计时工资，如果职工当月出全勤，不论各月的日历天数有多少，也不论各月的法定节假日有多少，都可以取得相同的全勤月工资；如果有缺勤，则在全勤月工资中，减去相应的缺勤工资。其计算公式为：

应付月工资 = 月工资标准 − 缺勤应扣工资

其中，缺勤应扣工资应根据缺勤天数与日工资计算。即：

事假应扣工资 = 事假天数 × 日工资

病假应扣工资 = 病假天数 × 日工资 × 扣发比例

(2) 计件工资的计算。计件工资是指根据产量（工作量）记录登记的每一职工完成的产品产量（工作量），按照规定的计件单价计算的工资。计算计件工资的产品产量（数量），包括合格品数量和料废品（由于材料原因造成的不合格品）数量，但不包括工废品（由于工人工作过失造成的不合格品）数量。

(3) 奖金、津贴和补贴的计算。奖金是支付给职工的超额劳动或增收节支等的劳动报酬；津贴和补贴是支付给职工特殊劳动的劳动报酬；加班加点工资是支付给职工因在节假日或规定工作时间以外劳动的劳动报酬；特殊情况下支付的工资是依据国家有关劳动法规和企业规定，按计时工资标准（或工资标准的一定比例）在职工工伤、病假、产假、计划生育假、婚丧假、探亲假、定期休假、学习等非工作时间支付的工资。

奖金、津贴和补贴、加班加点工资、特殊情况下支付的工资等计入工资总额。

(4) 工资结算汇总表的编制。企业根据职工考勤记录和产量（工作量）记录等原始记录计算出应付工资以后，应编制"工资结算单"。同时，根据"工资结算单"按人员类别（工资用途）编制"工资结算汇总表"，汇集工资费用。"工资结算汇总表"是进行工资结算和分配（计入有关成本和费用）的原始依据。

【例 1-6】根据"任务案例"第 3 项业务，本月应付职工工资 146 880 元，其中基本生产车间生产工人工资为 91 200 元，车间管理人员工资为 12 280 元，供汽车间人员工资为 12 000 元，机修车间人员工资为 8 000 元，企业管理人员工资为 11 400 元，专设销售机构人员工资为 16 000 元，在建工程人员工资为 6 000 元。会计人员根据上述资料，编制"工资结算汇总表"，如表 1-11 所示。

表 1-11 泉城公司工资结算汇总表

2024 年 1 月   单位：元

车间或部门（人员类别）	应付工资					
	计时工资	计件工资	奖金	津贴补贴	加班工资	合计
基本生产车间	87 880		10 200	3 000	2 400	103 480
其中：产品生产工人	76 000		10 000	3 000	2 200	91 200
车间管理人员	11 880		200		200	12 280
供汽车间	11 500		300	200		12 000
机修车间	7 300		400	300		8 000
企业管理部门	10 800		600			11 400
专设销售机构人员	14 800		400		800	16 000
在建工程人员		5 800	200			6 000
合 计	132 280	5 800	12 100	3 500	3 200	156 880

2. 职工福利费的计算

职工福利费，是指企业向职工提供的生活困难补助、丧葬补助费、抚恤费、职工异地安家费、防暑降温费等职工福利支出。企业发生的职工福利费，应当在实际发生时根据实际发生额计入当期损益或相关资产成本。职工福利费的实际发生情况可以通过编制"职工福利费汇总表"来进行。

【例 1-7】根据"任务案例"第 4 项业务，按照企业职工福利费的实际发生情况，会计人员编制"职工福利费汇总表"如表 1-12 所示。

表 1-12 泉城公司职工福利费汇总表

2024 年 1 月   单位：元

车间或部门（人员类别）	职工福利费
基本生产车间	12 728.04
其中：产品生产工人	11 217.60
车间管理人员	1 510.44
供汽车间	1 476.00
机修车间	984.00
企业管理部门	1 402.20
专设销售机构人员	1 968.00
在建工程人员	738.00
合 计	19 296.24

3. 工会经费和职工教育经费的计算

对工会经费、职工教育经费等，企业应按照国家和地方政府规定的计提基础和计提比例，通过编制"工会经费和职工教育经费计算表"计算提取。

【例 1-8】根据"任务案例"第 4 项业务，按照工资总额的 2%、1.5% 分别计提工会经费和职工教育经费。

会计人员编制"工会经费和职工教育经费计算表"如表 1-13 所示。

表 1-13　　　　　　　泉城公司工会经费和职工教育经费计算表
2024 年 1 月　　　　　　　　　　　　　　　　　　　　　　　　单位：元

车间或部门 （人员类别）	工资总额	工会经费		职工教育经费	
		计提比例	计提金额	计提比例	计提金额
基本生产车间	103 480		2 069.60		1 552.20
其中：产品生产工人	91 200		1 824.00		1 368.00
车间管理人员	12 280		245.60		184.20
供汽车间	12 000		240.00		180.00
机修车间	8 000		160.00		120.00
企业管理部门	11 400		228.00		171.00
专设销售机构人员	16 000		320.00		240.00
在建工程人员	6 000		120.00		90.00
合　计	156 880	2%	3 137.60	1.5%	2 353.20

4. 社会保险费和住房公积金的计算

对养老保险、失业保险、医疗保险（含生育保险）、工伤保险等社会保险费和住房公积金，企业应按照国家和地方政府规定的计提基础和计提比例，通过编制"社会保险费和住房公积金计算表"计算提取。

【例 1-9】根据"任务案例"第 4 项业务，按照工资总额的 16%、1%、8%、0.7% 和 8% 分别计提养老保险、失业保险、医疗保险（含生育保险）、工伤保险等社会保险费和住房公积金。

会计人员编制"社会保险费和住房公积金计算表"如表 1-14 所示。

表 1-14　　　　　　　泉城公司社会保险费和住房公积金计算表
2024 年 1 月　　　　　　　　　　　　　　　　　　　　　　　　单位：元

车间或部门 （人员类别）	工资总额	医疗（含生育）、工伤保险		养老、失业保险		住房公积金	
		计提比例	计提金额	计提比例	计提金额	计提比例	计提金额
基本生产车间	103 480.00		9 002.76		17 591.60		8 278.40
其中：产品生产工人	91 200.00		7 934.40		15 504.00		7 296.00
车间管理人员	12 280.00		1 068.36		2 087.60		982.40
供汽车间	12 000.00		1 044.00		2 040.00		960.00
机修车间	8 000.00		696.00		1 360.00		640.00
企业管理部门	11 400.00		991.80		1 938.00		912.00
专设销售机构人员	16 000.00		1 392.00		2 720.00		1 280.00
在建工程人员	6 000.00		522.00		1 020.00		480.00
合　计	156 880.00	8.7%	13 648.56	17%	26 669.60	8%	12 550.40

（六）直接人工费用的分配

直接人工费用是指直接从事产品生产的工人薪酬，不包括辞退福利。若企业采用计件工资，一般生产工人的工资可直接计入所生产产品的成本；若企业采用计时工资，但工人只生产一种产品的，也可将生产工人的工资直接计入该产品成本；如果生产多种产品，则需要选用合理的分配方法，在各成本核算对象之间进行分配。按照工资总额的一定比例计算提取的职工福利、社会保险等其他职工薪酬，应与工资一并直接计入或分配计入所生产产品的成本。

直接人工费用的分配方法有生产工时分配法、直接材料成本比例分配法和系数分配法等。如果产品成本中直接材料所占比重比较大，而且工资费用的发生与材料成本的多少直接相关，可以采用直接材料成本比例分配法。另外还可以采用系数分配法，它主要适用于同类产品中不同规格、型号的产品之间的费用的分配，其计算过程与材料费用分配的系数分配法相同。这两种方法都有一定局限性，所以，实际工作中对于直接人工费用的分配一般采用生产工时分配法。

生产工时分配法，是指以产品的实际生产工时作为分配标准，分配工资费用的计算方法。在计时工资制下，生产工时的多少与工资费用的多少直接相关，因此，这种方法是比较合理的。其计算公式如下：

$$费用分配率 = \frac{应分配的直接人工费用}{各种产品生产工时之和}$$

某产品应分配费用 = 该产品生产工时 × 费用分配率

【例 1-10】泉城公司 2024 年 1 月产品生产工人的工资 91 200 元（见表 1-11），职工福利 7 296 元（如表 1-12 所示），工会经费 1 824 元、职工教育经费 1 368 元（如表 1-13 所示），社会保险费 27 360 元、住房公积金 7 296 元（如表 1-14 所示），产品生产工人的薪酬总额为 136 344 元。公司采用生产工时分配法，将工人薪酬分配计入甲、乙、丙三种产品（设其生产工时分别为 6 000 小时、9 000 小时和 7 000 小时）的生产成本。会计人员根据上述资料，编制"直接人工费用分配表"如表 1-15 所示。

微课：直接人工费用分配方法——生产工时分配法

表 1-15　　　　　　　　泉城公司直接人工费用分配表

2024 年 1 月　　　　　　　　　　　　　　　　单位：元

产品名称	生产工时	费用分配率	应分配直接人工费用
甲产品	6 000		37 185.00
乙产品	9 000		55 777.50
丙产品	7 000		43 381.50
合　计	22 000	6.197 5	136 344.00

注：丙产品应分配的金额应倒推计算。

（七）分配结转人工费用的账务处理

企业根据一定的分配标准对直接人工费用进行分配，确定了各受益对象（成本核算对象）应负担的直接人工费用以后，应编制会计分录，将其计入各成本核算对象的生产成本明细账。分配结转职工薪酬的账务处理，依据的是"工资结算汇总表""职工福利（及工会经费、职工教育经费、社会保险和住房公积金等）计算表"汇集的全部职工薪酬费用和"直接人工费用分配表"的分配结果。

企业职工薪酬应当按照人员类别，分别计入有关成本费用等相关账户。其中产品生产工人的薪酬应计入"生产成本"账户中的直接人工成本项目；辅助生产车间人员的薪酬应计入辅助生产成本明细账户；基本生产车间管理人员的薪酬应计入"制造费用"账户；企业管理人员的薪酬应计入"管理费用"账户；专设销售机构人员的薪酬应计入"销售费用"账户；固定资产建造等在建工程人员的薪酬应计入"在建工程"账户。

【例1-11】泉城公司2024年1月"工资结算汇总表"如表1-11所示，"职工福利（及工会经费、职工教育经费、社会保险和住房公积金等）计算表"分别如表1-12、表1-13和表1-14所示，本月"直接人工费用分配表"如表1-15所示，据以编制分配结转本月职工薪酬的会计分录如下：

借：生产成本——基本生产成本——甲产品　　　　　　37 185.00
　　　　　　　　　　　　　　——乙产品　　　　　　55 777.50
　　　　　　　　　　　　　　——丙产品　　　　　　43 381.50
　　　　　　——辅助生产成本——供汽车间　　　　　17 940.00
　　　　　　　　　　　　　　——机修车间　　　　　11 960.00
　　制造费用——基本生产车间　　　　　　　　　　　18 358.60
　　管理费用——职工薪酬　　　　　　　　　　　　　17 043.00
　　销售费用——职工薪酬　　　　　　　　　　　　　23 920.00
　　在建工程——建设工程　　　　　　　　　　　　　 8 970.00
　贷：应付职工薪酬——工资　　　　　　　　　　　 156 880.00
　　　　　　　　　——职工福利　　　　　　　　　　19 296.24
　　　　　　　　　——工会经费　　　　　　　　　　 3 137.60
　　　　　　　　　——职工教育经费　　　　　　　　 2 353.20
　　　　　　　　　——社会保险费　　　　　　　　　13 648.56
　　　　　　　　　——设定提存计划　　　　　　　　26 669.60
　　　　　　　　　——住房公积金　　　　　　　　　12 550.40

三、燃料及动力费用

燃料与动力费用是指企业消耗的煤炭、燃气（如天然气）、电力和蒸汽等。燃料一般外购，动力可以外购也可以自制。外购燃料的核算与原材料类似，其计入成本费用的方法也与原材料相同，不再赘述。外购动力是由企业外部有关单位（如供电公司、供汽公司等）提供的，自制动力是由企业辅助生产车间（如供电车间、供汽车间）提供的。

企业产品生产耗用的外购和自制动力费用属于直接费用，应由产品成本负担。在成本项目的设置上，一般有三种处理办法。当动力费用在产品成本中所占的比重较大时，为体现重要性原则及便于考核，一般应当单独设置"燃料与动力"（或"动力费用"）成本项目；当动力费用在产品成本中所占的比重不大时，从动力费用属于直接费用，燃料是原材料中的一类来考虑，可以将其并入"直接材料"成本项目；如果从动力费用一般为间接计入成本的角度考虑，为了简化核算，也可以将其并入"制造费用"进行核算。

企业自制动力费将在辅助生产费用的核算中阐述，这里只介绍外购动力费用的核算。

（一）外购动力费用的计算

企业外购动力费用应当按照权责发生制进行确认和计量。也就是说，计入产品成本和有关费用中的外购动力费用，应当按照当月电力和蒸汽等的实际耗用量，乘以合同或协议规定的单价计算确定，而不管这些款项是否已经支付。计算公式如下：

外购动力费用＝合同（或协议）单价×动力的实际耗用量

在实际工作中，抄录电表、汽表等计量装置以确定实际耗用量的日期、支付款项的日期和成本计算的日期不一定相同，但这三项工作日各自的间隔期是一致的。如供电部门可能规定每月25日为抄表时间；抄表以后计算应付电费的时间可能在月末，而实际付款时间可能在月末，也可能在下月初；而成本计算的时间通常为月末。也就是说，电力的计量确认是上月25日至本月25日之间的实际消耗量；而成本计算应确认的应是本月1日到本月末的实际消耗量。由于这一差异对各月动力费用核算的正确性几乎没有影响，所以一般可以忽略不计。但在下月支付上月动力费用的情况下，一般应通过"应付账款"账户核算本月应计入产品成本和有关费用的动力费用。如果每月支付动力费用的日期基本固定，而且每月付款日和月末计算出的应付动力费用相差不多，在这种情况下，也可以不通过"应付账款"账户核算，直接将当月支付的动力费用作为当月应计入产品成本和有关费用的动力费用。

（二）直接用于产品生产的外购动力费用的分配方法

当企业生产多种产品时，直接用于产品生产的外购动力费用需要在各种产品（各成本核算对象）之间进行分配，进而分别计入相应的产品成本明细账。外购动力费用的分配方法主要有生产工时分配法、机器工时分配法等。

1. 生产工时分配法

生产工时分配法是以各种产品的生产工时作为分配标准来分配外购动力费用的方法。其计算公式如下：

$$费用分配率 = \frac{各种产品共同耗用的动力费用}{各种产品生产工时之和}$$

某产品应分配的费用＝该产品实际生产工时×费用分配率

2. 机器工时分配法

在上述生产工时分配法中，如果将分配标准换作产品生产的机器工时，则为机器工时分配法，即以各种产品的机器工作时间为标准来分配动力费用的方法。当产品生产过程以机器加工为主时，采用机器工时分配法来分配动力费用比较合适。其计算公式为：

$$费用分配率 = \frac{各种产品共同耗用的动力费用}{各种产品机器工时之和}$$

某产品应分配的费用＝该产品机器工时×费用分配率

【例1-12】根据"任务案例"第2项业务，泉城公司以银行存款支付本月外购电费25 160元，其中基本生产车间生产产品耗用13 200元，车间一般耗用5 360元，供汽车间耗用1 000元，机修车间耗用1 200元，企业管理部门用2 400元，专设销售机构800元，在建工程1 200元。本月甲、乙、丙三种产品的生产工时分别为3 000小时、4 500小时和2 500小时。会计人员据以编制"直接用于产品生产的动力费用分配表"如表1-16所示。

表 1-16　　　　　　泉城公司直接用于产品生产的动力费用分配表

2024 年 1 月　　　　　　　　　　　　　　单位：元

产品名称	生产工时	费用分配率	分配金额
甲产品	3 000		3 600
乙产品	4 500		5 400
丙产品	2 500		4 200
合　计	10 000	1.32	13 200

（三）分配结转外购动力费用的账务处理

完成上述计算以后，会计人员按照各种产品和各个部门应负担的动力费用，根据有关付款凭证和"动力费用分配表"等原始凭证编制会计分录如下：

借：生产成本——基本生产成本——甲产品　　　　　　　　　3 600.00
　　　　　　　　　　　　　　——乙产品　　　　　　　　　5 400.00
　　　　　　　　　　　　　　——丙产品　　　　　　　　　4 200.00
　　　　　　——辅助生产成本——供汽车间　　　　　　　　1 000.00
　　　　　　　　　　　　　　——机修车间　　　　　　　　1 200.00
　　制造费用——基本生产车间　　　　　　　　　　　　　 5 360.00
　　管理费用——水电费　　　　　　　　　　　　　　　　 2 400.00
　　销售费用——水电费　　　　　　　　　　　　　　　　　 800.00
　　在建工程——建设工程　　　　　　　　　　　　　　　 1 200.00
　　贷：银行存款　　　　　　　　　　　　　　　　　　　25 160.00

四、其他费用

其他费用是指企业生产经营过程中除材料费用、人工费用、燃料和动力费用以外发生的其他各项费用，如固定资产折旧费、修理费，各部门发生的办公费、差旅费、租赁费、保险费等。上述各项费用中，除修理费统一计入"管理费用"以外，其他各项费用发生后，需要根据发生的部门和用途，确定应计入的成本费用账户。一般地，产品生产车间发生的计入"制造费用"账户，辅助生产车间发生的计入辅助生产成本明细账户（或先通过"制造费用——辅助车间"账户核算，再分配转入辅助生产成本），管理部门发生的计入"管理费用"账户等。

【例 1-13】根据"任务案例"第 5-11 项业务，会计人员分别进行账务处理如下：

根据"任务案例"第 5 项业务，计提本月固定资产折旧和无形资产摊销。本月折旧费共 69 381.80 元，其中基本生产车间为 42 761.80 元，供汽车间为 3 000 元，机修车间为 5 000 元，企业管理部门为 15 000 元，专设销售机构为 3 600 元，无形资产摊销为 2 000 元。

借：制造费用——基本生产车间　　　　　　　　　　　　42 761.80
　　生产成本——辅助生产成本——供汽车间　　　　　　 3 000.00
　　　　　　　　　　　　　　——机修车间　　　　　　 5 000.00
　　管理费用——折旧费　　　　　　　　　　　　　　　15 000.00
　　　　　　——无形资产摊销　　　　　　　　　　　　 2 000.00

销售费用——折旧费　　　　　　　　　　　　　　3 600.00
　　　贷：累计折旧　　　　　　　　　　　　　　　　　　69 381.80
　　　　　累计摊销　　　　　　　　　　　　　　　　　　 2 000.00
　根据"任务案例"第6项业务，支付本月短期借款利息5 000元。
　　借：财务费用——利息支出　　　　　　　　　　　　5 000.00
　　　贷：银行存款　　　　　　　　　　　　　　　　　　 5 000.00
　根据"任务案例"第7项业务，企业管理人员报销差旅费3 000元，基本生产车间管理人员报销差旅费3 629.10元，均以现金支付。
　　借：管理费用——差旅费　　　　　　　　　　　　　3 000.00
　　　　制造费用——基本生产车间　　　　　　　　　　3 629.10
　　　贷：库存现金　　　　　　　　　　　　　　　　　　 6 629.10
　根据"任务案例"第8项业务，支付广告费20 000元。
　　借：销售费用——广告费　　　　　　　　　　　　　20 000.00
　　　贷：银行存款　　　　　　　　　　　　　　　　　　20 000.00
　根据"任务案例"第9项业务，购买印花税票300元。
　　借：管理费用——税金　　　　　　　　　　　　　　 300.00
　　　贷：银行存款　　　　　　　　　　　　　　　　　　　 300.00
　根据"任务案例"第10项业务，以银行存款支付办公用品费10 000元，其中基本生产车间4 081.40元，供汽车间880元，机修车间1 000元，企业管理部门4 038.60元。
　　借：制造费用——基本生产车间　　　　　　　　　　4 081.40
　　　　生产成本——辅助生产成本——供汽车间　　　　　880.00
　　　　　　　　　　　　　　　　——机修车间　　　　1 000.00
　　　　管理费用——办公费　　　　　　　　　　　　　4 038.60
　　　贷：银行存款　　　　　　　　　　　　　　　　　　 9 700.00
　根据"任务案例"第11项业务，以银行存款支付自来水公司水费9 600元，其中供汽车间耗用8 000元，其余为企业管理部门耗用。
　　借：生产成本——辅助生产成本——供汽车间　　　　8 000.00
　　　　管理费用——水电费　　　　　　　　　　　　　1 600.00
　　　贷：银行存款　　　　　　　　　　　　　　　　　　 9 600.00

任务三　辅助生产费用的归集与分配

PPT

【任务案例】

　　通过前述要素费用的归集和分配，泉城公司供汽和机修车间2024年1月发生的各项费用，会计人员已经记录到辅助生产成本明细账（如表1-17、表1-18所示），供汽车间共发生费用 30 820 元，机修车间共发生费用 41 160 元。会计人员应根据各车间提供的劳务量，选用适当的方法，将其分配计入各受益产品和受益部门。

表 1-17　　　　　　　　　　　　辅助生产成本明细账
车间名称：供汽车间　　　　　　　　2024 年 1 月　　　　　　　　　　　　单位：元

摘　要	材料费	人工费	动力费	折旧费	办公费	累计
分配人工费（例 1-11）		17 940				17 940
支付电费　（例 1-12）			1 000			18 940
计提折旧费（例 1-13）				3 000		21 940
支付办公费（例 1-13）					880	22 820
支付水费　（例 1-13）	8 000					30 820
合　计	8 000	17 940	1 000	3 000	880	30 820

表 1-18　　　　　　　　　　　　辅助生产成本明细账
车间名称：机修车间　　　　　　　　2024 年 1 月　　　　　　　　　　　　单位：元

摘　要	材料费	人工费	动力费	折旧费	办公费	累计
分配材料费（例 1-5）	22 000					22 000
分配人工费（例 1-11）		11 960				33 960
支付电费　（例 1-12）			1 200			35 160
计提折旧费（例 1-13）				5 000		40 160
支付办公费（例 1-13）					1 000	41 160
合　计	22 000	11 960	1 200	5 000	1 000	41 160

思考：辅助生产费用的分配方法有哪几种？如何运用这些方法计算分配辅助生产费用？

【知识准备】

一、辅助生产费用的核算账户

（一）生产成本明细账的设置

辅助生产费用是指辅助生产车间所发生的费用。企业的辅助生产车间是为基本生产车间和其他部门提供产品或劳务的部门。

辅助生产车间发生的费用，一般在"生产成本"账户中设置"辅助生产成本"二级账户来核算，也可以将"辅助生产成本"作为总分类账户，再按车间名称设置二级账户来核算。

辅助生产成本二级账应当按照各辅助生产车间分别设置。同时，还应按照辅助生产车间的成本核算对象（即产品和劳务的种类）开设"生产成本明细账"（"产品成本计算单"），用来归集辅助生产费用并计算出辅助生产单位生产的产品或提供的劳务的实际总成本和单位成本。如供电车间辅助生产成本的核算可以开设"生产成本——辅助生产成本（供电）"账户。

辅助生产车间的产品或劳务的成本项目，可以比照基本生产车间，设置直接材料、直接人工、制造费用等成本项目；也可以根据辅助生产车间自身的生产特点另行确定成本项目，按照成本项目设专栏。

（二）制造费用明细账的设置

辅助生产车间发生的制造费用，有两种核算方法：一是在"制造费用"总分类账户下，按辅助生产车间设置明细账核算，归集该车间发生的制造费用以后，月末再分配转入辅助生产成本明细账；二是不通过"制造费用"账户核算，直接计入或分配计入辅助生产成本明细账。

二、辅助生产费用结转的特点

辅助生产车间提供的产品有的可以验收入库，如自制材料、自制模具、工具、包装物等；有的产品则不能存放在仓库，还有的只是提供劳务，如供电、供水、供汽，以及修理、运输等。由于各个辅助生产车间提供的产品和劳务种类不同，其费用分配和成本结转的方式也不一样。

（一）需要验收入库的产品的结转

辅助生产车间为企业提供的自制材料、包装物、工具和模具等产品，完工以后需要办理验收手续。在这种情况下，辅助生产单位应当以各种产品作为成本核算对象，分别计算各种产品的实际总成本和单位成本。此时，辅助生产成本的核算和基本生产车间产品成本的计算程序相同。

辅助生产车间当月发生的各项费用，如直接材料、直接人工以及各项间接费用，应当直接计入或在各成本核算对象之间进行分配以后，计入各种产品生产成本明细账。明细账中累计的生产费用（包括期初在产品成本），需要在本期完工产品和期末在产品之间进行分配，计算出本期完工产品的实际总成本和单位成本。本期完工入库的自制材料和包装物、自制工具和模具等产品的实际总成本，应当从"生产成本——辅助生产成本"明细账户的贷方，转入"原材料""包装物""低值易耗品"等账户的借方。结转以后，如有余额，一定在借方，表示该辅助生产车间期末在产品成本。

（二）需要分配给各受益对象的产品（劳务）成本的结转

提供水、电、汽等不需要验收入库的产品和提供修理、运输等劳务的辅助生产车间，也应当以各种产品或劳务作为成本核算对象，分别计算各种产品和劳务的实际总成本与单位成本。

辅助生产车间当月发生的各项费用，应当直接计入或分配计入各种产品或劳务的生产成本明细账。因为这类生产一般没有期末在产品，因此当月各明细账中的各项生产费用之和，就是该种产品或劳务需要分配转出的实际总成本，不需要在完工产品和期末在产品之间进行分配。但是，这类辅助生产车间发生的费用，需要采用一定的标准，在接受产品和劳务的各受益对象之间进行分配，转入各受益对象的成本费用中。

各个受益对象应负担的辅助生产费用，应从"生产成本——辅助生产成本"明细账户的贷方，分别转入"生产成本——基本生产成本""制造费用""管理费用"等账户的借方，结转以后辅助生产成本账户无余额。其中，基本生产车间产品生产直接消耗的水、电、汽等的成本，应转入"生产成本——基本生产成本"账户的借方，而基本生产车间管理消耗的水、电、汽和接受修理以外的劳务的成本，则应转入"制造费用——基本生产车间"账户，企业管理部门、专设销售机构、在建工程以及企业外部客户消耗的水、电、汽和接受修理、运输等劳务的成本，相应地转入"管理费用""销售费用""在建工程""其他业务成本"等账户。辅助生产车间之间相互提供产品和劳务的，也要编制有关成本结转的会计分录，按照受益原则分别转入有关辅助生产成本账户。

【任务处理】

一、辅助生产费用的归集

辅助生产费用的归集和分配是通过"生产成本——辅助生产成本"账户进行的。对于直接用于辅助生产产品或提供劳务的费用，应记入"生产成本——辅助生产成本"明细账户的借方；对于单设"制造费用"账户的辅助生产车间，其发生的制造费用，则应先记入"制造费用——辅助生产车间"账户的借方进行汇总，然后从"制造费用——辅助生产车间"账户的贷方，转入或分配转入"生产成本——辅助生产成本"明细账户的借方，计算辅助生产的产品或劳务的成本。辅助生产完工的产品或劳务的成本，经过分配以后从"辅助生产成本"账户的贷方转出，计入各受益产品或受益部门的成本费用账户。

二、辅助生产费用的分配

辅助生产车间提供的水、电、汽、修理、运输等产品和劳务的受益对象，有企业基本生产单位、企业管理部门和企业外部的客户；也有本车间之外的其他辅助生产单位，即辅助生产车间之间可能有相互提供产品和劳务的情况。如供水车间需要供电车间提供电力，需要机修车间提供修理服务；机修车间需要供水车间和供电车间提供水、电；供电车间需要供水车间提供水和需要修理车间提供修理服务等。这就需要我们在费用分配时，采用专门的分配方法，将辅助生产费用合理地分配给所有的受益对象。

提供水、电、汽和修理、运输等产品和劳务的辅助生产单位，将辅助生产费用分配给受益对象时，常用的分配方法有：直接分配法、一次交互分配法、代数分配法和计划成本分配法等。

（一）直接分配法

直接分配法是将辅助生产车间发生的费用（产品或劳务的总成本）直接分配给辅助生产以外的各受益对象的一种方法。

采用直接分配法进行辅助生产费用的分配，辅助生产车间之间相互提供的劳务不相互分配费用，因此在计算费用分配率（即产品或劳务的单位成本）时，应剔除辅助生产单位相互提供的产品和劳务数量，其计算公式如下：

$$费用分配率 = \frac{某辅助生产车间待分配费用总额}{该车间供应给辅助生产以外部门的劳务总量}$$

$$某受益产品或部门应分配的费用 = 该受益产品或部门接受的劳务供应量 \times 分配率$$

微课：辅助生产费用分配法——直接分配法

【例1-14】依据任务案例，泉城公司供汽和机修车间2024年1月发生的各项费用分别为 30 820 元和 41 160 元，会计人员根据各车间提供的劳务量，采用直接分配法，将其分配计入各受益产品和受益部门。设该公司本月辅助生产车间提供的产品和劳务数量如表 1-19 所示。

表 1-19　　　　　　　　辅助生产车间劳务供应量汇总表

2024 年 1 月　　　　　　　　　　　　　　　　　　　　　　　　　　　单位：元

受益对象（生产车间和部门）	供汽车间供汽数量（方）	机修车间修理工作量（工时）
辅助生产车间耗用		
供汽车间		800
机修车间	600	
基本生产车间耗用		
甲产品生产直接耗用	31 000	
车间一般耗用	3 000	3 000
专设销售机构耗用	2 000	1 500
企业管理部门耗用	3 000	4 500
合　计	39 600	9 800

有关计算过程如下：

（1）计算费用分配率。

供汽车间费用分配率 = $\dfrac{30\ 820}{39\ 600 - 600}$ = 0.7903（元/方）

机修车间费用分配率 = $\dfrac{41\ 160}{9\ 800 - 800}$ = 4.5733（元/小时）

（2）将辅助生产费用分配给辅助生产以外的各受益对象。

基本生产车间甲产品生产应负担的蒸汽费 = 31 000 × 0.7903 = 24 499.30（元）

基本生产车间一般消耗应负担的蒸汽费 = 3 000 × 0.7903 = 2 370.90（元）

专设销售机构应负担的蒸汽费 = 2 000 × 0.7903 = 1 580.60（元）

企业管理部门应负担的蒸汽费 = 30 820 - 24 499.30 - 2 370.90 - 1 580.60 = 2 369.20（元）

基本生产车间应负担的修理费 = 3 000 × 4.5733 = 13 719.90（元）

专设销售机构应负担的修理费 = 1 500 × 4.5733 = 6 859.95（元）

企业管理部门应负担的修理费 = 41 160 - 13 719.90 - 6 859.95 = 20 580.15（元）

（3）会计人员根据上述计算结果，集中编制辅助生产费用分配表（如表 1-20 所示）。

表 1-20　　　　　　　　辅助生产费用分配表（直接分配法）

2024 年 1 月　　　　　　　　　　　　　　　　　　　　　　　　　　　单位：元

项　目	分配供汽费		分配修理费	
	数量（方）	金额	数量（小时）	金额
待分配费用		30 820.00		41 160.00
劳务供应总量	39 600		9 800	
其中：辅助生产以外单位	39 000		9 000	
费用分配率（单位成本）		0.7903		4.5733
受益对象				

续表

项 目	分配供汽费		分配修理费	
	数量（方）	金 额	数量（小时）	金 额
供汽车间			(800)	—
机修车间	(600)	—		
基本生产车间				
甲产品生产	31 000	24 499.30		
一般耗用	3 000	2 370.90	3 000	13 719.90
专设销售机构	2 000	1 580.60	1 500	6 859.95
企业管理部门	3 000	2 369.20	4 500	20 580.15
合　计	39 000	30 820.00	9 000	41 160.00

（4）会计人员根据辅助生产费用分配表，编制分配结转辅助生产费用的会计分录如下。

借：生产成本——基本生产成本（甲产品）　　　　　24 499.30
　　制造费用——基本生产车间　　　　　　　　　　 2 370.90
　　销售费用——修理费　　　　　　　　　　　　　 6 859.95
　　　　　　——其他　　　　　　　　　　　　　　 1 580.60
　　管理费用——修理费　　　　　　　　　　　　　34 300.05
　　　　　　——其他　　　　　　　　　　　　　　 2 369.20
　贷：生产成本——辅助生产成本（供汽）　　　　　30 820.00
　　　　　　——辅助生产成本（机修）　　　　　　41 160.00

上述会计分录中，如果产品生产用蒸汽没有专设成本项目，也可以将蒸汽费计入基本生产车间的制造费用明细账，并入制造费用分配给各种产品。

采用这种方法，分配结转比较简单，但由于各辅助生产车间之间相互提供的产品和劳务没有相互分配费用，当各辅助生产车间之间相互提供的产品和劳务成本差额较大时，会影响分配结果的准确性。所以，本方法主要适用于各辅助生产车间之间相互提供产品或劳务成本差额不大的企业。

（二）交互分配法

交互分配法是进行两次分配的辅助生产费用分配法。首先根据各辅助生产车间相互提供劳务的数量和费用分配率（单位成本），在各辅助生产车间之间进行一次交互分配；然后，再将交互分配以后辅助生产车间的全部应分配费用（即交互分配前的待分配费用，加上交互分配转入的费用，减去交互分配转出的费用），按对外提供劳务的数量，在辅助生产车间以外的各受益对象之间进行分配。计算公式如下：

第一步，交互分配。

$$交互分配费用分配率 = \frac{交互分配前某辅助生产车间待分配费用总额}{该辅助生产车间劳务供应总量}$$

某辅助生产车间应分配费用 = 该辅助车间接受的劳务量 × 交互分配费用分配率

第二步，对外分配。

$$\text{对外分配费用分配率} = \frac{\text{交互分配前待分配费用总额} + \text{交互分配转入费用} - \text{交互分配转出费用}}{\text{该辅助生产车间对外提供的劳务总量}}$$

某辅助生产以外的部门应分配费用 = 该部门接受的劳务量 × 对外分配费用分配率

【例 1-15】 依据【例 1-14】提供的资料，采用交互分配法进行分配，有关计算过程如下：

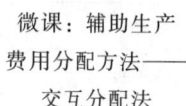

微课：辅助生产费用分配方法——交互分配法

（1）计算交互分配的费用分配率。

供汽车间交互分配的费用分配率 = $\frac{30\ 820}{39\ 600}$ = 0.7783（元/方）

机修车间交互分配的费用分配率 = $\frac{41\ 160}{9\ 800}$ = 4.20（元/小时）

（2）计算交互分配应分配费用。

机修车间应负担蒸汽费 = 600 × 0.7783 = 466.98（元）

供汽车间应负担修理费 = 800 × 4.20 = 3 360（元）

（3）计算应对外分配的费用额。

供汽车间应对外分配额的费用额 = 30 820 + 3 360 - 466.98 = 33 713.02（元）

机修车间应对外分配额的费用额 = 41 160 + 466.98 - 3 360 = 38 266.98（元）

（4）计算对外分配的费用分配率。

供汽车间对外分配的费用分配率 = $\frac{33\ 713.02}{39\ 600 - 600}$ = 0.8644（元/方）

机修车间对外分配的费用分配率 = $\frac{38\ 266.98}{9\ 800 - 800}$ = 4.2519（元/小时）

（5）将辅助生产费用分配给辅助生产以外的各受益对象。

基本生产车间产品生产应负担的蒸汽费 = 31 000 × 0.8644 = 26 796.40（元）

基本生产车间一般消耗应负担的蒸汽费 = 3 000 × 0.8644 = 2 593.20（元）

专设销售机构应负担的蒸汽费 = 2 000 × 0.8644 = 1 728.80（元）

企业管理部门应负担的蒸汽费 = 33 713.02 - 26 796.4 - 2 593.2 - 1 728.8
= 2 594.62（元）

基本生产车间应负担的修理费 = 3 000 × 4.2519 = 12 755.70（元）

专设销售机构应负担的修理费 = 1 500 × 4.2519 = 6 377.85（元）

企业管理部门应负担的修理费 = 38 266.98 - 12 755.7 - 6 377.85 = 19 133.43（元）

（6）会计人员根据上述计算结果，集中编制交互分配和对外分配的辅助生产费用分配表（如表 1-21 所示）。

表 1-21　　　　　　　辅助生产费用分配表（交互分配法）

2024 年 1 月　　　　　　　　　　　　　　　　　　　　单位：元

项目	交互分配				对外分配			
	分配蒸汽费		分配修理费		分配蒸汽费		分配修理费	
	数量（方）	金额	数量（小时）	金额	数量（方）	金额	数量（小时）	金额
待分配费用		30 820		41 160		33 713.02		38 266.98

续表

项目	交互分配				对外分配			
	分配蒸汽费		分配修理费		分配蒸汽费		分配修理费	
	数量（方）	金额	数量（小时）	金额	数量（方）	金额	数量（小时）	金额
劳务供应总量	39 600		9 800		39 000		9 000	
费用分配率（单位成本）		0.7783		4.20		0.8644		4.2519
受益对象								
供汽车间			800	3 360				
机修车间	600	466.98						
基本生产车间								
甲产品生产					31 000	26 796.4		
一般耗用					3 000	2 593.2	3 000	12 755.7
专设销售机构					2 000	1 728.8	1 500	6 377.85
企业管理部门					3 000	2 594.62	4 500	19 133.43
合　计	600	466.98	800	3 360	390 000	33 713.02	9 000	38 266.98

（7）会计人员根据辅助生产费用分配表，编制分配结转辅助生产费用的会计分录如下。

交互分配的会计分录：
借：生产成本——辅助生产成本（供汽）　　　　　　　　3 360.00
　　　　　　——辅助生产成本（机修）　　　　　　　　466.98
　　贷：生产成本——辅助生产成本（供汽）　　　　　　466.98
　　　　　　——辅助生产成本（机修）　　　　　　　　3 360.00

对外分配的会计分录：
借：生产成本——基本生产成本（甲产品）　　　　　　　26 796.40
　　制造费用——基本生产车间　　　　　　　　　　　　2 593.20
　　销售费用——修理费　　　　　　　　　　　　　　　6 377.85
　　　　　　——其他　　　　　　　　　　　　　　　　1 728.80
　　管理费用——修理费　　　　　　　　　　　　　　　31 889.13
　　　　　　——其他　　　　　　　　　　　　　　　　2 594.62
　　贷：生产成本——辅助生产成本（供汽）　　　　　　33 713.02
　　　　　　——辅助生产成本（机修）　　　　　　　　38 266.98

与直接分配法相比，采用交互分配法，辅助生产车间内部相互提供的产品和劳务进行了交互分配，提高了费用分配结果的准确性。但由于在分配费用时要计算交互分配和对外分配两个费用分配率，进行两次分配，增加了分配计算的工作量。同时，交互分配的费用分配率是根据交互分配前待分配费用计算的，不是该辅助生产车间产品（或劳务）的实际单位成本，因此，分配结果也不是很准确。所以，在实际工作中，如果各月辅助生产的成本水平相差不大,也可以用上月辅助生产车间该产品或劳务的实际单位成本,作为本月交互分配的费用分配率。

(三)代数分配法

代数分配法是先根据数学上解联立方程的原理,计算出辅助生产车间产品或劳务的实际单位成本,再按照产品或劳务的实际供应量和实际单位成本,在全部受益对象之间分配辅助生产费用的方法。

【例 1–16】根据【例 1–14】提供的资料,采用代数分配法,有关计算过程如下:

微课:辅助生产
费用分配方法——
代数分配法

(1) 计算费用分配率:

设泉城公司每方蒸汽的成本为 x 元,每一修理工时的成本为 y 元,根据资料设立的二元一次方程组为:

$$\begin{cases} 30\,820 + 800y = 39\,600x \\ 41\,160 + 600x = 9\,800y \end{cases}$$

解上述方程组,得:

$$\begin{cases} x = 0.8642 \\ y = 4.2529 \end{cases}$$

计算结果表明,泉城公司本月每方蒸汽的实际成本为 0.8642 元,每机修小时的实际成本为 3.5112 元。

(2) 将辅助生产费用分配给全部受益对象:

机修车间应负担的蒸汽费 = 600 × 0.8642 = 518.52(元)
基本生产车间甲产品生产应负担的蒸汽费 = 31 000 × 0.8642 = 26 790.20(元)
基本生产车间一般消耗应负担的蒸汽费 = 3 000 × 0.8642 = 2 592.60(元)
专设销售机构应负担的蒸汽费 = 2 000 × 0.8642 = 1 728.40(元)
企业管理部门应负担的蒸汽费 = 3 000 × 0.8642 = 2 592.60(元)
供汽车间应负担的修理费 = 800 × 4.2529 = 3 402.32(元)
基本生产车间应负担的修理费 = 3 000 × 4.2529 = 12 758.70(元)
专设销售机构应负担的修理费 = 1 500 × 4.2529 = 6 379.35(元)
企业管理部门应负担的修理费 = 4 500 × 4.2529 = 19 138.05(元)

根据供汽和机修工时的实际单位成本以及实际劳务供应量,编制辅助生产费用分配表(如表 1–22 所示)。

表 1–22　　　　　　　辅助生产费用分配表(代数分配法)

2024 年 1 月　　　　　　　　　　　　　　　　　　　单位:元

项　目	分配供汽费		分配修理费	
	数量(方)	金额	数量(小时)	金额
待分配费用		30 820.00		41 160.00
劳务供应总量	39 600		9 800	
费用分配率(单位成本)		0.8642		4.2529
受益对象				

续表

项 目	分配供汽费		分配修理费	
	数量（方）	金额	数量（小时）	金额
供汽车间			800	3 402.32
机修车间	600	518.52		
基本生产车间				
甲产品生产	31 000	26 790.20		
一般耗用	3 000	2 592.60	3 000	12 758.70
专设销售机构	2 000	1 728.40	1 500	6 379.35
企业管理部门	3 000	2 592.60	4 500	19 138.15
合 计	39 600	34 222.32	9 800	41 678.52

注：表1－22中，供汽车间分配费用合计金额为34 222.32元和机修车间分配费用合计金额为41 678.52元，分别为本车间自身发生的待分配费用与分配计入的外车间辅助生产费用之和。

（3）会计人员根据辅助生产费用分配表，编制分配结转辅助生产费用的会计分录如下：

借：生产成本——基本生产成本（甲产品）　　　　26 790.20
　　　　　　——辅助生产成本（供汽）　　　　　 3 402.32
　　　　　　——辅助生产成本（机修）　　　　　 518.52
　　制造费用——基本生产车间　　　　　　　　 2 592.60
　　销售费用——修理费　　　　　　　　　　　 6 379.35
　　　　　　——其他　　　　　　　　　　　　 1 728.40
　　管理费用——修理费　　　　　　　　　　　31 896.85
　　　　　　——其他　　　　　　　　　　　　 2 592.60
　　贷：生产成本——辅助生产成本（供汽）　　　34 222.32
　　　　　　　——辅助生产成本（机修）　　　　41 678.52

采用代数分配法，是通过解联立方程组求得产品或劳务的实际单位成本的，分配结果最为准确。但当企业辅助生产车间较多时，计算工作会比较复杂。如果企业已经实现会计电算化，则采用这种方法比较适宜。

（四）计划成本分配法

计划成本分配法是先确定辅助生产车间产品或劳务的计划单位成本，按照单位计划成本和辅助生产车间的产品或劳务的实际供应量，在全部受益对象之间分配生产费用，再计算和分配辅助生产车间实际发生的费用（待分配费用加上辅助生产车间内部按计划成本分配转入的费用）与按计划单位成本分配转出费用的差额，即辅助生产车间产品或劳务的成本差异的方法。为了简化分配工作，辅助生产的成本差异一般全部调整计入管理费用，不再分配给其他各受益对象。

【例1－17】 根据【例1－14】提供的资料，假定泉城公司确定的计划单位成本为每方蒸汽0.87元，每修理工时4.25元，采用计划成本分配法，有关计算过程如下：

（1）按计划成本将辅助生产费用分配给全部受益对象（计算过程略），集中编制辅助生产费用分配表（见表1-23）。

表1-23　　　　　　　　辅助生产费用分配表（计划成本分配法）

2024年1月　　　　　　　　　　　　　　　　　　　　　单位：元

项目	按计划成本分配				成本差异	
	分配蒸汽费		分配修理费		供汽车间	机修车间
	数量（方）	金额	数量（小时）	金额		
待分配费用		30 820.00		41 160.00		
劳务供应总量	39 600		9 800			
计划单位成本（分配率）		0.87		4.25		
受益对象						
供汽车间			800	3 400.00		
机修车间	600	522.00				
基本生产车间						
甲生产产品	31 000	26 970.00				
一般消耗	3 000	2 610.00	3 000	12 750.00		
专设销售机构	2 000	1 740.00	1 500	6 375.00		
企业管理部门	3 000	2 610.00	4 500	19 125.00	-232	32
合计	39 600	34 452.00	9 800	41 650.00	-232	32

（2）计算辅助生产车间产品或劳务的成本差异：

供汽车间实际总成本 = 30 820 + 3 400 = 34 220（元）

供汽车间按计划成本分配转出的费用 = 39 600 × 0.87 = 34 452（元）

供汽车间成本差异 = 34 220 - 34 452 = -232（元）

机修车间实际总成本 = 41 160 + 522 = 41 682（元）

机修车间按计划成本分配转出的费用 = 9 800 × 4.25 = 41 650（元）

机修车间成本差异 = 41 682 - 41 650 = 32（元）

（3）根据辅助生产费用分配表（如表1-23所示），编制按计划成本分配结转辅助生产费用的会计分录如下：

借：生产成本——基本生产成本（甲产品）　　　　　　26 970.00
　　　　　　——辅助生产成本（供汽）　　　　　　　 3 400.00
　　　　　　——辅助生产成本（机修）　　　　　　　　 522.00
　　制造费用——基本生产车间　　　　　　　　　　　 2 610.00
　　销售费用——修理费　　　　　　　　　　　　　　 6 375.00
　　　　　　——其他　　　　　　　　　　　　　　　 1 740.00
　　管理费用——修理费　　　　　　　　　　　　　　31 875.00
　　　　　　——其他　　　　　　　　　　　　　　　 2 610.00
　贷：生产成本——辅助生产成本（供汽）　　　　　　34 452.00
　　　　　　——辅助生产成本（机修）　　　　　　　41 650.00

（4）根据辅助生产车间产品或劳务成本差异的计算结果，编制分配结转成本差异的会计分录如下：

借：管理费用——其他　　　　　　　　　　　　　　232.00
　　贷：生产成本——辅助生产成本（供汽）　　　　　　　　232.00
借：管理费用——修理费　　　　　　　　　　　　32.00
　　贷：生产成本——辅助生产成本（机修）　　　　　　　　32.00

需要注意的是，上述分配结转辅助生产成本差异的会计分录属于调整分录，不论成本差异是超支差异还是节约差异，账户的对应关系是相同的。在登记账户时，超支差异用蓝字表示补加，节约差异用红字表示冲减。在实际工作中，按计划单位成本分配和成本差异分配的这两笔会计分录也可以合并编制。

采用计划成本分配法，由于预先制定了产品和劳务的计划单位成本，各种辅助生产费用只需分配一次，简化了成本计算和分配工作。同时，通过计算和分配辅助生产车间的成本差异，可以查明辅助生产车间成本计划的完成情况；辅助生产费用按计划单位成本分配给各受益单位和部门，排除了辅助生产车间费用超支和节约的影响，也便于考核和分析各受益单位和部门的经济责任。

应当注意的是，辅助生产费用分配方法不会改变辅助生产费用归集和分配的特点。不管采用何种方法，分配结转后辅助生产成本明细账应无余额；对外分配金额的合计数是相同的，即应等于分配前各辅助生产车间的待分配费用之和。上述四种方法在辅助生产成本明细账中的登记结果和对外分配金额的合计数集中列示于表 1-24 和表 1-25 中。

表 1-24　　　　　　　辅助生产成本明细账登记结果比较表　　　　　　　单位：元

辅助生产费用分配方法	供汽车间生产成本明细账		机修车间生产成本明细账	
	借方金额	贷方金额	借方金额	贷方金额
直接分配法	30 820	30 820	41 160	41 160
交互分配法	30 820 3 360	466.98 33 713.02	41 160 466.98	3 360 38 266.98
代数分配法	30 820 3 402.32	34 222.32	41 160 518.52	41 678.52
计划成本分配法	30 820 3 400	34 452 -232	41 160 522	41 650 32

表 1-25　　　　　　　辅助生产费用对外分配金额比较表　　　　　　　单位：元

辅助生产费用分配方法	对外分配金额					
	生产成本	制造费用	销售费用	管理费用		合计
				其他费用	修理费	
直接分配法	24 499.3	2 370.9	8 440.55	2 369.2	34 300.05	71 980
交互分配法	26 796.4	2 593.2	8 106.65	2 594.62	31 889.13	71 980
代数分配法	26 790.2	2 592.6	8 107.75	2 592.6	31 896.85	71 980
计划成本分配法	26 970	2 610	8 115	2 610	31 675	71 980

任务四　损失性费用的归集与分配

PPT

【任务案例】

泉城公司2024年2月乙产品发生废品3件，经修复已验收入库。修复过程中共发生材料费、人工费等修复费用1 080元，应收过失人赔款120元，净损失960元；丙产品发生废品5件，无法修复。会计人员应根据具体情况分别作出处理。

思考：损失性费用包括哪些内容？你会进行废品损失和停工损失的核算吗？

【任务处理】

损失性费用是指企业由于经营和管理不善、生产组织不合理、生产工人未执行技术操作规程等种种原因造成的人力、物力、财力上的损失。损失性费用主要包括废品损失、停工损失以及在产品盘亏和毁损等。

一、废品损失

（一）废品损失的含义

1. 废品

废品是指质量不符合规定的标准或技术条件，不能按原定用途加以利用，或者需要加工修复后才能利用的产成品、自制半成品和零部件等。

废品按其产生原因，分为工废品和料废品。工废品是指由于生产工人未执行技术操作规程的原因造成的废品，工废品的产生属于操作工人的过失，应由操作工人承担相应的责任；料废品是指由于被加工的原材料、半成品和零部件质量不符合要求而造成的废品，料废品的产生不应由生产工人承担责任。

废品按其消除缺陷在技术上的可行性和经济上的合理性，分为可修复废品和不可修复废品。可修复废品是指技术上可以修复，并且支付修复费用在经济上合算的废品；不可修复废品是指在技术上不能修复，或者支付修复费用在经济上不合算的废品。

2. 废品损失

废品损失是指企业因产生废品而造成的损失。它包括可修复废品的修复费用和不可修复废品的生产成本（扣除回收的废品残料价值和过失单位或个人的赔款）。

需要注意的是，以下几种情况，尽管从含义上讲可能符合废品的定义，但一般不将其损失作为废品损失来单独核算：①经过质量检验部门鉴定不需要返修，可以降价出售的不合格品（或次品），它应与合格品同等计算成本，其降价损失体现为销售损益，而不作为废品损失处理；②产成品入库以后，由于保管不善等原因造成的产品变质、损毁，以及实行产品包退、包修、包换（"三包"）的企业，在产品出售以后发现废品所发生的一切损失，应当将处置收入扣除账面价值和相关税费后的金额计入当期损益，不作为废品损失处理。

（二）废品损失的核算账户

对于经常发生废品损失的企业，为了考核和控制各生产车间的废品损失，更加准确地计算其产品成本，在账户设置上，应当增设"废品损失"总分类账户，或者在"生产成本"总分类账户下设置"废品损失"明细账户，组织废品损失的核算；在产品成本项目中，也应当相应地增设"废品损失"成本项目。

"废品损失"账户的借方登记可修复废品的修复费用和不可修复废品的生产成本，贷方登记回收废品的残料价值和过失单位或个人的赔款；月末，应将废品损失净额由该账户的贷方转入"生产成本"账户的借方，由当月合格产品成本负担；结转后"废品损失"账户应无余额。

同时，"废品损失"账户应当分生产车间按产品品种设置明细账，组织明细核算。"废品损失"明细账应按成本项目分设专栏，以反映废品损失的构成。

（三）废品损失的归集

1. 计算废品损失的原始凭证

计算废品损失的原始凭证主要是经审核后的"废品通知单"。"废品通知单"可以由企业质检部门在发现废品时填制；也可以由产生废品的生产车间或班组填制。"废品通知单"应当列明废品的种类和数量、产生废品的原因、过失人责任以及废品的生产工时、修复费用和生产成本等。"废品通知单"一般一式三联：一联由生产车间存查，一联交质量检验部门、一联交财会部门核算废品损失。企业财会部门和质量检验部门应当对"废品通知单"所列各项目进行审核，只有经过审核无误的"废品通知单"才能作为核算废品损失的原始凭证。

2. 可修复废品修复费用的计算

废品损失包括可修复废品的修复费用和不可修复废品的生产成本（扣除残料价值和过失人赔款等），二者的计算和确定有所不同。

可修复废品的修复费用（也就是其废品损失）包括为修复废品所发生的材料费用、人工费用和应负担的制造费用等。材料费用一般可以根据有关领料凭证直接确定；人工费用有时可以直接确定，有时需要根据修复废品实际消耗的工时和小时工资率计算确定；应负担的制造费用一般不能直接确定，可以根据修复废品实际消耗的工时和小时费用率计算确定。

【例1-18】根据任务案例，泉城公司2024年2月乙产品发生废品3件，已修复验收入库。根据本月"耗用材料汇总表"提供的资料，修复乙产品领用C材料实际成本150元，根据本月"直接人工费用分配表"和"制造费用分配表"提供的资料，修复乙产品实际耗用工时100小时，直接人工费用分配率为5.80元/小时，制造费用分配率为3.50元/小时。根据本公司规定，本月发生的3件废品应由过失人赔偿120元。根据上述资料编制会计分录如下：

微课：可修复废品修复费用的计算

　　借：废品损失——基本生产车间（乙产品）　　　　　　　　1 080.00
　　　　贷：原材料——C材料　　　　　　　　　　　　　　　　 150.00
　　　　　　应付职工薪酬——工资等　　　　　　　　　　　　 580.00

　　　　制造费用　　　　　　　　　　　　　　　　　　　　　350.00
　借：其他应收款——×过失人　　　　　　　　　　　　　120.00
　　　贷：废品损失——基本生产车间（乙产品）　　　　　　　　120.00

上述会计分录在泉城公司"废品损失明细账"中的登记如表1-26所示。

表1-26　　　　　　　　　泉城公司废品损失明细账

生产单位：基本生产车间　　　品名：乙产品　　2024年2月　　　　　　　单位：元

2024年		凭证字号	摘要	借方	贷方	余额
月	日					
2	28	例1-18	分摊修复费用	1 080		1 080
	28	例1-18	应收过失人赔款		120	960
	28	例1-21	结转废品净损失		960	平

3. 不可修复废品生产成本的计算

不可修复废品的生产成本包括材料费用、人工费用和制造费用，这些费用与同种合格产品成本是同时发生的，已经记入了该种产品的生产成本明细账。因此，应采用适当方法，将全部生产成本在合格产品与废品之间进行分配，计算出不可修复废品的生产成本，并将其从生产成本明细账中转入废品损失明细账。

不可修复废品有的是在生产过程中发现的，有的是在完工验收入库时发现的，这就造成了废品的完工程度是不同的，所以，生产成本在合格产品与废品之间进行分配较为复杂。在实际工作中，不可修复废品的生产成本的计算方法有两种，一种是按废品所耗实际费用计算；另一种是按废品所耗定额费用计算。

（1）按废品实际生产成本计算。

【例1-19】根据任务案例，泉城公司2024年2月丙产品发生废品5件，无法修复。本月丙产品共投产120件，其中合格品为115件。在这5件废品中，有2件平均加工程度为50%，另3件是在加工完成验收入库时发现的（即完工程度为100%）。本月丙产品实际生产费用为286 295元，其中直接材料为211 920元（B产品原材料在生产开始时一次投入），直接人工为45 815元，制造费用为28 560元。废品残料价值为2 000元，已交原材料仓库验收；按规定应由过失人赔偿800元。

① 计算废品损失，有关计算过程如下。

B产品原材料在生产开始时一次投入，则5件废品与合格品同等分配直接材料费用；分配直接人工费用和制造费用时，5件废品应按其加工程度折合为4（2×50%+3）件合格品后，与合格品同等分配费用。

不可修复废品生产成本的计算如表1-27所示。

表1-27　　　　　　　泉城公司不可修复废品生产成本计算表

生产单位：基本生产车间　　　品名：丙产品　　2024年2月　　　　　　　单位：元

项　目	直接材料	直接人工	制造费用	合　计
生产总成本	211 920	45 815	28 560	286 295
分配标准量	115+5	115+4	115+4	

续表

项目	直接材料	直接人工	制造费用	合计
费用分配率	1 766	385	240	
废品生产成本	1 766×5=8 830	385×4=1 540	240×4=960	11 330

② 根据上述计算结果，编制会计分录如下。

借：废品损失——基本生产车间（丙产品）　　　　　11 330.00
　　　贷：生产成本——基本生产成本（丙产品）　　　　　11 330.00

③ 回收废品残料，冲减废品损失。

借：原材料——废品残料　　　　　　　　　　　　　2 000.00
　　　贷：废品损失——基本生产车间（丙产品）　　　　　2 000.00

④ 应收过失人赔款，冲减废品损失。

借：其他应收款——×过失人　　　　　　　　　　　800.00
　　　贷：废品损失——基本生产车间（丙产品）　　　　　800.00

上述会计分录在泉城公司"废品损失明细账"和"生产成本明细账"中的登记如表 1-28 和表 1-29 所示。

表 1-28　　　　　　　泉城公司废品损失明细账

生产单位：基本生产车间　　　品名：丙产品　　　2024 年 2 月　　　　　单位：元

2024 年		凭证字号	摘要	借方	贷方	余额
月	日					
2	28	例 1-19	废品生产成本	11 330		11 330
2	28	例 1-19	回收废品残料		2 000	9 330
2	28	例 1-19	应收过失人赔款		800	8 530
2	28	例 1-21	结转废品净损失		8 530	平

表 1-29　　　　　　　泉城公司生产成本明细账

生产单位：基本生产车间　　　品名：丙产品　　　2024 年 2 月　　　　　单位：元

摘要	直接材料	直接人工	制造费用	废品损失	合计
累计生产费用（总成本）	211 920	45 815	28 560		286 295
转出废品生产成本	-8 830	-1 540	-960		-11 330
转入废品净损失				8 530	8 530
合格产品总成本	203 090	44 275	27 600	8 530	283 495
合格产品单位成本	1 766	385	240	74.17	2 465.17

从表 1-29 可以看出，在结转废品损失前，丙产品总成本为 286 295 元，由于转出废品损失 11 330 元，而转入废品净损失 8 530 元，最终丙产品总成本为 283 495 元。但这并不意味着由于产生了废品，产品成本反而降低了 2 800 元（286 295 - 283 495），而是由于不可修复废品发生了残料回收 2 000 元和过失人赔款 800 元导致的。同时，在生产过程中由于产生了废品，合格产品数量减少了，所以，从单位成本来看，合格产品的单位成本

反而因此提高了74.17元（单位合格产品负担的废品净损失）。

按废品的实际费用来计算和分配废品损失，计算产品实际成本的做法，比较符合实际，但核算工作量较大。

(2) 按废品定额成本计算。为了简化核算，在消耗定额和费用定额比较健全的企业中，也可以按废品所耗定额成本计算不可修复废品的生产成本。即按废品的实际数量和各项消耗定额、费用定额计算不可修复废品的生产成本，而不考虑废品实际发生生产费用的多少。误差由合格品负担。

【例1-20】根据【例1-19】资料，泉城公司2024年2月丙产品发生无法修复废品5件，设废品原材料已全部投入，已完成的定额工时为270小时。丙产品单位产品原材料消耗定额为1 750元，工时消耗定额为58小时。每小时的费用定额，直接人工费用为6.3元，制造费用为3.9元。废品残料价值为2 000元，已交原材料仓库验收；按规定应由过失人赔偿800元。根据上述资料，计算不可修复废品的生产成本和净损失如下。

① 丙产品不可修复废品的生产成本（定额成本）：

直接材料 = 1 750 × 5 = 8 750（元）

直接人工 = 270 × 6.3 = 1 701（元）

制造费用 = 270 × 3.9 = 1 053（元）

废品生产成本合计 = 8 750 + 1 701 + 1 053 = 11 504（元）

借：废品损失——基本生产车间（丙产品）　　　　　11 504.00

　　贷：生产成本——基本生产成本（丙产品）　　　　　　11 504.00

② 回收废品残料，冲减废品损失：

借：原材料——废品残料　　　　　　　　　　　　　2 000.00

　　贷：废品损失——基本生产车间（丙产品）　　　　　　2 000.00

③ 应收过失人赔款，冲减废品损失：

借：其他应收款——×过失人　　　　　　　　　　　800.00

　　贷：废品损失——基本生产车间（丙产品）　　　　　　800.00

④ 丙产品不可修复废品的净损失为：

11 504.00 - 2 000 - 800 = 8 704（元）

根据上述会计分录在"生产成本明细账"中的登记如表1-30所示。

表1-30　　　　　　　　　泉城公司生产成本明细账

生产单位：基本生产车间　　　品名：丙产品　　2024年2月　　　　　单位：元

摘　要	直接材料	直接人工	制造费用	废品损失	合　计
累计生产费用（总成本）	211 920	45 815	28 560		286 295
转出废品生产成本	-8 750	-1 701	-1 053		-11 504
转入废品净损失				8 704	8 704
合格产品总成本	203 170	44 114	27 507	8 704	283 495
合格产品单位成本	1 766.70	383.60	239.19	75.69	2 465.18

按照废品的实际数量和单位定额成本计算废品的定额成本，计算比较简便。同时，计入产品成本的废品损失数额只受废品数量多少的影响，与废品实际费用水平的高低无

关，这样也便于产品成本的分析和考核。

（四）废品损失的分配

废品损失应由本月同种合格产品成本负担，计入当月同种产品的完工产品成本中，月末在产品一般不负担废品损失。

【例1-21】 根据任务案例和上述例题资料，泉城公司2024年2月乙、丙两种产品都发生了废品损失，根据废品损失明细账提供的资料，乙产品废品净损失为960元（见例1-18），丙产品废品净损失为8 530元（见例1-19）。月末分配结转废品损失，编制会计分录如下：

借：生产成本——基本生产成本（乙产品）　　　　　　　　960.00
　　　　　　——基本生产成本（丙产品）　　　　　　　　8 530.00
　贷：废品损失——基本生产车间（乙产品）　　　　　　　960.00
　　　　　　——基本生产车间（丙产品）　　　　　　　　8 530.00

上述分录应记入废品损失明细账和生产成本明细账（如表1-26、表1-28、表1-29所示）。月末分配结转废品净损失以后，"废品损失"账户应无余额。

二、停工损失

（一）停工损失的含义

停工损失是指企业生产车间在停工期内发生的各项费用，包括停工期间发生的燃料及动力费、损失的材料费用、应支付的生产工人薪酬和应负担的制造费用等。实际工作中，不满一个工作日的停工，一般不计算停工损失。季节性生产企业在停工期内发生的费用，也不作为停工损失来核算而直接计入"制造费用"账户，由开工期间的产品生产成本负担。

造成生产停工的原因是多种多样的，按照停工原因可将停工分为季节性生产停工、机器设备大修理停工、原材料和半成品供应不及时停工、生产任务下达不及时停工、设计图纸和工艺文件缺乏或错误停工、生产任务下达不及时停工、意外事故停工、自然灾害停工，以及计划减产停工。按照造成停工的责任，可将停工分为外部责任停工和内部责任停工两种。其中外部责任单位主要有企业外部的供水、供电部门和原材料、燃料的供应商等；内部责任单位和个人主要有生产单位的管理部门，原材料和燃料及动力的供应部门，企业工艺设计部门，质量检验部门，原材料、半成品和产成品仓库等部门，以及有关部门负责人、技术人员、操作人员等。企业应分清停工责任，严格控制停工损失，对属于企业外部责任造成停工的，应积极索赔。

（二）停工损失的核算账户

为了考核和控制企业停工期间发生的各项费用，应当设置"停工损失"总分类账户，或在"生产成本"总分类账户下设置"停工损失"明细账户，组织停工损失的核算；并且应当增设"停工损失"成本项目。

"停工损失"账户借方登记生产单位发生的各项停工损失；贷方登记应索赔的停工损失和分配结转的停工损失；分配结转停工损失以后，该账户应无余额。"停工损失"账户应当按照生产车间设置明细账，并按费用项目设置专栏组织明细核算。

（三）停工损失的归集

1. 计算停工损失的原始凭证

计算停工损失的原始凭证主要是经审核后的"停工报告单"。生产车间因各种原因发生停工时，值班人员应当及时向生产单位负责人报告，以便查明原因，尽快恢复生产。如果在一天内不能恢复生产，应由生产车间填写"停工报告单"，报送厂部有关部门。厂部值班负责人应当及时通知有关部门和单位，采取措施恢复生产。企业由于外部原因和自然灾害发生的停工，除由生产单位填写"停工报告单"外，还应编写专门报告并附有关凭证，以便处理停工损失。另外，企业发生停工后，可采取多种措施，如生产计划调度部门和有关生产单位，应当及时对停工人员分配其他工作等，尽量减少停工损失。

企业和生产车间的核算人员应当对"停工报告单"所列停工范围、时间及其原因和过失单位等内容进行审核，并查明原因，明确责任单位或个人。只有经过审核以后的"停工报告单"，才能作为停工损失核算的原始依据。

2. 停工损失的计算

在核算停工损失时，由于停工损失是按照生产车间组织核算的，所以停工损失种的原材料、水电费、生产工人的薪酬等，一般可以根据有关原始凭证确认后直接计入；制造费用能够直接确认的应尽量直接计入，不能直接确认的可以按照停工工时数和小时制造费用分配率（计划或实际）分配计入。

【例 1-22】 泰山公司第一生产车间本月由于设备故障停工 2 天，停工期间应支付生产工人薪酬 5 200 元，应分摊制造费用 800 元；第二生产车间由于外部供电线路原因停工 3 天，停工期间损失材料费用 4 500 元，应支付生产工人薪酬 6 600 元，应分摊制造费用 800 元。根据资料，编制会计分录如下：

借：停工损失——第一车间　　　　　　　　　　　　6 000.00
　　贷：应付职工薪酬——工资等　　　　　　　　　　　　5 200.00
　　　　制造费用——第一车间　　　　　　　　　　　　　　800.00
借：停工损失——第二车间　　　　　　　　　　　　11 900.00
　　贷：原材料——××品名　　　　　　　　　　　　　　4 500.00
　　　　应付职工薪酬——工资等　　　　　　　　　　　　6 600.00
　　　　制造费用——第二车间　　　　　　　　　　　　　　800.00

（四）停工损失的分配

企业"停工损失"账户归集的停工损失，应当根据发生停工的原因进行分配和结转。可以获得赔偿的停工损失，应当积极索赔，并冲减停工损失；由于自然灾害等引起的非正常停工损失，应计入营业外支出；其他原因造成的停工损失，应计入产品成本（停工损失项目）。

计入产品成本的停工损失，如果停工的生产车间只生产一种产品，可直接计入该种产品生产成本明细账中单独设置的"停工损失"成本项目；如果停工的生产车间生产多种产品，可以采用一定的分配方法在各种产品之间进行分配以后，分别计入各种产品生产成本明细账中的"停工损失"成本项目，其分配方法可参照制造费用的分配方法。

【例 1-23】 依据【例 1-22】资料，设泰山公司第一车间本月只生产甲产品，停工损失 6 000 元全部计入甲产品生产成本；第二车间由于外部线路原因造成停工损失 11 900

元,市供电局已同意赔偿5 000元,净损失6 900元计入营业外支出。有关会计分录如下:

  借:生产成本——基本生产成本(甲产品)   6 000.00
    贷:停工损失——第一车间   6 000.00
  借:其他应收款——市供电局   5 000.00
    营业外支出——非常损失   6 900.00
    贷:停工损失——第二车间   11 900.00

【知识拓展】

不单独核算废品损失的处理

  不单独核算废品损失的企业不需要设置"废品损失"总分类账户和"废品损失"成本项目。发生的废品残料回收收入和应收过失人赔款直接冲减生产成本。残料回收价值应从生产成本明细账的"直接材料"成本项目中扣除,应收过失人赔款一般可从"直接人工"成本项目中扣除。生产成本明细账归集的本月完工产品总成本除以合格产品数量,就是合格产品的单位成本。

  【例1-24】假设泉城公司加工车间丙产品不单独核算废品损失,本月丙产品累计生产费用286 295元(见例1-19)本月发生不可修复废品5件,废品残料价值为2 000元,已交原材料仓库验收;按规定应由过失人赔偿800元。有关回收废品残料价值和应收过失人赔款的会计分录如下:

  借:原材料——废品残料   2 000.00
    其他应收款——过失人   800.00
    贷:生产成本——基本生产成本(丙产品)   2 800.00

  根据上述资料登记丙产品生产成本明细账,计算本月完工丙产品实际总成本和单位成本,如表1-31所示。

表1-31   泉城公司生产成本明细账
生产单位:基本生产车间   品名:丙产品 2024年2月   单位:元

摘要	直接材料	直接人工	制造费用	废品损失	合计
累计生产费用(总成本)	211 920	45 815	28 560		286 295
回收废品残料	-2 000				-2 000
应收过失人赔款		-800			-800
合格产品总成本	209 920	45 015	28 560		253 495
合格产品单位成本	1 825.39	391.43	248.35		2 465.17

  这种处理方法比较简便。但由于没有对废品损失进行单独反映,合格产品的各成本项目中都包括不可修复废品的生产成本和可修复废品的修复费用,所以不利于对废品损失的分析和控制。该方法适用于废品损失不多的基本生产车间,以及规模不大的辅助生产车间。

任务五 制造费用的归集与分配

PPT

【任务案例】

通过前述各项要素费用、辅助生产费用的归集和分配,泉城公司基本生产车间2024年1月发生的各项间接费用,会计人员已经记录到制造费用明细账(如表1-32所示)中。本车间本月共发生费用86 561.80元,会计人员应选用适当的分配方法,将其在各受益产品之间进行分配,分别计入各产品的生产成本。

思考:制造费用的分配方法有哪几种?如何运用这些方法计算分配制造费用?

【知识准备】

一、制造费用的内容

制造费用是指企业生产车间(或分厂)为生产产品和提供劳务而发生的各项间接费用,主要包括车间管理人员的薪酬,车间房屋、建筑物、机器设备等的折旧费,固定资产租赁费,机物料消耗,低值易耗品摊销,取暖费,水电费,办公费,差旅费,运输费,保险费,设计制图费,试验检验费,劳动保护费,季节性停工的损失及其他制造费用。

制造费用应当按照费用发生的生产车间和费用项目来归集。计入最终产品成本构成项目中的制造费用,仅指企业基本生产车间所发生的制造费用。企业辅助生产车间发生的制造费用,应当单独归集,计入辅助生产成本。

产品成本项目中的直接材料费用和直接人工费用是单一性费用,这两个成本项目称为要素费用项目;而制造费用属于间接费用,一般包含的内容较多,属于综合费用项目。而且从制造费用与产品产量的关系来看,虽然制造费用项目中有些与产品产量的变动有关,但多数制造费用为固定费用。因此,制造费用一般不按业务量制定定额,而是按会计期间(月度、季度、半年度、年度)制定制造费用预算,控制制造费用总额。

二、制造费用的核算账户

为了归集制造费用,控制制造费用总额,以正确计算产品成本,企业除应设置"制造费用"总分类账户外,还应按照生产车间(或分厂)设置制造费用明细账,并按照制造费用明细项目设置专栏,来组织制造费用的明细核算。

【任务处理】

一、制造费用的归集

制造费用的归集,是按月在"制造费用"账户的借方进行的,应归集的费用主要有基本生产车间管理上所耗用的各项要素费用,固定资产的折旧费用,以及由辅助生产车间分配来的费用等。

制造费用归集的账务处理与制造费用的组成内容有关,制造费用组成内容不同,其归集核算的程序和方法也不一样。如车间发生的机物料消耗,车间管理人员的薪酬,车间计提的固定资产折旧,为车间支付的办公费、水电费等,应借记"制造费用"账户,贷记"原材料""应付职工薪酬""累计折旧""银行存款""库存现金""长期待摊费用"等账户。

企业各生产车间本期发生的制造费用,都应当根据有关记账凭证记入该生产车间制造费用明细账。

【例1-25】依据任务案例,泉城公司会计人员根据基本生产车间2024年1月发生的各项间接费用86 561.80元,分别编制记账凭证,并已登记制造费用明细账。制造费用归集的结果如表1-32所示。

表1-32　　　　　　　　　　泉城公司制造费用明细账

生产单位:基本生产车间　　　　　　　　　　　　　　　　　　　　　　　单位:元

2024年		凭证字号	摘要	费用明细项目						合计
月	日			职工薪酬	折旧费	机物料消耗	办公费	水电费	差旅费	
1	31	例1-5	领用材料			10 000				10 000.00
	31	例1-11	分配工资等	18 358.60						18 358.60
	31	例1-12	支付水电费					5 360		5 360.00
	31	例1-13	计提折旧费		42 761.80					42 761.80
	31	例1-13	支付差旅费						3 629.10	3 629.10
	31	例1-13	支付办公费				4 081.40			4 081.40
	31	例1-14	分配蒸汽费					2 370.90		2 370.90
	31		本月合计	18 358.20	42 761.80	10 000	4 081.80	7 730.90	3 629.10	86 561.80
	31	例1-26	月末转账	18 358.20	42 761.80	10 000	4 081.80	7 730.90	3 629.10	86 561.80

根据表1-32资料,会计人员应选用适当的分配方法,将制造费用在各受益产品之间进行分配,分别计入各产品的生产成本。

二、制造费用的分配

制造费用是按照费用发生的生产车间来归集的,也就是说,制造费用明细账归集了该生产车间为组织和管理生产所发生的全部间接费用。当某生产车间只生产一种产品时，制造费用不需分配，可以直接转入该产品生产成本明细账（产品成本计算单）中的制造费用成本项目；如果该车间生产多种产品，制造费用则需要采用适当方法在各个受益对象之间进行分配，然后再计入相应成本核算对象的生产成本明细账。

制造费用的分配方法主要有：生产工时比例分配法、机器工时比例分配法、直接成本（或直接材料费用、直接人工费用）比例分配法、计划费用分配率分配法等。

企业应根据自身情况选择采用哪种分配方法，一经确定，不得随意变更。如需变更，应在会计报表附注中加以说明。

（一）生产工时分配法

生产工时分配法是以各种产品（各受益对象）的实际生产工人工时作为分配标准来分配制造费用的方法。其计算公式如下：

$$费用分配率 = \frac{某生产车间应分配的制造费用总额}{该车间各种产品实际生产工时之和}$$

某产品应分配的制造费用 = 该产品实际生产工时 × 费用分配率

【例1-26】 泉城公司基本生产车间生产甲、乙、丙三种产品，本月实际完成生产工时22 000小时，其中甲产品6 000小时，乙产品9 000小时，丙产品7 000小时。根据表1-32费用资料，该车间制造费用明细账本月汇集的制造费用为86 561.80元。采用生产工时分配法，编制"制造费用分配表"（如表1-33所示）和会计分录如下。

表1-33　　　　　　　　　　　制造费用分配表

生产单位：基本生产车间　　　　　　2024年1月　　　　　　　　　　　　单位：元

产品名称	生产工时	分配率	分配金额
甲产品	6 000		23 607.60
乙产品	9 000		35 411.40
丙产品	7 000		27 542.80
合　计	22 000	3.9346	86 561.80

借：生产成本——基本生产成本（甲产品）　　　　23 607.60
　　　　　　——基本生产成本（乙产品）　　　　35 411.40
　　　　　　——基本生产成本（丙产品）　　　　27 542.80
　　贷：制造费用——基本生产车间　　　　　　　86 561.80

上述会计分录在制造费用明细账中的登记如表1-32所示。

表1-33中的生产工时是指产品生产的实际生产工时。当企业的定额制度比较健全时，也可以按产品的定额工时来进行分配，相应地产生了定额工时分配法。产品的定额工时是按实际产量和单位产品的定额工时计算的。其计算公式如下：

产品定额工时 = 某产品实际产量 × 该产品单位产品定额工时

$$费用分配率 = \frac{某生产车间应分配的制造费用总额}{该生产车间各种产品定额工时之和}$$

某产品应分配的制造费用 = 该产品定额工时 × 费用分配率

（二）机器工时比例分配法

机器工时比例分配法是以各种产品（各受益对象）的机器设备运转时间作为标准来分配制造费用的方法。当生产车间产品生产的机械化程度较高时，生产车间制造费用中机器设备的折旧费比重就会比较大，此时制造费用的多少与机器设备运转的时间便有密切联系，所以采用这种分配方法比较合理。采用这一方法，必须具备各种产品所耗机器工时的原始记录。机器工时比例分配法的计算公式如下：

$$费用分配率 = \frac{某生产车间应分配的制造费用总额}{该生产车间各种产品机器工时之和}$$

某产品应分配的制造费用 = 该产品实际机器工时 × 分配率

应当指出，当生产车间机器设备差别较大时，不同机器设备在同一运转时间内的折旧费差别也会比较大。也就是说，被加工的产品在高级精密或大型机器设备上加工一小时所应负担的费用，与在较小型简单机器设备上加工一小时所应负担的费用，应当有区别。上述公式分配率分母为各种产品机器工时之和，在生产车间机器设备差别较大时，实际机器运转工时是不能简单相加的。因此，当一个生产车间内存在折旧费用差别较大的机器设备时，应将机器设备按单位工时费用发生的多少合理分类，确定各类机器的工时换算系数。各种产品实际机器运转工时乘以机器设备的工时换算系数，换算成标准机器运转工时，将标准机器工时作为分配制造费用的依据。标准机器工时的计算公式如下：

某产品标准机器工时 = 该产品实际机器工时 × 机器设备的工时换算系数

【例1-27】泰山公司第三车间用A、B两类设备生产甲、乙、丙三种产品。2024年2月该车间制造费用总额为291 600元；三种产品本月机器总工时为82 500小时，其中甲产品26 500小时，乙产品28 000小时，丙产品28 000小时；本月A类设备运转45 000小时，其中甲产品17 000小时，乙产品8 000小时，丙产品20 000小时；B类设备运转37 500小时，其中甲产品9 500小时，乙产品20 000小时，丙产品8 000小时。该车间A类设备为一般设备，工时系数定为1（标准设备系数），B类设备为高级精密大型设备，按照设备使用情况（与A类设备比较），工时系数定为1.5。根据上述资料，采用机器工时比例分配法分配第三车间制造费用，编制"制造费用分配表"如表1-34所示，编制的会计分录如下。

微课：制造费用分配方法——机器工时分配法

表1-34　　　　　　　　　制造费用分配表

生产单位：第三车间　　　　　　　　　　　　　　　　　　　　　　　　　　　　单位：元

产品名称	标准机器工时			标准机器工时合计	费用分配率	分配金额
	A类设备（标准工时）	B类设备（系数1.5）				
		实际工时	标准工时			
甲产品	17 000	9 500	14 250	31 250		90 000
乙产品	8 000	20 000	30 000	38 000		109 440
丙产品	20 000	8 000	12 000	32 000		92 160
合　计	45 000	37 500	56 250	101 250	2.88	291 600

借：生产成本——基本生产成本（甲产品）　　　　　　　　　90 000.00
　　　　　　——基本生产成本（乙产品）　　　　　　　　　109 440.00
　　　　　　——基本生产成本（丙产品）　　　　　　　　　92 160.00
　　贷：制造费用——第三车间　　　　　　　　　　　　　　　　　291 600.00

表1-34中可见，制造费用的分配除了考虑机器工时的因素外，还考虑了设备的工时系数，这样，在乙产品和丙产品机器工时都是28 000小时的情况下，由于乙产品在B类大型精密设备上加工的工时较多，相应地费用分配得多，比丙产品多负担了17 280元（109 440-92 160），这样的分配结果较为合理。

应当注意的是，实际工作中，企业可以将制造费用加以分类，如分为组织、管理生产而发生的费用和与机器设备的使用有关的费用两类，分别采用不同的分配方法进行分配。前者可采用生产工时分配法，后者则可以采用机器工时法分配，这样可以很大程度上提高分配结果的合理性。

（三）直接成本（或直接材料费用、直接人工费用等）比例分配法

直接成本比例分配法是以各种产品本期发生的各项直接成本，即原材料、燃料、动力、生产工人薪酬之和为标准，来分配制造费用的方法。

直接材料费用比例分配法是以各种产品本期发生的直接材料费用为分配标准，来分配制造费用的方法。直接人工费用比例分配法是以各种产品本期发生的直接人工费用为分配标准，来分配制造费用的方法。相应地，如果以原材料或产品生产工人工资为分配标准，则即是原材料成本比例分配法和生产工人工资比例分配法。

在应用中需要注意的是，上述几种方法虽然计算简便，但几种方法的分配标准不一定合理。例如，按产品的直接成本进行分配时，产品成本中直接费用的数额越大，该产品负担的制造费用就越多，这在很多情况下是不合理的。因为在大多数情况下，制造费用的发生与直接费用的发生并不一定存在比例关系。所以，一般来说，直接材料费用比例分配法适用于各种产品所耗的原料及主要材料相同，产品成本中材料费用所占比重较大，并且制造费用中原材料费用较多的生产车间；直接人工费用比例分配法适用于各种产品生产的机械化程度大致相同的生产车间，可以这样理解：机械化程度越高的产品生产，其需要的人工劳作必然少，则直接人工费用较少，但其机械化程度越高，机器设备的折旧费等就越高，即其需要分担的制造费用就高，但是在直接人工费用比例分配法下，分配结果却正好相反，所以就会影响费用分配的合理性。对于直接成本比例分配法，其分配标准是上述两种方法的分配标准之和，所以应当综合考虑前两种分配方法的要求。

另外，应当注意的是，如果直接人工费用本身是按照生产工时比例分配法分配计入各种产品成本的，那么，按直接人工费用比例法分配制造费用，实际上也就是按照生产工时比例法分配制造费用，其分配结果完全相同。

【例1-28】泰山公司第二车间生产甲、乙、丙三种产品，制造费用明细账归集的2024年2月制造费用总额为291 600元，该车间三种产品直接材料费用分别为120 000元、240 000元和360 000元；直接人工费用分别为30 000元、45 000元和69 000元；直接成本总额分别为150 000元、285 000元和429 000元。分别采用直接材料比例分配法、直接人工比例分配法和直接成本比例分配法分配本月制造费用，分配结果如表1-35、表1-36和表1-37所示。

表1-35　　　　　　　　　　　　制造费用分配表
生产单位：第二车间　　　　　　　2024年2月　　　　　　　　　　　　　　单位：元

产品名称	直接材料费用	分配率	分配金额
甲产品	120 000		48 600
乙产品	240 000		97 200
丙产品	360 000		145 800
合计	720 000	0.405	291 600

表1-36　　　　　　　　　　　　制造费用分配表
生产单位：第二车间　　　　　　　2024年2月　　　　　　　　　　　　　　单位：元

产品名称	直接人工费用	分配率	分配金额
甲产品	30 000		60 750
乙产品	45 000		91 125
丙产品	69 000		139 725
合计	144 000	2.025	291 600

表1-37　　　　　　　　　　　　制造费用分配表
生产单位：第二车间　　　　　　　2024年2月　　　　　　　　　　　　　　单位：元

产品名称	直接成本	分配率	分配金额
甲产品	150 000		50 625.00
乙产品	285 000		96 187.50
丙产品	429 000		144 787.50
合计	864 000	0.3375	291 600.00

泰山公司第二车间在应分配制造费用总额都是291 600元的情况下，由于采用的分配方法不同，如表1-35、表1-36和表1-37分别出现了三种不同结果。这说明费用分配方法选择是否合理，直接影响费用分配的合理性。企业可以根据自身情况选择使用其中一种费用分配方法。一经选择，年度内不得随意变更。

根据第一种方法（如表1-35所示）编制会计分录如下：

借：生产成本——基本生产成本（甲产品）　　　　　　　　　　48 600.00
　　　　　　——基本生产成本（乙产品）　　　　　　　　　　97 200.00
　　　　　　——基本生产成本（丙产品）　　　　　　　　　　145 800.00
　　贷：制造费用——第二车间　　　　　　　　　　　　　　　291 600.00

（四）计划费用分配率分配法

计划费用分配率分配法是指在年度开始前先确定计划费用分配率，在该年度内，均按此分配率来分配制造费用的方法。季节性生产企业，淡季和旺季月产量差异较大，为便于成本的考核与分析，一般采用该方法分配制造费用。计划费用分配率因分配标准的不同而不同，但一经确定，年度内一般不做变动。如果实际发生的制造费用与其预算数或实际产品产量与其计划数差距较大，则应及时调整计划费用分配率，以保证费用分配的准确性。

采用计划费用分配率分配法,首先要确定年度计划费用分配率,当制造费用以定额工时作为分配标准时,计划费用分配率一般是根据各生产车间计划年度制造费用总额除以计划年度内定额总工时计算的。其计算公式如下:

$$\text{计划制造费用分配率} = \frac{\text{某生产车间年度制造费用预算总额}}{\text{该生产车间年度计划完成的定额总工时}}$$

上式中,计划完成的定额总工时是指按计划年度各项产品的计划产量和单位产品定额工时计算的定额工时总数,其计算公式如下:

$$\text{计划完成的定额总工时} = \sum(\text{某产品年度计划产量} \times \text{该产品单位产品定额工时})$$

确定制造费用的计划分配率后,各种产品(受益对象)当月应负担的制造费用,是根据各种产品的实际产量按单位产品定额工时计算的定额总工时乘以计划分配率来计算的。其计算公式如下:

某产品当月应分配的制造费用 =(该产品当月实际产量×该产品单位产品定额工时)×计划制造费用分配率

从上述公式可以看出,计划费用分配率是按计划产量计算的,实际分配的费用是按实际产量计算的,而年度实际发生的制造费用与制造费用预算也会存在差异,所以,采用计划费用分配率分配法,"制造费用"账户1—11月各月末分配结转后可能会有余额;同时,月末余额可能在借方,也可能在贷方,若在借方表示实际发生的费用大于按计划分配率分配的费用,若在贷方表示按照计划分配率分配的费用大于实际发生的费用。

【例1-29】泰山公司第一车间生产甲、乙、丙三种产品,本年度制造费用预算总额为840 000元;三种产品本年计划产量分别为10 000件、12 000件、3 200件,单位产品定额工时分别为40小时、70小时和50小时。2024年2月份生产甲产品1 200件、乙产品800件、丙产品600件,实际发生制造费用80 200元。1月末"制造费用——第一车间"明细账有贷方余额400元。有关费用分配结果和制造费用明细账余额的计算如下:

(1)计算本年度计划完成定额总工时。

10 000×40 + 12 000×70 + 3 200×50 = 1 400 000(小时)

(2)计算本年度计划费用分配率。

$$\text{计划费用分配率} = \frac{840\ 000}{1\ 400\ 000} = 0.6\ (\text{元}/\text{小时})$$

(3)按计划费用分配率分配2月产品应分配的制造费用。

甲产品应分配的制造费用 = 1 200×40×0.6 = 28 800(元)

乙产品应分配的制造费用 = 800×70×0.6 = 33 600(元)

丙产品应分配的制造费用 = 600×50×0.6 = 18 000(元)

本月分配转出制造费用合计 = 28 800 + 33 600 + 18 000 = 80 400(元)

(4)编制会计分录。

借:生产成本——基本生产成本(甲产品)　　　　　　　　28 800.00
　　　　　　——基本生产成本(乙产品)　　　　　　　　33 600.00
　　　　　　——基本生产成本(丙产品)　　　　　　　　18 000.00
　　贷:制造费用——第一车间　　　　　　　　　　　　　80 400.00

(5)登记制造费用明细账(如表1-38所示)。

表 1-38　　　　　　　　　　　　　制造费用明细账

生产单位：第二车间　　　　　　　　　　　　　　　　　　　　　　　　　　　　单位：元

2024 年		凭证字号	摘要	借方	贷方	借或贷	余额
月	日						
2	1		期初余额			贷	400
	28		本月发生费用	80 200		借	79 800
	28		本月分配费用		80 400	贷	600
			发生额合计及余额	80 200	80 400	贷	600

可以看出，本例中，实际发生的制造费用为 80 200 元，按计划制造费用分配率转出的制造费用为 80 400 元，月初贷方余额为 400 元，所以，本月末会留有贷方余额 600 元。

"制造费用"账户 1—11 月的月末余额一般不作处理，该账户如有年末余额，表明全年制造费用的实际发生额与按计划费用分配率分配金额有差额。这一差额一般情况下（除其中属于为明年开工生产作准备的可留待下一年分配外）都应在年末调整计入本年 12 月份的产品成本。如果年末余额在借方，应追加分配计入产品成本；如年末余额在贷方，则应冲减相关产品成本。年末，制造费用的差额分配结转以后，制造费用总账及其所属明细账应无余额。

【例 1-30】泰山公司第一车间采用计划费用分配率分配法分配制造费用，假设本年度按计划费用分配率分配的制造费用总额为 960 000 元，本年实际制造费用总额为 962 000 元，年末将超支额 2 000 元（962 000 - 960 000）按照甲、乙、丙三种产品的累计实际工时分配，追加其生产成本。设分配结果为甲产品 600 元，乙产品 1 100 元，丙产品 300 元。编制会计分录如下：

借：生产成本——基本生产成本（甲产品）　　　　　　　　　　600.00
　　　　　　——基本生产成本（乙产品）　　　　　　　　　1 100.00
　　　　　　——基本生产成本（丙产品）　　　　　　　　　　300.00
　　贷：制造费用——第一车间　　　　　　　　　　　　　　2 000.00

例 1-28 中，如果本年度按计划费用分配率分配的制造费用总额为 960 000 元，本年实际制造费用总额为 956 000 元，年末将多分配的 4 000 元（956 000 - 960 000）按照甲、乙、丙三种产品的累计实际工时分配，冲减其生产成本。设分配结果为甲产品 1 200 元，乙产品 2 200 元，丙产品 600 元。编制会计分录如下：

借：生产成本——基本生产成本（甲产品）　　　　　　　　　1 200.00
　　　　　　——基本生产成本（乙产品）　　　　　　　　　2 200.00
　　　　　　——基本生产成本（丙产品）　　　　　　　　　　600.00
　　贷：制造费用——第一车间　　　　　　　　　　　　　　4 000.00

采用计划费用分配率分配法，分配计算比较简便，也有利于对产品成本和制造费用的日常控制。但需要注意的是，计划分配率的确定必须接近实际，如果年度制造费用预算总额与实际差距较大，或者计划生产量与实际差距较大，都会影响成本计算的正确性。

任务六 生产费用在完工产品和在产品之间的分配

PPT

【任务案例】

通过前述各项要素费用、辅助生产费用、制造费用等项目的归集和分配,泉城公司基本生产车间 2024 年 1 月发生的各项直接费用和间接费用,会计人员已经直接计入或分配计入产品生产成本明细账(如表 1-40、表 1-41 和表 1-46 所示)中。会计人员应根据甲、乙、丙三种产品生产完工的具体情况,采用适当的方法,将生产费用在本期完工产品和期末在产品之间进行分配,以正确计算完工产品的生产成本。

思考:在产品成本的计算方法有哪几种?分别适用于什么情况?你会运用这些方法计算期末在产品成本和本期完工产品成本吗?

【知识准备】

一、在产品的含义

工业企业期末在产品有广义和狭义之分。广义在产品是就整个企业而言的,是指期末没有完成全部生产过程,不能作为商品销售的产品。广义在产品一般包括四种类型:①期末正在各个生产车间加工中的在制品;②已经完成一个或几个生产步骤,但仍需要继续加工的自制半成品;③等待验收入库的产成品;④正在返修或等待返修的返修品等。

狭义在产品是就某一生产车间(分厂)或某一生产步骤而言的,仅指本生产车间或生产步骤正在加工中的在制品。该生产车间或生产步骤已经完工交出的自制半成品不包括在内。

二、完工产品与在产品的关系

在产品完成生产过程,验收合格入库后,就称为完工产品。工业企业的完工产品一般仅指最终完工的产成品。但由于在产品有广义和狭义之分,企业在将生产费用在完工产品和在产品之间分配时,对已经完成本步骤生产过程,交给下一步骤继续加工或交给半成品仓库的半成品,也称为本车间(或本步骤)的完工产品。

由于企业通常需要按月计算产品成本,所以在产品一般指期末在产品,完工产品指本期完工产品。期末在产品与本期完工产品的关系,指的是二者在承担费用(划分产品成本)方面的关系。

通过前述要素费用、损失性费用、辅助生产费用、制造费用等项目的归集和分配,企业本月发生的各项生产费用已经全部计入各成本核算对象的产品生产成本明细账（产品成本计算单）中。此时，登记在各生产成本明细账中的生产费用合计数（即月初在产品成本加本月发生的生产费用）或称累计生产费用会出现下列三种情况：

（1）月末，本月生产的产品全部完工，没有在产品，这时，生产费用合计数就是本月完工产品总成本。

（2）月末，本月生产的产品全部没有完工，则生产费用合计数就是月末在产品总成本。

（3）月末，本月生产的产品既有已经完工交库的产成品或自制半成品，又有正在加工中的在产品。这时，需要将本月生产费用合计数在本月完工产品和月末在产品之间进行分配，以正确确定本月完工产品的实际总成本和单位成本。

本月完工产品成本与月末在产品成本之间的关系，可以用公式表示如下：

月初在产品成本 + 本月发生的生产费用 = 本月完工产品成本 + 月末在产品成本

或：

本月完工产品成本 = 月初在产品成本 + 本月发生的生产费用 − 月末在产品成本

从上述公式可以看出，要正确确定本期完工产品成本，首先要正确计算期末在产品成本。要正确计算期末在产品成本，就必须加强在产品的实物管理，组织好在产品数量的核算。

【任务处理】

在产品成本的计算，也就是将生产费用在完工产品和期末在产品之间进行分配。不同的企业有不同的生产经营特点，企业应该针对自身特点，根据月末在产品数量的多少，各月月末在产品数量变化的大小，产品成本中各成本项目费用比重的大小，以及企业定额管理基础的好坏等具体条件，选择合理的分配方法，正确计算期末在产品成本和本期完工产品成本。

企业在产品成本的处理方法主要有以下几种。

一、不计算在产品成本法

某些企业所生产的产品，月末虽有在产品，但数量较少，且各月变动不大，对本月完工产品成本影响很小，为了简化成本计算工作，可以将当月发生的生产费用全部由完工产品成本负担，不计算在产品成本。完工产品成本的计算公式表示为：

本月完工产品成本 = 本月发生生产费用

这种方法将本期发生的生产费用全部直接计入完工产品成本，计算简便。适用于产品生产周期短，月末在产品数量很少的生产车间。

【例1-31】泉城公司基本生产车间生产的甲产品，生产周期较短，月末极少有在产品，所以采用不计算在产品成本法。设本月甲产品成本计算单登记的生产费用总额为366 311.90元，其中，直接材料为305 519.30元，直接人工为37 185元，制造费用为23 607.60元。甲产品本月全部完工入库。根据本月发生的生产费用资料，编制结转本月完工入库产品成本的会计分录如下：

借：库存商品——甲产品　　　　　　　　　　　　　　　　　366 311.90
　　贷：生产成本——基本生产成本（甲产品）　　　　　　　366 311.90

上述会计分录在甲产品成本计算单中的登记如表 1-39 所示。

表 1-39　　　　　　　　　泉城公司产品成本计算单

产品名称：甲产品　　　　　产量：60 件　　　2024 年 1 月　　　　　　　单位：元

摘　要	直接材料	直接人工	制造费用	合　计
本月生产费用	305 519.30	37 185.00	23 607.60	366 311.90
本月完工产品成本	305 519.30	37 185.00	23 607.60	366 311.90
完工产品单位成本	5 091.99	619.75	393.46	6 105.20

二、固定在产品成本法

某些企业所生产的产品，月末虽然在产品数量较多，但各月数量比较均衡。如冶炼企业的炉内溶液、化工企业的管道内的在产品数量都比较稳定。在这种情况下，各月月末在产品成本可固定地按一个常数来进行计算，一般按年初在产品成本计算，即固定期初（期末）在产品成本。那么本月完工产品成本等于当月该种产品发生的（应负担的）全部生产费用，但账面上有期末在产品。用计算公式表示为：

本月完工产品成本 = 月初在产品成本（固定年初数额）+ 本月发生生产费用 − 月末在产品成本（固定年初数额）= 本月发生生产费用

【例 1-32】泉城公司基本生产车间生产的乙产品，月末在产品数量比较稳定，采用固定在产品成本法。设该产品年初在产品成本为 50 000 元，其中，直接材料为 40 000 元，直接人工为 5 000 元，制造费用为 5 000 元。本月份发生生产费用为 498 148.90 元，其中直接材料为 406 960 元，直接人工为 55 777.50 元，制造费用为 35 411.40 元。乙产品本月完工 90 件，期初和期末各有 10 件在产品。根据本月发生生产费用资料，编制结转完工入库产品成本的会计分录如下：

微课：成本费用在完工产品与在产品之间分配——固定在产品成本法

借：库存商品——乙产品　　　　　　　　　　　　　　　　　498 148.90
　　贷：生产成本——基本生产成本（乙产品）　　　　　　　498 148.90

上述会计分录在乙产品成本计算单中的登记如表 1-40 所示。

表 1-40　　　　　　泉城公司产品成本计算单（固定在产品成本法）

产品名称：乙产品　　　　　产量：90 件　　　2024 年 1 月　　　　　　　单位：元

摘　要	直接材料	直接人工	制造费用	合　计
月初在产品成本	40 000.00	5 000.00	5 000.00	50 000.00
本月生产费用	406 960.00	55 777.50	35 411.40	498 148.90
本月完工产品成本	406 960.00	55 777.50	35 411.40	498 148.90
完工产品单位成本	4 521.78	619.75	393.46	5 534.99
月末在产品成本	40 000.00	5 000.00	5 000.00	50 000.00

需要注意的是，这种方法使用时，不论年末在产品数量变动与否，都应对在产品进行实地盘点，并以实际盘存数为计算基础重新确定年末在产品成本（即下年年初在产品成本）。采用这种方法，每年1—11月各月月末在产品成本是固定的，大大简化了成本核算工作；并且从全年来看，因为年初和年末的在产品都是经过实地盘点确定的实际成本，所以全年完工产品总成本的计算也是准确的。

三、在产品只计算材料成本法

如果企业所生产的产品，直接材料费用在产品成本总额中所占比重较大，如造纸、酿酒等行业的产品，直接材料费用可以占到产品成本的70%以上，那么为简化核算，月末在产品可以只分配材料成本，不负担直接人工和制造费用，企业本期发生的全部人工费和制造费都由完工产品成本负担。采用这种方法，由于月初和月末在产品成本中只包含直接材料成本，本月完工产品成本等于月初在产品材料成本加上当月发生的全部生产费用，再减去月末在产品材料成本。用计算公式表示为：

本月完工产品成本 = 月初在产品材料成本 + 本月发生生产费用 - 月末在产品材料成本

【例1-33】仍以【例1-32】为例，由于泉城公司基本生产车间生产的乙产品，直接材料费用在产品成本中所占比重较大，在产品只计算材料成本。乙产品月初在产品总成本（即直接材料费用）40 000元；本月发生生产费用为498 148.90元，其中直接材料为406 960元，直接人工为55 777.50元，制造费用为35 411.40元。乙产品本月完工90件，月末在产品10件，在产品的原料费用已全部投入，直接材料费用可以按完工产品和月末在产品的数量比例分配。计算过程如下：

微课：成本费用在完工产品与在产品之间分配——在产品只计算材料成本法

$$直接材料费用分配率 = \frac{40\,000 + 406\,960}{90 + 10} = 4\,469.60（元/件）$$

月末在产品材料成本（月末在产品总成本） = 10 × 4 469.60 = 44 696（元）

本月完工产品直接材料成本 = 90 × 4 469.60 = 402 264（元）

或 = 40 000 + 406 960 - 44 696 = 402 264（元）

本月完工产品总成本 = 402 264 + 55 777.50 + 35 411.40 = 493 452.90（元）

或 = 40 000 + 498 148.90 - 44 696 = 493 452.90（元）

上述计算结果在产品成本计算单中的登记如表1-41所示。

表1-41　　　　泉城公司产品成本计算单（在产品只计算材料成本法）

产品名称：乙产品　　　产量：90件　　　2024年1月　　　　　　　单位：元

摘　要	直接材料	直接人工	制造费用	合　计
月初在产品成本	40 000.00			40 000.00
本月生产费用	406 960.00	55 777.50	35 411.40	498 148.90
生产费用合计	446 960.00	55 777.50	35 411.40	538 148.90
本月完工产品成本	402 264.00	55 777.50	35 411.40	493 452.90
完工产品单位成本	4 469.60	619.75	393.46	5 482.80
月末在产品成本	44 696.00			44 696.00

根据上述资料,编制结转完工入库产品成本的会计分录如下:

借:库存商品——乙产品　　　　　　　　　　　　　　　493 452.90
　　贷:生产成本——基本生产成本(乙产品)　　　　　　493 452.90

四、约当产量法

约当产量,又称约当量,它是将企业(车间)月末在产品的实际数量,按其完工程度折合为相当于完工产品的数量。将在产品数量折合为约当产量后,在产品便可以和完工产品同等负担各项生产费用。

约当产量法是指按照本月完工产品数量和月末在产品的约当产量分配生产费用,计算本月完工产品成本和月末在产品成本的方法。

采用约当产量法,通常分为以下三个步骤:计算在产品约当量,计算各成本项目的费用分配率,分配生产费用。下面我们逐步来详细介绍:

(一) 计算在产品约当量

月末,企业应根据"产品交库单"确定本月完工产品数量,通过实地盘点(或"在产品收发结存明细账"),确定月末在产品数量,并根据在产品完工程度,计算确定在产品约当量。

月末在产品约当量 = 月末在产品数量 × 完工程度

在产品的完工程度应按成本项目分别确定。一般说来,直接材料费用的投入,与直接人工费用和制造费用的发生不一定一致。如果材料费用在生产开始时一次投入,即完工程度(投料程度或投料率)为100%,那么在产品约当量等于在产品数量,在产品和完工产品应同等分配材料费用;而直接人工费用和制造费用一般是随着产品的进一步加工逐步递增的,在费用发生比较均衡的情况下,一般将完工程度(即完工率)定为50%。

但如果产品生产过程中原材料不是在生产开始时一次性投足,人工费用和制造费用不是比较均衡的发生,则要分别计算在产品的投料率和完工率,进而计算各成本项目的期末在产品约当量。如果企业生产的产品结构复杂,生产工序多,还需要分工序计算在产品的投料率和完工率。

1. 在产品"直接材料"项目投料率和约当量的计算

(1) 计算各工序在产品投料率。在产品投料率,是指在产品累计已投入的材料费用占完工产品应投入的材料费用的比重。其计算如下:

$$某工序在产品投料率 = \frac{该工序单位在产品已投入材料费用}{单位完工产品应投入材料费用} \times 100\%$$

(2) 计算各工序在产品约当量。

某工序在产品约当量 = 该工序在产品实际数量 × 该工序在产品投料率

【例1-34】泰山公司生产的丁产品经过三道工序加工,原材料分别在各个工序生产开始时一次投入。丁产品单位产品原材料消耗定额为320元,其中第一工序投料定额为176元,第二工序投料定额为96元,第三工序投料定额为48元。该厂本月盘点确定的丁产品月末在产品数量为300件,其中第一工序90件,第二工序110件,第三工序100件。根据上述资料,丁产品在各工序的投料率和月末在产品约当产量可以计算如下:

(1) 计算各个工序月末在产品投料率。

第一道工序：$\dfrac{176}{320} \times 100\% = 55\%$

第二道工序：$\dfrac{176+96}{320} \times 100\% = 85\%$

第三道工序：$\dfrac{176+96+48}{320} \times 100\% = 100\%$

(2) 计算各工序月末在产品约当量。

第一工序：$90 \times 55\% = 49.5$（件）

第二工序：$110 \times 85\% = 93.5$（件）

第三工序：$100 \times 100\% = 100$（件）

(3) 计算丁产品"直接材料"项目月末在产品约当量。

月末在产品约当量：$49.5 + 93.5 + 100 = 243$（件）

在产品投料率一般可以根据原材料消耗定额和产品原材料费用投入情况预先确定。月末在产品约当量可以通过编制"在产品约当量计算表"计算。根据上述资料编制"在产品投料率及约当量计算表"如表1-42所示。

表1-42　　　　　　　　　在产品投料率及约当量计算表

产品名称：丁产品　　　　　　　　2024年1月　　　　　　　　单位：件

工序	月末在产品数量	单位产品投料定额	在产品投料率	月末在产品约当产量
一	90	176	$176 \div 320 \times 100\% = 55\%$	49.5
二	110	96	$(176+96) \div 320 \times 100\% = 85\%$	93.5
三	100	48	$(176+96+48) \div 320 \times 100\% = 100\%$	100
合计	300	320		243

2. 在产品"直接人工"和"制造费用"项目完工率和约当量的计算

直接人工和制造费用两个成本项目一般可以按照同一完工率来计算月末在产品的约当量。在产品各工序完工率可以根据各工序的工时定额计算确定。其计算公式为：

$$\text{某工序在产品的完工率} = \dfrac{\text{该工序单位在产品累计已完成的定额工时}}{\text{单位完工产品的定额工时}} \times 100\%$$

某工序在产品约当量 = 该工序在产品实际数量 × 该工序在产品完工率

【例1-35】依据【例1-34】资料，泰山公司生产的丁产品经过三道工序加工，单位产品工时消耗定额为40小时，其中第一道工序15小时，第二道工序18小时，第三道工序7小时。各工序在产品在本工序的完工程度均为50%。该厂本月盘点确定的丁产品月末在产品数量为300件，其中第一道工序90件，第二道工序110件，第三道工序100件。根据上述资料，丁产品在各工序的完工率和月末在产品约当产量可以计算如下：

(1) 计算各工序月末在产品完工率。

第一道工序：$\dfrac{15 \times 50\%}{40} \times 100\% = 18.75\%$

第二道工序：$\dfrac{15+18\times 50\%}{40}\times 100\%=60\%$

第三道工序：$\dfrac{15+18+7\times 50\%}{40}\times 100\%=91.25\%$

（2）计算各工序月末在产品约当量。

第一道工序：$90\times 18.75\%=16.875$（件）

第二道工序：$110\times 60\%=66$（件）

第三道工序：$100\times 91.25\%=91.25$（件）

（3）计算丁产品"直接人工"和"制造费用"项目月末在产品约当量。

月末在产品约当产量：$16.875+66+91.25=174.125$（件）

根据上述计算结果编制"在产品完工率及约当产量计算表"如表1-43所示。

表1-43　　　　　　　　　在产品完工率及约当产量计算表

产品名称：丁产品　　　　　　　　　2024年1月　　　　　　　　　单位：件

工序	月末在产品数量	单位产品工时定额	在产品完工率	月末在产品约当产量
一	90	15	$(15\times 50\%)\div 40\times 100\%=18.75\%$	16.875
二	110	18	$(15+18\times 50\%)\div 40\times 100\%=60\%$	66
三	100	7	$(15+18+7\times 50\%)\div 40\times 100\%=91.25\%$	91.25
合计	300	40		174.125

（二）计算费用分配率

采用约当产量法，将生产费用在本月完工产品和月末在产品之间分配的标准是折合的生产总量，即本月完工产品数量和月末在产品约当量之和。由于各个成本项目月末在产品生产费用的发生情况不同，所以费用分配率的计算应当区分不同成本项目分别进行。计算公式如下：

$$某成本项目费用分配率=\dfrac{该成本项目生产费用合计数}{本月完工产品数量+该成本项目的月末在产品约当量}$$

【例1-36】依据【例1-34】和【例1-35】资料，设泰山公司"产品交库单"中列明，本月完工验收入库的丁产品为1 500件，丁产品生产成本明细账归集的生产费用表明，月初在产品成本为129 500元，其中直接材料为67 500元，直接人工为27 500元，制造费用为34 500元；本月发生的生产费用为633 001元，其中直接材料为333 390元，直接人工为119 823元，制造费用为179 788元。根据上述资料，各成本项目费用分配率的计算过程如下：

"直接材料"项目：$\dfrac{67\,500+333\,390}{1\,500+243}=230$（元）

"直接人工"项目：$\dfrac{27\,500+119\,823}{1\,500+174.125}=88$（元）

"制造费用"项目：$\dfrac{34\,500+179\,788}{1\,500+174.125}=128$（元）

丁产品完工产品单位成本＝$230+88+128=446$（元）

(三) 分配生产费用，计算月末在产品和本月完工产品成本

采用约当产量法，月末在产品成本和本月完工产品成本的计算公式分别为：

月末在产品成本 = 月末在产品约当量 × 费用分配率

本月完工产品成本 = 月初在产品成本 + 本月发生生产费用 − 月末在产品成本

或 = 本月完工产品数量 × 费用分配率

根据【例1-36】计算的费用分配率和提供的本月完工产品数量与月末在产品约当产量的资料，丁产品成本的计算过程如下：

1. 计算月末300件在产品的生产成本

"直接材料"项目：230 × 243 = 55 890（元）

"直接人工"项目：88 × 174.125 = 15 323（元）

"制造费用"项目：128 × 174.125 = 22 288（元）

月末300件在产品的总成本为：55 890 + 15 323 + 22 288 = 93 501（元）

2. 计算本月完工1 500件丁产品的生产成本

"直接材料"项目：67 500 + 333 390 − 55 890 = 345 000（元）

或 230 × 1 500 = 345 000（元）

"直接人工"项目：27 500 + 119 823 − 15 323 = 132 000（元）

或 88 × 1 500 = 132 000（元）

"制造费用"项目：34 500 + 179 788 − 22 288 = 192 000（元）

或 128 × 1 500 = 192 000（元）

本月完工产品总成本为：345 000 + 132 000 + 192 000 = 669 000（元）

根据上述计算结果，在丁产品"生产成本明细账（产品成本计算单）"中的登记如表1-44所示。

表1-44　　　　　　　泰山公司产品成本计算单（约当产量法）

产品名称：丁产品　　　　　　　　2024年1月　　　　　　　　单位：元

摘　要	直接材料	直接人工	制造费用	合　计
月初在产品成本	67 500	27 500	34 500	129 500
本月生产费用	333 390	119 823	179 788	633 001
生产费用合计	400 890	147 323	214 288	762 501
完工产品数量	1 500	1 500	1 500	
月末在产品约当量	243	174.125	174.125	
生产量合计	1 743	1 674.125	1 674.125	
费用分配率（单位成本）	230	88	128	446
本月完工产品成本	345 000	132 000	192 000	669 000
月末在产品成本	55 890	15 323	22 288	93 501

根据上述资料，编制结转本月丁产品完工产品总成本的会计分录如下：

借：库存商品——丁产品　　　　　　　　　　　　　　　　　　669 000.00

　　贷：生产成本——基本生产成本（丁产品）　　　　　　　　669 000.00

五、在产品按完工产品成本计价法

在产品按完工产品成本计价法，是将月末在产品视同完工产品，直接按照月末在产品数量与本月完工产品数量的比例来分配生产费用，以计算确定月末在产品成本和本月完工产品成本的方法。

这种方法简化了成本计算工作，但只适用于月末在产品已接近完工，或已经加工完成但尚未包装或尚未验收入库的产品，否则会影响本月完工产品成本计算的正确性。

【例 1-37】 根据引导案例资料，泉城公司基本生产车间本月生产的丙产品 120 件，已经完工入库 105 件，月末 15 件在产品（其中 10 件已经接近完工，5 件已完工但尚未验收入库）按完工产品计算成本。设该产品月初无在产品；本月发生的生产费用已记入产品成本计算单（如表 1-45 所示）。

表 1-45　　　泉城公司产品成本计算单（在产品按完工产品成本计价法）

产品名称：丙产品　　　　　　　产量：120 件　　2024 年 1 月　　　　　　　　　　单位：元

摘要	直接材料	直接人工	制造费用	合计
本月生产费用	212 480.00	43 381.50	27 542.80	283 404.30
本月完工产品数量	105	105	105	
月末在产品数量	15	15	15	
生产量合计	120	120	120	
费用分配率	1 770.67	361.51	229.52	2 361.70
本月完工产品成本	185 919.95	37 958.85	24 100.00	247 978.80
月末在产品成本	26 560.05	5 422.65	3 442.80	35 425.50

根据上述成本计算结果，编制结转完工入库丙产品成本的会计分录如下：

借：库存商品——丙产品　　　　　　　　　　　　　　　247 978.80
　　贷：生产成本——基本生产成本（丙产品）　　　　　　247 978.80

六、定额比例法

定额比例法是指根据月末在产品定额耗用量（或定额成本）与本月完工产品定额耗用量（或定额成本）的比例来分配生产费用，以确定月末在产品和本月完工产品实际成本的方法。这种方法适用于各项消耗定额资料比较完整、准确，生产工艺过程已经定型的产品。

采用定额比例法计算月末在产品成本和本月完工产品成本，一般分为三个步骤：计算在产品和完工产品定额、计算各成本项目的费用分配率、计算在产品和完工产品成本。具体步骤如下：

1. 计算月末在产品和本月完工产品的总定额（定额耗用量或定额总成本）

月末在产品和完工产品的总定额应当按成本项目分别计算。根据成本项目的不同，总定额包括原材料定额耗用总量或原材料定额总成本，定额工时消耗总量或直接人工定额总成本、制造费用定额总成本等。采用定额比例法，直接材料项目一般按照原材料定额消耗量或定额成本的比例分配；直接人工费用和制造费用一般按照工时消耗定额或定额成本比例分配。

各成本项目完工产品的总定额可以根据本月完工产品数量乘以单位完工产品定额消耗量（或定额成本）来计算；月末在产品的总定额，应按各生产工序在产品数量和单位在产品定额消耗量（或定额成本）分别计算以后，再汇总确定全部在产品的总定额。计算公式如下：

本月完工产品总定额 = 本月完工产品数量 × 单位产品定额消耗量（或定额成本）

月末在产品总定额 = $\sum$（某工序月末在产品数量 × 该工序单位在产品定额消耗量或定额成本）

【例 1-38】泰山公司生产的主要产品丁产品是定型产品，有比较健全的定额资料和定额管理制度。本月完工产品 1 500 件。月末盘点停留在各工序的在产品共 300 件，其中第一道工序 90 件，第二道工序 110 件，第三道工序 100 件；丁产品单位产品原材料消耗定额为 320 元，其中第一道工序 176 元，第二道工序 272 元，第三道工序 320 元；单位产品工时消耗定额为 40 小时，其中第一道工序 7.5 小时，第二道工序 24 小时，第三道工序 36.5 小时。根据上述资料，本月完工产品和月末在产品的总定额计算过程如下：

微课：成本费用在完工产品与在产品之间分配——定额比例法

(1) 计算本月完工产品总定额。

原材料消耗总定额 = 320 × 1 500 = 480 000（元）

工时消耗总定额 = 40 × 1 500 = 60 000（小时）

(2) 计算月末在产品总定额。

原材料消耗总定额 = 90 × 176 + 110 × 272 + 100 × 320 = 77 760（元）

工时消耗总定额 = 90 × 7.5 + 110 × 24 + 100 × 36.5 = 6 965（小时）

2. 计算费用分配率

采用定额比例法，可以按原材料定额消耗量、工时定额消耗量分配费用，也可以按各成本项目的定额成本分配费用。因此，费用分配率的计算公式可以有多种，但基本计算公式为：

$$某成本项目费用分配率 = \frac{该项目生产费用合计数}{本月完工产品总定额 + 月末在产品总定额}$$

根据【例 1-38】计算的定额资料，设泰山公司本月丁产品生产成本明细账中记录的月初在产品成本为 129 500 元，其中直接材料为 67 500 元，直接人工为 27 500 元，制造费用为 34 500 元；本月发生的生产费用共 633 001 元，其中直接材料为 333 390 元，直接人工为 119 823 元，制造费用为 179 788 元。各成本项目的费用分配率计算如下：

$$直接材料费用分配率 = \frac{67\ 500 + 333\ 390}{480\ 000 + 77\ 760} = 0.71875$$

$$直接人工费用分配率 = \frac{27\ 500 + 119\ 823}{60\ 000 + 6\ 965} = 2.2$$

$$制造费用分配率 = \frac{34\ 500 + 179\ 788}{60\ 000 + 6\ 965} = 3.2$$

直接材料项目费用分配率公式中的分母为定额成本，分子为实际成本，计算结果表示实际材料费用占定额材料费用的比例;直接人工和制造费用项目的费用分配率都是按定额工时消耗总量计算的,它表明丁产品每一定额工时实际分配的直接人工费用和制造费用。

3. 计算月末在产品成本和本月完工产品成本

费用分配率是按成本项目计算的,月末在产品和本月完工产品成本也应按成本项目分别计算。计算公式如下:

月末在产品成本 = 月末在产品总定额 × 费用分配率

本月完工产品成本 = 月初在产品成本 + 本月发生生产费用 − 月末在产品成本

或 = 本月完工产品总定额 × 费用分配率

根据【例1–38】提供的资料,丁产品月末在产品成本和本月完工产品成本计算过程如下:

(1) 计算月末在产品成本。

"直接材料"项目:77 760 × 0.71875 = 55 890(元)

"直接人工"项目:6 965 × 2.2 = 15 323(元)

"制造费用"项目:6 965 × 3.2 = 22 288(元)

月末在产品总成本 = 55 890 + 15 323 + 22 288 = 93 501(元)

(2) 计算本月完工产品成本。

"直接材料"项目:67 500 + 333 390 − 55 890 = 345 000(元)

或,480 000 × 0.71875 = 345 000(元)

"直接人工"项目:27 500 + 119 823 − 15 323 = 132 000(元)

或,60 000 × 2.2 = 132 000(元)

"制造费用"项目:34 500 + 179 788 − 22 288 = 192 000(元)

或,60 000 × 3.2 = 192 000(元)

本月完工产品总成本 = 345 000 + 132 000 + 192 000 = 669 000(元)

本月完工产品单位成本 = 669 000 ÷ 1 500 = 446(元)

上述成本计算过程在丁产品"产品成本计算单"中的登记如表1–46所示。

(3) 根据成本计算结果,编制结转本月完工入库的丁产品总成本的会计分录。

借:库存商品——丁产品　　　　　　　　　　　　　　　　　669 000.00

　　贷:生产成本——基本生产成本(丁产品)　　　　　　　　669 000.00

表1–46　　　　　　　泰山公司产品成本计算单(定额比例法)

产品名称:丁产品　　　　产量:1 500件　　　2024年1月　　　　　　　　单位:元

摘　要	直接材料	直接人工	制造费用	合　计
月初在产品成本	67 500	27 500	34 500	129 500
本月生产费用	333 390	119 823	179 788	633 001
生产费用合计	400 890	147 323	214 288	762 501
完工产品总定额	480 000	60 000	60 000	—
月末在产品总定额	77 760	6 965	6 965	—
定额合计	557 760	66 965	66 965	—
费用分配率	0.71875	2.2	3.2	—
本月完工产品成本	345 000	132 000	192 000	669 000

续表

摘 要	直接材料	直接人工	制造费用	合 计
完工产品单位成本	230	88	128	446
月末在产品成本	55 890	15 323	22 288	93 501

从表1-46可以看到,这一计算结果与表1-44是完全一致的,这是因为本例生产费用合计数、完工产品数量、各工序在产品数量与约当产量法的实例完全相同;各工序在产品定额消耗量和定额成本的确定也是采用了相同的在产品投料率和完工率的结果。单位在产品定额的计算过程列示如下:

(1) 计算丁产品单位在产品直接材料定额成本。

第一道工序:320×55% =176(元)

第二道工序:320×85% =176 +96 =272(元)

第三道工序:320×100% =176 +96 +48 =320(元)

(2) 计算丁产品单位在产品工时消耗定额。

第一道工序:40×18.75% =7.5(小时)

第二道工序:40×60% =24(小时)

第三道工序:40×91.25% =36.5(小时)

七、在产品按定额成本计算法

在产品按定额成本计算法是指用月末在产品的定额成本代替其实际成本,实际生产费用脱离定额的差异计入完工产品成本的方法。

这种方法简化了生产费用在月末在产品和本月完工产品之间的分配,但只适用于各项消耗定额和费用定额比较准确、稳定,定额管理基础工作较好,并且各月在产品数量也比较稳定的产品,否则会影响本月完工产品成本计算的准确性。

采用这种方法,月末在产品定额成本应分别不同的成本项目,根据月末在产品实际盘存数量与预先制定的单位在产品定额成本来计算。有关计算公式如下:

月末在产品直接材料成本 = 月末在产品实际数量 × 单位在产品材料定额成本

月末在产品直接人工成本 = 月末在产品实际数量 × 单位在产品定额人工成本

或, = 月末在产品完成定额工时 × 单位工时定额人工成本

月末在产品制造费用 = 月末在产品实际数量 × 单位在产品定额制造费用

或, = 月末在产品完成定额工时 × 单位工时定额制造费用

本月完工产品实际总成本 = 月初在产品定额成本 + 本月发生生产费用 −

月末在产品定额成本

【例1-39】泰山公司生产的乙产品月初在产品定额成本为348 700元,其中直接材料为175 000元,直接人工为55 000元,制造费用为118 700元;本月实际发生生产费用为3 533 000元,其中直接材料为1 875 000元,直接人工为569 000元,制造费用为1 089 000元。本月完工乙产品1 500件,月末在产品500件,其中第一道工序280件,第二道工序120件,第三道工序100件。单位在产品直接材料费用定额第一道工序为300元,第二道工序为380元,第

微课:成本费用在完工产品与在产品之间分配——在产品按定额成本计算法

三道工序为500元；乙产品单位产品的定额工时为50小时，其中第一道工序15小时，第二道工序25小时，第三道工序10小时；月末在产品在各工序的加工程度均为50%。丙产品每一定额工时的直接人工费用定额为5.5元，制造费用定额为11元。该产品采用在产品按定额成本计价法，月末在产品成本和本月完工产品成本计算过程如下：

（1）计算月末在产品定额成本。

在产品直接材料定额成本 = 280 × 300 + 120 × 380 + 100 × 500 = 179 600（元）

在产品完成的定额总工时

= 280 ×（15 × 50%）+ 120 ×（15 + 25 × 50%）+ 100 ×（15 + 25 + 10 × 50%）

= 9 900（小时）

在产品直接人工定额成本 = 9 900 × 5.5 = 54 450（元）

在产品制造费用定额成本 = 9 900 × 11 = 108 900（元）

在产品定额总成本 = 179 600 + 54 450 + 108 900 = 342 950（元）

（2）计算完工产品实际总成本。

直接材料：175 000 + 1 875 000 − 179 600 = 1 870 400（元）

直接人工：55 000 + 569 000 − 54 450 = 569 550（元）

制造费用：118 700 + 1 089 000 − 108 900 = 1 098 800（元）

完工产品实际总成本：1 870 400 + 569 550 + 1 098 800 = 3 538 750（元）

上述成本计算过程在乙产品成本计算单中的登记如表1-47所示。

表1-47　　　　　泰山公司产品成本计算单（在产品按定额成本计算法）

产品名称：乙产品　　　　产量：1 500件　　2024年1月　　　　　　　单位：元

摘　要	直接材料	直接人工	制造费用	合　计
月初在产品成本	175 000	55 000	118 700	348 700
本月生产费用	1 875 000	569 000	1 089 000	3 533 000
生产费用合计	2 050 000	624 000	1 207 700	3 881 700
本月完工产品成本	1 870 400	569 550	1 098 800	3 538 750
完工产品单位成本	1 246.93	379.70	732.53	2 359.16
月末在产品成本	179 600	54 450	108 900	342 950

根据成本计算结果，编制结转完工入库乙产品成本的会计分录如下：

借：库存商品——乙产品　　　　　　　　　　　　　　　3 538 750.00

　　贷：生产成本——基本生产成本（乙产品）　　　　　　3 538 750.00

【知识拓展】

在产品数量的日常核算

一、在产品台账的设置和登记

由于企业在产品品种规格多，又处于不断流动之中，所以在产品数量的日常核算比较复杂。为加强实物管理，企业必须设置有关凭证账簿，来反映在产品的收入、发出（转出）和结存情况。在设有半成品仓库的企业，自制半成品的收入、发出和结存，可以比照原材料收入、发出和结存的核算设置有关凭证和账簿，组织自制半成品数量的日常核算。各生产车间或生产步骤在产品收入、发出和结存的日常核算，可以通过设置"在产品台账"来进行。

"在产品台账"应当分生产车间或生产步骤，并按照产品品种和在产品（零部件）名称设置。其基本格式如表 1-48 所示。

表 1-48　　　　　　　　　　　在 产 品 台 账

车间单位：第一车间　　　　　产品名称：甲产品　　　　　零件名称：320

2024 年		摘要	收入		转出		结存	
月	日		凭证字号	数量	凭证号	合格品	已完工	未完工
2	1	上月结转						50
	8	收入	领1	160	收1	60		150
	10	交出			收2	80		70
		本月合计		300		290		60

"在产品台账"应根据有关领料凭证、在产品内部转移凭证、产品检验凭证和产品交库单等原始凭证逐笔登记。

生产车间的核算人员应对"在产品台账"的登记情况进行审核和汇总。"在产品台账"的设置，使企业可以从账面上随时掌握在产品动态；通过账面结存数与实存数核对，可以为计算在产品成本提供资料。由于在产品品种多、数量大，当每月组织在产品数量的盘点核对有困难时，也可以直接根据"在产品台账"提供的在产品结存数量来计算在产品成本。

二、在产品清查的核算

在产品与其他存货一样，是企业的重要流动资产，为保护企业在产品的安全完整，做到账实相符，企业应当定期进行在产品的清查盘点。

在产品的清查一般采用实地盘点法。盘点人员应根据清查结果编制"在产品盘点盈亏报告表"，列明在产品的账存数、实存数、盘盈、盘亏和毁损数，以及盈亏原因和处理意见等。成本会计人员应对"在产品盘点盈亏报告表"进行认真审核，按照企业内部财务会计制度规定的审批程序报请有关部门审批，并及时进行账务处理。

对在产品盘盈、盘亏和毁损，应通过设置"待处理财产损溢"账户进行核算。盘亏、毁损和报废的在产品价值登记在"待处理财产损溢"账户的借方；盘盈在产品价值登记在其贷方；查明原因或经批准转账时，记反方向；期末转销后该账户应无余额。企业盘盈的在产品成本，应冲减管理费用。盘亏、毁损和报废的在产品，扣除过失人和保险公司赔款以及残料回收价值以后，净损失计入管理费用或营业外支出。

【知识归纳】

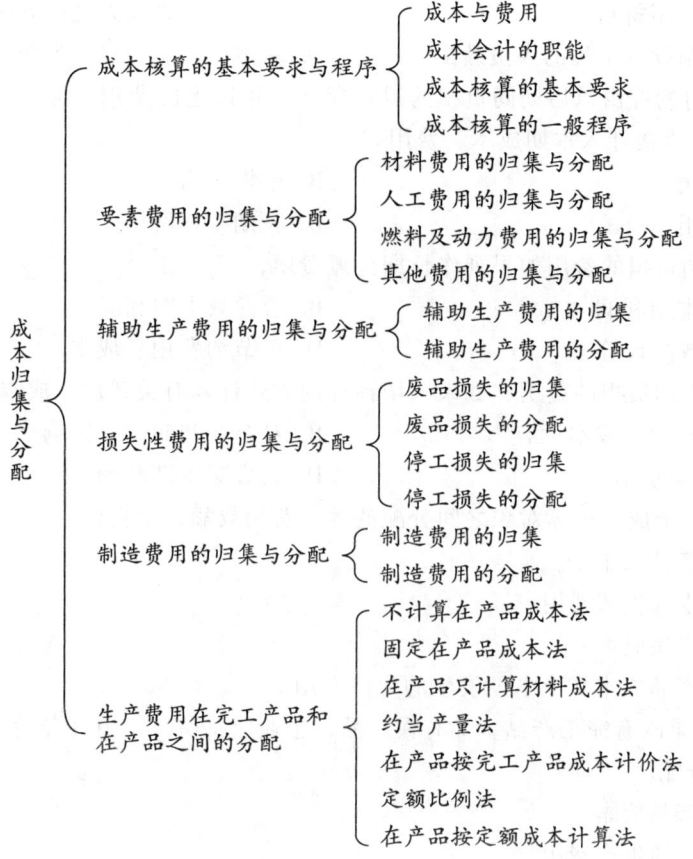

【职业判断能力训练】

一、单项选择题

1. 成本是产品价值中的( )部分。
A. C + V + M B. C + V
C. V + M D. C + M

2. 构成产品成本的各项耗费,是指企业的( )。
A. 生产经营费用 B. 生产费用
C. 生产费用和期间费用 D. 期间费用

3. 产品成本是相对于一定( )而言的。
A. 数量和种类的产品 B. 会计期间
C. 会计主体 D. 生产类型

4. ( )是成本决策所确定的成本目标的具体化。

A. 成本预测 B. 成本计划
C. 成本控制 D. 成本考核

5. 下列支出，不应计入产品成本的是（　　）。
   A. 产品生产用材料 B. 生产车间管理人员的薪酬
   C. 从事自制设备工程的人员薪酬 D. 基本生产车间设备的折旧费

6. 本期支付的应由以后期间负担的摊销期在一年以上的费用，应当作为（　　）进行分期摊销，不得直接计入本期成本、费用。
   A. 制造费用 B. 销售费用
   C. 生产费用 D. 长期待摊费用

7. 应由本期负担的费用如果列作长期待摊费用，（　　）。
   A. 会虚增本期利润 B. 会虚减本期利润
   C. 可简化成本计算 D. 可节约费用、成本

8. 不应由本期负担的费用，如果采用预计的方式计入有关费用、成本，（　　）。
   A. 对企业费用、成本没有影响 B. 对企业利润没有影响
   C. 会虚增本期利润 D. 会虚减本期利润

9. 需要在各个成本核算对象之间分配的生产费用数额，是指（　　）。
   A. 期初在产品成本
   B. 本期发生的生产费用
   C. 期末在产品成本
   D. 期初在产品成本加上本期发生的生产费用

10. 期末如果既有完工产品，又有在产品，企业应将（　　）在本期完工产品和期末在产品之间进行分配。
    A. 期初在产品成本
    B. 本期发生的生产费用
    C. 期初在产品成本加上本期发生的生产费用（累计生产费用）
    D. 本期发生的生产费用减去期初在产品成本

11. 成本项目是指（　　）。
    A. 生产费用按经济用途的分类 B. 生产费用按经济内容的分类
    C. 生产费用按经济性质的分类 D. 生产费用按计入成本方式的分类

12. 某厂生产的甲产品顺序经过第一、第二两道工序加工，单位产品定额工时为100小时，其中，第一道工序为60小时，第二道工序为40小时，各工序加工费用发生比较均衡，则第二道工序月末在产品的完工率为（　　）。
    A. 20% B. 40%
    C. 80% D. 100%

13. 应当按照受益原则分配计入各种产品成本的是（　　）。
    A. 管理费用 B. 制造费用
    C. 财务费用 D. 销售费用

14. 制造费用是指生产车间或分厂等生产单位发生的（　　）。
    A. 间接费用 B. 直接费用

C. 固定费用　　　　　　　　　　　D. 变动费用

15. 工业企业"生产成本"账户的期末借方余额表示企业（　　）。
   A. 自制半成品成本　　　　　　　B. 尚未加工完成的各项在产品成本
   C. 尚待摊销的成本　　　　　　　D. 在产品和自制半成品成本

16. "制造费用"账户（　　）。
   A. 期末余额在贷方
   B. 不应当有期末余额
   C. 除季节性生产企业外，期末应无余额
   D. 除季节性生产企业外，期末有借方余额

17. 确定材料消耗的数量，一般应采用（　　）。
   A. 连续记录法　　　　　　　　　B. 加权平均法
   C. 盘存计算法　　　　　　　　　D. 先进先出法

18. 下列单据中，不应作为记录材料消耗数量原始依据的是（　　）。
   A. 领料单　　　　　　　　　　　B. 限额领料单
   C. 退料单　　　　　　　　　　　D. 账存实存对比表

19. 下列计价方法中，不属于消耗材料计价方法的是（　　）。
   A. 先进先出法　　　　　　　　　B. 定额成本法
   C. 个别计价法　　　　　　　　　D. 加权平均法

20. 下列分配方法中，不宜作为原材料费用分配方法的是（　　）。
   A. 重量分配法　　　　　　　　　B. 生产工人工时分配法
   C. 系数分配法　　　　　　　　　D. 定额耗用量比例分配法

21. 下列各项中，不计入"直接人工"成本项目的是（　　）。
   A. 产品生产工人工资
   B. 车间管理人员工资
   C. 按产品生产工人工资提取的职工福利等其他薪酬
   D. 产品生产工人的奖金

22. 分配结转外购动力费用时，会计分录中贷方一般不可能出现的账户是（　　）。
   A. 银行存款　　　　　　　　　　B. 应收账款
   C. 应付账款　　　　　　　　　　D. 预付账款

23. 下列辅助生产费用分配方法中，不在辅助生产车间之间分配费用的方法是（　　）。
   A. 直接分配法　　　　　　　　　B. 交互分配法
   C. 代数分配法　　　　　　　　　D. 计划成本分配法

24. 提供水、电、气等产品的辅助生产单位，在各受益对象之间分配的辅助生产费用，是指该辅助生产单位（　　）。
   A. 本期发生的费用　　　　　　　B. 期初在产品成本
   C. 期末在产品成本　　　　　　　D. 本期发生的费用——期末在产品成本

25. 下列辅助生产费用分配方法中，分配结果最为准确的是（　　）。
   A. 直接分配法　　　　　　　　　B. 交互分配法

C. 代数分配法 D. 计划成本分配法

26. 下列辅助生产成本明细账中，可能有期末余额的是（ ）。
   A. 自制材料、自制工具和模具生产成本明细账
   B. 供水、供电车间生产成本明细账
   C. 运输车间生产成本明细账
   D. 修理车间生产成本明细账

27. 由于生产工人操作上的原因造成的废品，称为（ ）。
   A. 可修复废品 B. 工废品
   C. 不可修复废品 D. 料废品

28. 经鉴定不需要返修就可以降价出售的不合格品，其售价与生产成本的差额体现为（ ）。
   A. 废品损失 B. 销售损益
   C. 修复费用 D. 营业外支出

29. 废品损失中，应由过失人赔偿的款项，应记入（ ）。
   A. "废品损失"账户的借方 B. "废品损失"账户的贷方
   C. "营业外支出"账户的贷方 D. "其他应收款"账户的贷方

30. 废品净损失应由（ ）。
   A. 同种合格产品成本负担 B. 营业成本负担
   C. 营业外支出负担 D. 税后利润负担

31. 机器设备大修理期间的停工损失，列作（ ）。
   A. 制造费用 B. 销售费用
   C. 管理费用 D. 长期待摊费用

32. 下列各项中，不计入停工损失成本项目的有（ ）。
   A. 停工期间所支付的生产工人薪酬 B. 停工期间耗用的燃料和动力费用
   C. 停工期间应负担的制造费用 D. 季节性生产企业停工期间的费用

33. "制造费用"账户（ ）。
   A. 一般有借方余额
   B. 一般有贷方余额
   C. 转入"本年利润"账户后，期末无余额
   D. 除季节性生产企业外，期末无余额

34. 生产车间采用经营租赁方式租入固定资产，支付的改良支出，记入"长期待摊费用"账户后，一般采用直线法平均摊销，摊销时应计入（ ）账户。
   A. 生产成本 B. 制造费用
   C. 管理费用 D. 销售费用

35. 采用生产工人工时分配法分配制造费用，分配标准是（ ）。
   A. 该生产车间产品生产工人工时 B. 该企业产品生产工人工时
   C. 该生产车间单位产品生产工时 D. 该生产车间单位产品定额工时

36. 机器工时分配法适用于（ ）的生产单位。
   A. 制造费用中折旧费用的比重较小

B. 制造费用中折旧费用的比重较大

C. 制造费用中管理人员薪酬的比重较小

D. 制造费用中管理人员薪酬的比重较大

37. 采用计划费用分配率分配制造费用时,"制造费用"账户(　　)。

 A. 应有借方余额　 B. 应有贷方余额

 C. 只有年末有借方余额　 D. 年末差额分配结转后,应无余额

38. "制造费用"明细账,应当按照(　　)设置。

 A. 不同生产单位(分厂、车间)　 B. 不同成本项目

 C. 不同产品品种　 D. 不同成本核算对象

39. 某厂生产的甲产品顺序经过第一、第二两道工序加工,原材料在第一道工序生产开始时投入90%,第二道工序生产开始时投入10%,则第二道工序月末在产品的投料率为(　　)。

 A. 10%　 B. 90%

 C. 5%　 D. 100%

40. 不计算在产品成本法的适用范围是(　　)。

 A. 在产品数量较大,且各月数量大体稳定

 B. 在产品数量较小,且各月数量变动不大

 C. 材料费用占产品成本的比重较大

 D. 在产品已接近完工

41. 采用固定在产品成本法,1—11月各月完工产品成本等于(　　)。

 A. 月初在产品成本　 B. 本月发生生产费用

 C. 月末在产品成本　 D. 生产费用累计数

42. 采用约当产量法,如果产品生产过程中直接人工费用和制造费用的发生都比较均衡,在产品直接人工费用和制造费用项目的完工程度可以按(　　)计算。

 A. 25%　 B. 50%

 C. 60%　 D. 100%

二、多项选择题

1. 从经济实质看,成本是企业产品生产过程中(　　)之和。

 A. 已消耗的生产资料的价值　 B. 劳动者为自己创造的价值

 C. 生产资料价值　 D. 劳动者创造的价值

2. 生产经营费用是指(　　)。

 A. 生产费用　 B. 产品成本

 C. 成本　 D. 期间费用

3. 记录材料消耗数量的原始凭证主要有(　　)等。

 A. 领料登记表　 B. 退料单

 C. 限额领料单　 D. 领料单

4. 成本会计的职能包括(　　)等方面。

 A. 成本预测　 B. 成本决策

C. 成本计划 D. 成本核算

5. 制定企业内部成本管理制度或办法，应当( )。
A. 符合《中华人民共和国会计法》的要求
B. 符合企业会计准则的要求
C. 适应企业的生产经营活动的特点
D. 满足企业成本管理的要求

6. "直接人工"成本项目包括的内容主要有( )。
A. 产品生产工人的计时工资和计件工资
B. 产品生产工人的奖金、津贴和补贴
C. 产品生产工人的加班工资
D. 产品生产工人的其他薪酬

7. 要正确计算费用、成本，必须正确划分( )等与本期费用、成本的界限。
A. 产品生产工人和车间管理人员工资　　B. 购建固定资产、无形资产的支出
C. 医疗卫生费用支出　　D. 捐赠、赞助支出

8. 定额比例法的分配标准包括产品的( )。
A. 原材料定额消耗总量　　B. 原材料定额总成本
C. 工时定额消耗总量　　D. 定额总费用

9. 为了正确划分费用与成本的界限，企业不得( )。
A. 将应计入产品成本的生产费用列为期间费用
B. 将制造费用计入产品成本
C. 将期间费用计入产品成本
D. 将生产费用计入产品成本

10. 正确划分各种产品成本的界限，是指( )。
A. 能直接计入某种产品成本的生产费用，应当直接计入
B. 不能直接计入某种产品成本的生产费用，应当采用一定标准在各种产品之间分配后再计入
C. 各种费用都应当直接计入该种产品的成本
D. 制造费用应当直接计入产品成本

11. 在产品按完工产品成本计价法适用于( )等情况。
A. 月末在产品已接近完工
B. 月末在产品已经完工，但尚未包装
C. 月末在产品已经完工，但未验收入库
D. 月末在产品已经完工，并已验收入库

12. 生产费用在各个成本核算对象之间的归集和分配，必须注意( )。
A. 应按成本项目归集和分配生产费用
B. 归集和分配的只是本期发生的生产费用
C. 归集和分配的原则是"受益原则"
D. 归集和分配的费用包括期间费用

13. 生产费用在本期完工产品和期末在产品之间分配，必须注意( )。

A. 应分成本项目分配生产费用　　　　　B. 分配的是生产费用的合计数
C. 制造费用全部计入完工产品成本　　　D. 期间费用全部计入完工产品成本

14. 下列项目中，属于生产费用按经济内容分类（费用要素）的项目有(　　)。
　　A. 外购材料　　　　　　　　　　　　B. 职工薪酬
　　C. 折旧费　　　　　　　　　　　　　D. 制造费用

15. 下列项目中，属于产品成本项目的有(　　)。
　　A. 直接材料　　　　　　　　　　　　B. 直接人工
　　C. 制造费用　　　　　　　　　　　　D. 管理费用

16. 按照费用计入产品成本的方式，生产费用可以分为(　　)。
　　A. 直接费用　　　　　　　　　　　　B. 固定费用
　　C. 间接费用　　　　　　　　　　　　D. 变动费用

17. 企业对应由本期负担的直接计入当期损益的各项费用可设置(　　)等账户核算。
　　A. 销售费用　　　　　　　　　　　　B. 长期待摊费用
　　C. 管理费用　　　　　　　　　　　　D. 财务费用

18. 企业产品成本、劳务成本，是通过设置(　　)等账户来组织核算的。
　　A. 生产成本　　　　　　　　　　　　B. 劳务成本
　　C. 制造费用　　　　　　　　　　　　D. 销售费用

19. 下列账户中，期末结转后应无余额的账户有(　　)。
　　A. 管理费用　　　　　　　　　　　　B. 销售费用
　　C. 财务费用　　　　　　　　　　　　D. 长期待摊费用

20. 下列各项中，包括在"直接材料"成本项目中的有(　　)。
　　A. 产品生产过程中直接消耗的原材料
　　B. 产品生产过程中直接消耗的外购半成品
　　C. 产品生产过程中直接消耗的自制半成品
　　D. 产品销售过程中领用的包装物

21. 采用实际成本法进行材料核算时，发出材料的计价方法有(　　)等。
　　A. 先进先出法　　　　　　　　　　　B. 加权平均法
　　C. 个别计价法　　　　　　　　　　　D. 计划成本法

22. 外购动力费用的分配方法主要有(　　)等。
　　A. 系数分配法　　　　　　　　　　　B. 生产工时分配法
　　C. 机器工时分配法　　　　　　　　　D. 直接材料比例分配法

23. 根据"应付职工薪酬汇总表"和"直接人工费用分配表"等进行分配结转薪酬费用的账务处理时，会计分录中对应的借方账户主要有(　　)等。
　　A. 生产成本　　　　　　　　　　　　B. 制造费用
　　C. 管理费用　　　　　　　　　　　　D. 财务费用

24. 辅助生产成本明细账户余额的特点有(　　)。
　　A. 如果为自制材料和包装物、自制工具和模具等辅助生产成本明细账，结转完工入库产品成本后，期末借方余额为期末在产品成本
　　B. 如果为生产产品的成本明细账，期末分配给受益对象后应有贷方余额

C. 如果为供水、供电、供气、机修、运输劳务的辅助生产成本明细账，期末分配给各受益对象以后，应无余额

D. 各种辅助生产成本明细账，一般应有期末借方余额

25. 辅助生产费用的分配方法有（　　）。
   A. 直接分配法　　　　　　　　　B. 交互分配法
   C. 代数分配法　　　　　　　　　D. 计划成本分配法

26. 采用计划成本分配法，辅助生产成本差异的分配方式有（　　）两种，在实际工作中，为简化核算，一般选用前者。
   A. 全部计入管理费用　　　　　　B. 全部计入制造费用
   C. 分配给其他辅助生产车间　　　D. 分配给外部受益对象

27. 在辅助生产费用分配方法中，考虑了辅助生产单位之间相互分配费用的方法有（　　）。
   A. 直接分配法　　　　　　　　　B. 交互分配法
   C. 代数分配法　　　　　　　　　D. 计划成本分配法

28. 采用代数分配法分配辅助生产费用时，分配结转辅助生产费用的会计分录中对应的借方账户一般有（　　）等。
   A. 生产成本——辅助生产成本　　B. 生产成本——基本生产成本
   C. 制造费用　　　　　　　　　　D. 管理费用

29. 废品损失包括的内容有（　　）。
   A. 不可修复废品的净损失　　　　B. 销售退回废品的生产成本
   C. 可修复废品的修复费用　　　　D. 保管不善产生废品的报废费用

30. 计算不可修复废品净损失应考虑的因素有（　　）。
   A. 不可修复废品的生产成本
   B. 废品回收材料和废料价值
   C. 应由造成废品的过失人负担的赔偿款
   D. 应由企业负担的销售退回废品的运输费用

31. 停工损失包括的内容有（　　）。
   A. 季节性生产企业停工期内的费用　　B. 停工期内应支付的生产工人薪酬
   C. 停工期内耗用的燃料和动力费　　　D. 停工期内应负担的制造费用

32. 废品损失中废品的范围包括（　　）。
   A. 生产过程中发现的废品
   B. 入库后发现的生产过程造成的废品
   C. 入库后由于保管不善等原因而造成的废品
   D. 不需要返修就可以出售的不合格品

33. 结转停工损失的会计分录中，对应的借方账户主要有（　　）。
   A. 生产成本　　　　　　　　　　B. 其他业务成本
   C. 营业外支出　　　　　　　　　D. 主营业务成本

34. 与废品损失明细账户贷方对应的借方账户主要有（　　）。
   A. 生产成本——基本生产成本　　B. 原材料

C. 其他应收款 D. 银行存款、库存现金等

35. 制造费用(　　)。
A. 属于间接费用 B. 属于单项费用项目
C. 属于综合性费用项目 D. 属于直接费用

36. 下列费用中属于制造费用项目的有(　　)。
A. 生产车间管理人员的薪酬
B. 生产车间全体人员的薪酬
C. 生产车间的固定资产折旧费
D. 企业行政管理部门的固定资产折旧费

37. 生产车间一次性计入当期损益的固定资产修理费用，在借记"管理费用"账户的同时，对应的贷方账户可能有(　　)等。
A. 原材料 B. 应付职工薪酬
C. 库存现金 D. 银行存款

38. 生产车间消耗的低值易耗品价值，采用一次摊销法或五五摊销法计入产品成本。在借记"制造费用"账户的同时，对应的贷方账户可能有(　　)等。
A. 周转材料 B. 材料成本差异
C. 管理费用 D. 生产成本

39. 制造费用的分配方法有(　　)等。
A. 生产工人工时分配法 B. 机器工时分配法
C. 直接成本分配法 D. 计划费用分配率分配法

40. 采用直接成本分配法，制造费用的分配标准是(　　)之和。
A. 生产产品耗用的原材料、燃料动力费用
B. 长期待摊费用
C. 产品生产工人的薪酬
D. 管理费用、销售费用和财务费用

41. 广义在产品包括(　　)。
A. 生产车间正在加工中的在制品
B. 已完成一个或几个生产步骤但尚未最终完工的自制半成品
C. 已完成生产过程，等待验收入库的产品
D. 已完成销售的自制半成品

42. 登记在产品台账的依据有(　　)。
A. 有关领料（或结转自制半成品）凭证
B. 在产品内部转移凭证
C. 产品检验凭证
D. 产品交库单

43. 计算在产品成本的方法主要有(　　)等。
A. 在产品只计算材料成本法 B. 固定在产品成本法
C. 约当产量法 D. 定额比例法

44. 本月发生的直接人工费用和制造费用，不计入月末在产品成本的方法有(　　)。

A. 不计算在产品成本法   B. 定额成本法
C. 在产品只计算材料成本法   D. 在产品按完工产品成本计价法

三、判断题

1. 成本是企业为生产产品、提供劳务而发生的各种耗费。因此，成本是对象化的生产费用。（　）
2. 分别采用定额比例法和定额成本法计算在产品成本，完工产品成本应相同。（　）
3. 产品生产成本是企业为生产一定种类和数量的产品所发生的各种耗费的总和，不包括管理费用、销售费用和财务费用。（　）
4. 费用是指企业在日常活动中发生的，会导致所有者权益减少的、与向所有者分配利润无关的经济利益的总流出。（　）
5. 期间费用一般应当分配计入当期产品、劳务的成本。（　）
6. 产品成本与生产费用在经济内容上是一致的。（　）
7. 购建固定资产等资本性支出应当计入本期产品成本。（　）
8. 核算预付费用和应计费用，体现了权责发生制的要求。（　）
9. 期间费用计入产品成本，可以提高企业的盈利水平。（　）
10. 企业本期发生的生产费用，都应直接计入各种产品成本。（　）
11. 正确计算期末在产品成本，是正确计算本期完工产品成本的关键。（　）
12. 期末，企业一般都要将生产费用合计数在各成本核算对象之间进行分配。（　）
13. 期末，企业必须按成本项目，将生产费用合计数在本期完工产品和期末在产品之间进行分配。（　）
14. 成本项目是指构成产品生产成本的项目，它是生产费用按经济用途的分类。（　）
15. 定额比例法的分配标准是单位完工产品和在产品的消耗定额或费用定额。（　）
16. 基本生产成本明细账应当按照企业确定的成本核算对象分别设置。（　）
17. 制造费用明细账应当按照生产单位（车间、分厂）分别设置。（　）
18. "长期待摊费用"账户的期末余额在贷方，表示企业尚待摊销的费用。（　）
19. "生产成本""管理费用"和"销售费用"账户的结构是相同的。（　）
20. 季节性生产企业的"管理费用""财务费用""销售费用"账户期末结转后可能有余额。（　）
21. 采用实地盘存制，能够准确地确定消耗材料的数量。（　）
22. 采用永续盘存制，消耗材料的数量是根据领用材料的原始凭证确定的。（　）
23. 采用计划成本计价核算材料费用时，消耗材料最终也应按计划成本计价。（　）
24. 原材料和燃料费用的分配，较多地采用生产工时分配法或机器工时分配法。（　）
25. 定额耗用量比例分配法的分配标准是单位产品的消耗定额。（　）
26. 在产品约当量是指期末在产品按其完工程度（或投料程度）折合为完工产品的数量。（　）

27. 采用"直接材料成本分配法"分配直接人工费用，分配结果最为准确。（   ）
28. 产品生产工人的工资和其他薪酬，可以合并计入"直接人工"成本项目。
（   ）
29. 辅助生产车间发生的制造费用，都应当直接记入辅助生产成本明细账。（   ）
30. 企业辅助生产成本明细账均应无余额。（   ）
31. 采用直接分配法，辅助生产车间之间相互提供的劳务，不相互分配费用。（   ）
32. 采用交互分配法，交互分配以后各辅助生产车间的待分配费用，应分配给全部受益对象。（   ）
33. 采用计划成本分配法，辅助生产成本差异一般可以全部计入管理费用。（   ）
34. 损失性费用没有创造价值，不应计入产品成本。（   ）
35. 可修复废品是指技术上可以修复的废品。（   ）
36. 不可修复废品是指技术上不能修复，或者支付修复费用在经济上不合算的废品。
（   ）
37. 销售后发现的废品，包括废品的生产成本和运输费用等，都应列作废品损失。
（   ）
38. 停工损失包括停工期内应支付的生产工人薪酬、所耗用燃料和动力费、应负担的制造费用等。（   ）
39. 产品入库以后由于保管不善等原因而损坏变质的损失，应当计入当期损益。
（   ）
40. 制造费用是各生产车间发生的间接费用。（   ）
41. "制造费用"成本项目属于综合性费用项目。（   ）
42. 企业应当按照制造费用项目设置制造费用明细账。（   ）
43. 制造费用的受益对象，一般指本车间生产的产品。（   ）
44. 企业制造费用分配方法一经确定，不得随意变更。（   ）
45. 采用计划费用分配率分配制造费用，"制造费用"明细账应留有年末余额。
（   ）
46. 企业本月完工产品总成本应等于本月生产费用累计数。（   ）
47. 正确确定本期完工产品成本的关键是正确计算期末在产品成本。（   ）
48. 因意外事故或自然灾害等造成的在产品毁损，扣除保险公司赔款和残料回收价值以后，净损失计入营业外支出。（   ）
49. 月末在产品数量变化较大时，可以采用固定在产品成本法计算在产品成本。
（   ）
50. 在产品约当量也就是在产品盘点数量。（   ）
51. 在产品只计算材料成本法仅适用于材料费用占产品成本比重较大的产品。（   ）
52. 在产品按完工产品成本计算法适用于月末在产品已经加工完成，但尚未包装或尚未验收入库，或已接近完工的产品。（   ）

【职业实践能力训练】

实训一　材料费用

目的：练习直接材料费用的重量分配法。

资料：泰山工厂大量生产甲、乙、丙三种产品，2024年1月三种产品的产量分别为5 000千克、9 000千克、6 000千克，共耗用A材料400 000元。

要求：采用重量分配法计算分配三种产品各自应负担的A材料费用，编制材料费用分配表（如表1-49所示）。

表1-49　　　　　　　　材料费用分配表（重量比例分配法）

材料名称：A材料　　　　　　　　2024年1月　　　　　　　　　　　　　　单位：元

产品名称	产品重量（千克）	分配率	分配金额
甲产品			
乙产品			
丙产品			
合　计			

实训二　材料费用

目的：练习直接材料费用的定额消耗量比例分配法。

资料：蒙山工厂生产甲、乙、丙三种产品，2024年1月三种产品共同耗用B材料33 600千克，每千克12.5元，总金额为420 000元。三种产品本月投产量分别为4 000件、3 200件和2 400件，B材料消耗定额分别为3千克、2.5千克和5千克。

要求：采用定额消耗量比例分配法计算分配三种产品各自应负担的B材料费用，编制材料费用分配表（如表1-50所示）。

表1-50　　　　　　　材料费用分配表（定额消耗量比例分配法）

材料名称：B材料　　　　　　　　2024年1月　　　　　　　　　　　　　　单位：元

产品名称	投产量（件）	单位定额（千克）	定额消耗总量（千克）	分配率	应分配费用
甲产品					
乙产品					
丙产品					
合　计					

实训三　材料费用

目的：练习直接材料费用的系数分配法。

资料：沂河工厂生产201、202、203、204和205五种产品，单位产品C材料消耗定额分别为30元、27元、25元、20元和17.5元。2024年1月五种产品共同耗用C材料119 700元，五种产品实际产量分别为800件、1 000件、2 000件、400件和320件。

要求：以203产品为标准产品，采用系数分配法分配C材料费用，编制材料费用分配表（如表1-51所示）。

表1-51　　　　　　　　材料费用分配表（系数分配法）

材料名称：C材料　　　　　　　　2024年1月　　　　　　　　单位：元

产品名称	单位产品消耗定额	系数	实际产量（件）	标准产量（总系数）	分配率	应分配费用
201						
202						
203						
204						
205						
合　计						

实训四　材料费用

目的：练习分配结转直接材料费用的账务处理。

资料：蒙山工厂生产甲、乙、丙三种产品。根据该厂2024年1月耗用材料汇总表记录的资料，本月实际消耗B材料438 000元，其中，产品生产直接消耗420 000元，车间一般消耗6 000元，厂部管理部门消耗12 000元。产品生产耗用的材料在甲、乙、丙三种产品之间的分配如表1-50所示。

要求：编制分配结转本月耗用B材料费用的会计分录。

实训五　人工费用

目的：练习直接人工费用的归集和分配。

资料：蒙山工厂一车间生产甲、乙、丙三种产品。2024年1月应付职工工资200 000元，其中，产品生产工人工资165 000元，车间管理人员工资9 000元，厂部管理人员工资26 000元；本月实际发生职工福利费28 000元，其中产品生产工人职工福利费23 100元，车间管理人员职工福利费1 260元，厂部管理人员职工福利费3 640元；本月甲、乙、丙三种产品的实际生产工时分别为16 000小时、8 000小时、6 000小时。按照有关规定，对医疗保险（含生育保险）、养老保险、失业保险、工伤保险等社会保险费分别按8%、16%、1%和0.7%的比例计提，住房公积金按8%计提，工会经费和职工教育经费的提取比例分别为工资总额的2%和1.5%。

要求：

1. 编制工资、职工福利费汇总表（如表1-52所示）。

表1-52　　　　　　　　　　工资、职工福利费汇总表

2024年1月　　　　　　　　　　　　　　　　　　　　　　　单位：元

车间或部门（人员类别）	工资	职工福利费
产品生产工人		
车间管理人员		
厂部管理人员		
合　计		

2. 编制社会保险费和住房公积金计算表（如表1-53所示）。

表1-53　　　　　　　　　　社会保险费和住房公积金计算表

2024年1月　　　　　　　　　　　　　　　　　　　　　　　单位：元

车间或部门（人员类别）	工资总额	医疗（含生育）、工伤保险		养老、失业保险		住房公积金	
		计提比例	计提金额	计提比例	计提金额	计提比例	计提金额
产品生产工人							
车间管理人员							
厂部管理人员							
合　计							

3. 编制工会经费和职工教育经费计算表（如表1-54所示）。

表1-54　　　　　　　　　　工会经费和职工教育经费计算表

2024年1月　　　　　　　　　　　　　　　　　　　　　　　单位：元

车间或部门（人员类别）	工资总额	工会经费		职工教育经费	
		计提比例	计提金额	计提比例	计提金额
产品生产工人					
车间管理人员					
厂部管理人员					
合　计					

4. 采用生产工时分配法分配直接人工费用，编制职工薪酬汇总表（如表1-55所示）和直接人工费用分配表（如表1-56所示）。

表 1-55　　　　　　　　　　　　　职工薪酬汇总表

2024年1月　　　　　　　　　　　　　　　　　　　　　　　单位：元

车间或部门（人员类别）	产品生产工人	车间管理人员	厂部管理人员	合　计
工资总额				
职工福利费				
医疗（含生育）、工伤保险				
养老、失业保险				
住房公积金				
工会经费				
职工教育经费				
合　计				

表 1-56　　　　　　　　　　　　　直接人工费用分配表

2024年1月　　　　　　　　　　　　　　　　　　　　　　　单位：元

产品名称	实际生产工时（小时）	分配率	分配金额
甲产品			
乙产品			
丙产品			
合　计			

5. 编制分配结转职工薪酬的会计分录。

实训六　动力费用

目的：练习外购动力费用的分配。

资料：蒙山工厂2024年1月应付外购电费72 000元，其中，甲、乙、丙三种产品生产用电60 000元，车间管理用电4 000元，厂部管理部门用电8 000元。本月甲、乙、丙三种产品的实际生产工时分别为16 000小时、8 000小时、6 000小时。

要求：

1. 采用生产工时分配法分配外购电费，编制外购电费分配表（如表1-57所示）。

2. 编制分配结转应付电费的会计分录。

表 1-57　　　　　　　　外购电费分配表（生产工时分配法）
2024 年 1 月　　　　　　　　　　　　　　　　　　　　　　　　单位：元

产品名称	实际工时（小时）	分配率	分配金额
甲产品			
乙产品			
丙产品			
合　计			

会计分录：

实训七　其他费用

目的：练习其他生产费用的核算。

资料：蒙山工厂 2024 年 1 月发生其他费用如下：

1. 计提固定资产折旧 12 000 元，其中基本生产车间 9 000 元，辅助生产车间 1 000 元，行政管理部门 2 000 元。

2. 以银行存款购买办公用品 5 000 元，直接交给各部门使用。其中基本生产车间领用 500 元，辅助生产车间领用 500 元，行政管理部门领用 4 000 元。

3. 行政管理部门以现金支付业务招待费 800 元。

4. 基本生产车间王冰出差归来，报销差旅费 3 200 元。其原借款 3 000 元。

5. 上年支付的基本生产车间租入固定资产改良支出 360 000 元，已记入"长期待摊费用"账户。本月应分摊 10 000 元。

要求：根据上述经济业务编制会计分录。

1.

2.

3.

4.

5.

实训八 辅助生产费用

目的：练习辅助生产费用的直接分配法。

资料：泰山工厂设有供电和供水两个辅助生产车间。2024年1月，在分配费用前，供电车间待分配的生产费用为58 240元，供水车间的为53 760元。本月供电车间供电176 000度，其中供水车间耗用16 000度，甲产品生产耗用120 000度，基本生产车间照明等耗用12 000度，厂部管理部门耗用28 000度。本月供水车间供水84 800方，其中，供电车间耗用4 800方，基本生产车间耗用60 000方，厂部管理部门耗用20 000方。

要求：

1. 采用直接分配法分配辅助生产费用，编制辅助生产费用分配表（如表1-58所示）。
2. 编制分配结转辅助生产费用的会计分录。

表 1-58　　　　　　　　　辅助生产费用分配表（直接分配法）

2024 年 1 月　　　　　　　　　　　　　　　单位：元

项　目	分配电费		分配水费	
	数量（度）	金额	数量（方）	金额
待分配费用				
劳务供应总量				
费用分配率				
受益对象				
供电车间				
供水车间				
产品生产耗用				
车间一般耗用				
厂部管理部门				
合　计				

会计分录：

实训九　辅助生产费用

目的：练习辅助生产费用的交互分配法。

资料：同实训八。

要求：

1. 采用交互分配法分配辅助生产费用，编制辅助生产费用分配表（如表 1-59 所示）。

2. 编制分配结转辅助生产费用的会计分录。

表1-59　　　　　　　　　辅助生产费用分配表（交互分配法）

2024年1月　　　　　　　　　　　　　　　　　　　单位：元

项　目	交互分配				对外分配			
	分配电费		分配水费		分配电费		分配水费	
	数量（度）	金额	数量（方）	金额	数量（度）	金额	数量（方）	金额
待分配费用								
劳务供应总量								
费用分配率（单位成本）								
受益对象								
供电车间								
供水车间								
产品生产耗用								
车间一般耗用								
厂部管理部门								
合　计								

会计分录：

实训十　辅助生产费用

目的：练习辅助生产费用的代数分配法。

资料：同实训八。

要求：

1. 采用代数分配法分配辅助生产费用，编制辅助生产费用分配表（如表1-60所示）。

2. 编制分配结转辅助生产费用的会计分录。

表 1 – 60　　　　　　　　　辅助生产费用分配表（代数分配法）

2024 年 1 月　　　　　　　　　　　　　　　　　　　　单位：元

项　目	分配电费		分配水费	
	数量（度）	金额	数量（方）	金额
待分配费用				
劳务供应总量				
费用分配率				
受益对象				
供电车间				
供水车间				
产品生产耗用				
车间一般耗用				
厂部管理部门				
合　计				

会计分录：

实训十一　辅助生产费用

目的：练习辅助生产费用的计划成本分配法。

资料：泰山工厂辅助生产车间 2024 年 1 月发生的生产费用和劳务供应总量资料同实训八。该厂每度电的计划成本为 0.35 元，供水车间每方水的计划成本为 0.692 元。该厂辅助生产车间的成本差异全部计入管理费用。

要求：

1. 采用计划成本分配法分配辅助生产费用，编制辅助生产费用分配表（如表 1 – 61 所示）。

2. 编制分配结转辅助生产费用的会计分录。

表1-61　　　　　　　　辅助生产费用分配表（计划成本分配法）

2024年1月　　　　　　　　　　　　　　　　　　　　　　　　单位：元

项　目	按计划成本分配				成本差异分配	
	分配电费		分配水费		供电车间	供水车间
	数量（度）	金额	数量（方）	金额		
待分配费用						
劳务供应总量						
计划单位成本（分配率）						
受益对象						
供电车间						
供水车间						
产品生产耗用						
车间一般耗用						
企业管理部门						
合　计						

会计分录：

实训十二　废品损失

目的：练习可修复废品损失的核算。

资料：鲁中工厂一车间本月所生产的甲产品中，有可修复废品40件。根据2024年3月"耗用材料汇总表"提供的资料，本月修复甲产品领用材料8 000元；根据本月"直接人工费用分配表"和"制造费用分配表"提供的资料，本月修复废品实际耗用工时2 000小时，小时工资（薪酬）分配率为13.50元，小时制造费用分配率为3元。按规定，本月发生的40件可修复废品应由过失人李强赔偿1 200元。

要求：
1. 编制登记发生可修复废品修复费用的会计分录。

2. 编制登记应收过失人赔款的会计分录。

3. 计算本月废品净损失，编制结转废品净损失的会计分录。

实训十三　废品损失

目的：练习不可修复废品损失的核算。

资料：鲁中工厂二车间 2024 年 3 月生产的乙产品 1 000 件中，完工入库合格产品 940 件，产生不可修复废品 60 件。本月乙产品累计生产费用 125 688 元，其中直接材料为 43 200 元，直接人工为 47 136 元，制造费用为 35 352 元；乙产品月初、月末均无在产品。本月不可修复废品生产成本计算中，废品材料费已全部投入，直接材料项目按合格品同等负担；根据废品工时情况，直接人工费用和制造费用项目可以将 60 件废品折算为 42 件合格品，再在废品和合格品之间进行分配。本月不可修复废品残料处理回收现金 510 元，已决定由过失人张冰赔偿 200 元。

要求：
1. 计算不可修复废品生产成本，编制结转不可修复废品生产成本的会计分录。

2. 编制登记回收废品残料价值的会计分录。

3. 编制登记应收过失人张冰赔偿款的会计分录。

4. 计算本月废品净损失,编制结转废品净损失的会计分录。

5. 根据会计分录登记废品损失明细账(如表1-62所示)和产品生产成本明细账(如表1-63所示)。

6. 计算本月完工入库合格乙产品生产成本(如表1-63所示),编制结转完工入库产品生产成本的会计分录。

表1-62 废品损失明细账

车间名称:二车间　　　　　　　　产品名称:乙产品　　　　　　　　单位:元

年		凭证字号	摘要	借方	贷方	借或贷	余额
月	日						

表1-63 生产成本明细账

车间名称:二车间　　　　产品名称:乙产品　　　2024年3月　　　　　单位:元

摘要	直接材料	直接人工	制造费用	废品损失	合计
累计生产费用					
转出废品生产成本					
转入废品净损失					
合格品总成本					
合格品单位成本					

会计分录：

实训十四　停工损失

目的：练习停工损失的核算。

资料：黄河工厂设有第一、第二两个基本生产车间，大量生产甲产品。2024年2月，第一车间由于外部原材料供应商违约停工待料6天，停工期间应支付生产工人薪酬9 120元，应负担制造费用880元；原材料供应商已同意赔偿4 000元。本月第二车间因设备故障停工5天，停工期间应支付生产工人薪酬6 840元，应负担制造费用960元。

要求：

1. 编制登记发生停工损失的会计分录。

2. 编制登记应收赔偿款的会计分录。

3. 计算本月停工净损失，编制结转停工净损失的会计分录。

实训十五　制造费用

目的：练习制造费用归集的核算。

资料：泰山工厂设有一个基本生产车间，大量生产甲产品，2024年2月有关制造费用的经济业务如下：

1. 根据工资结算汇总表，本月应付工资为120 000元，其中基本生产车间产品生产工人工资为100 000元（其中甲产品），车间管理人员为8 000元，厂部管理人员为12 000元。该厂职工福利费、社会保险（包括养老保险、医疗保险、失业保险、工伤保险、生育保险）、住房公积金、工会经费、职工教育经费分别按照工资总额的8%、30%、8%、2%、1.5%计提。

2. 以银行存款支付办公用品费8 592元，其中基本生产车间3 792元，厂部4 800元。

3. 本月应计提固定资产折旧16 000元，其中基本生产车间12 000元，厂部4 000元。

4. 根据耗用材料汇总表，本月领用A材料实际成本160 000元，其中，基本生产车间甲产品生产144 000元，车间一般消耗10 000元，厂部管理部门6 000元。

5. 本月基本生产车间领用低值易耗品4 000元（采用一次摊销法）。

6. 车间主任刘波报销差旅费1 200元，结清原借款1 000元，出纳员补付现金200元。

7. 以银行存款4 000元支付车间劳动保护费。

8. 以银行存款2 000元支付车间固定资产租赁费。

9. 以银行存款3 200元支付车间财产保险费。

10. 以银行存款14 000元支付本月水电费。其中甲产品生产耗用10 000元，车间一般消耗1 600元，厂部消耗2 400元。

要求：

1. 编制上述经济业务的会计分录。

（1）

（2）

(3)

(4)

(5)

(6)

(7)

(8)

(9)

(10)

2. 登记基本生产车间制造费用明细账（如表1-64所示）并结出本月发生额合计。

表1-64　　　　　　　　　　　制造费用明细账

车间名称：　　　　　　　　　　　　　　　　　　　　　　　　　　单位：元

年		凭证字号	摘要	费 用 明 细 项 目							
月	日			职工薪酬	折旧费	机物料消耗	办公费	水电费	差旅费	其他	合计

实训十六　制造费用

目的：练习制造费用分配的生产工时分配法。

资料：泰山工厂基本生产车间生产甲、乙、丙三种产品。2024年2月，三种产品生产工人工时分别为 3 000 小时、5 000 小时、4 000 小时，该基本生产车间发生的制造费用见习题十四泰山工厂制造费用明细账的资料。

要求：

1. 采用生产工时分配法分配本月制造费用，编制制造费用分配表（如表 1-64 所示）。
2. 编制分配结转本月制造费用的会计分录。
3. 登记制造费用明细账（如表 1-65 所示）。

表 1-65　　　　　　　　制造费用分配表（生产工时分配法）

生产单位：基本生产车间　　　　　　　　2024 年 2 月　　　　　　　　　　　　　单位：元

产品名称	生产工时（小时）	分配率	分配金额
甲产品			
乙产品			
丙产品			
合　计			

会计分录：

实训十七　制造费用

目的：练习制造费用分配的机器工时分配法。

资料：黄河工厂三车间使用 A、B 两类设备生产甲、乙、丙三种产品。2024 年 2 月，制造费用总额为 300 000 元；三种产品机器总工时为 175 000 小时，其中甲产品 75 000 小时、乙产品 50 000 小时，丙产品 50 000 小时；A 类设备运转 75 000 小时，其中甲产品 25 000 小时，乙产品 10 000 小时，丙产品 40 000 小时；B 类设备运转 100 000 小时，其中甲产品 50 000 小时，乙产品 40 000 小时，丙产品 10 000 小时。该车间 A 类设备工时换算系数定为 1，B 类设备工时换算系数定为 1.25。

要求：

1. 采用机器工时比例分配法分配本月制造费用，编制制造费用分配表（如表 1-66 所示）。
2. 编制分配结转本月制造费用的会计分录。

表 1-66　　　　　　　　　　制造费用分配表（机器工时分配法）

车间名称：三车间　　　　　　　　　　2024 年 2 月　　　　　　　　　　单位：元

产品名称	标准机器工时（小时）			标准机器工时合计	费用分配率	分配金额
	A 类设备（标准机器工时）	B 类设备（换算系数 1.25）				
		实际工时	标准工时			

会计分录：

实训十八　制造费用

目的：练习制造费用分配的计划费用分配率分配法。

资料：鲁南工厂为季节性生产企业，生产甲、乙、丙三种产品。2024 年度基本生产车间制造费用预算总额为 1 020 000 元，甲、乙、丙三种产品计划产量分别为 4 400 件、7 600 件、4 400 件，单位产品定额工时分别为 20 小时、10 小时、40 小时；12 月生产甲产品 800 件、乙产品 1 000 件、丙产品 600 件，实际发生制造费用 120 000 元；经查 11 月末"制造费用——基本生产车间"明细账，至 11 月 30 日，本年借方累计发生额为 910 000 元，贷方累计发生额为 870 000 元，月末借方余额为 40 000 元。

要求：

1. 计算基本生产车间本年度计划制造费用分配率。

2. 编制 12 月按计划费用分配率分配三种产品应负担制造费用的会计分录。

3. 将全年制造费用的实际发生额与按计划费用分配率分配数额的差额，调整计入 12 月产品成本，因三种产品在开工月份生产份额相差不多，按 12 月实际完成的定额工时分配给甲、乙、丙三种产品，编制分配结转制造费用差额的会计分录。

4. 登记基本生产车间制造费用明细账（如表 1-67 所示）。

表 1-67　　　　　　　　　制造费用明细账

车间名称：基本生产车间　　　　　　　　　　　　　　　　　　　单位：元

2024 年		凭证字号	摘　要	借方	贷方	借或贷	余额
月	日						
12	1		1—11 月累计费用				
	31	2	本月发生费用				
		3	本月分配费用				
			结转余额				
			本月合计				
			本年合计				

实训十九　在产品成本计算

目的：练习在产品成本计算的固定在产品成本法。

资料：鲁西工厂生产的甲产品月末在产品数量比较稳定，采用固定在产品成本法。2024 年该产品年初在产品成本为 60 000 元，其中直接材料 30 000 元，直接人工 17 500 元，制造费用 12 500 元；3 月发生的生产费用为 500 000 元；其中，直接材料 240 000 元，直接人工 145 000 元，制造费用 115 000 元；3 月完工甲产品 500 件。

要求：

1. 采用固定在产品成本法计算甲产品月末在产品成本和本月完工产品成本，登记产品生产成本明细账（如表 1-68 所示）。

2. 编制结转本月完工入库甲产品成本的会计分录。

表1-68　　　　　　　　　　　　　生产成本明细账

产品名称：甲产品　　　　　产量：500件　　2024年3月　　　　　　　　　　单位：元

摘　要	直接材料	直接人工	制造费用	合　计
月初在产品成本				
本月发生生产费用				
生产费用合计				
本月完工产品总成本				
完工产品单位成本				
月末在产品成本				

会计分录：

实训二十　在产品成本计算

目的：练习在产品只计算材料成本法。

资料：泰山工厂生产的乙产品直接材料费用在产品成本中所占比重较大，在产品只计算材料成本。2024年3月，乙产品月初在产品总成本（即直接材料成本）为25 000元；本月发生生产费用为400 000元，其中直接材料费用为300 000元，直接人工费用为60 000元，制造费用为40 000元；本月乙产品完工300件，月末在产品25件，在产品的原材料费用已全部投入，直接材料费用可以按本月完工产品和月末在产品的数量比例分配。

要求：

1. 采用在产品只计算材料成本法计算乙产品月末在产品成本和本月完工产品成本，并登记生产成本明细账（如表1-69所示）。

2. 编制结转本月完工入库乙产品成本的会计分录。

表1-69　　　　　　　　　　　　　生产成本明细账

产品名称：乙产品　　　　　产量：300件　　2024年3月　　　　　　　　　　单位：元

摘　要	直接材料	直接人工	制造费用	合　计
月初在产品成本				
本月发生生产费用				
生产费用合计				
本月完工产品总成本				
完工产品单位成本				
月末在产品成本				

会计分录：

实训二十一　计算投料率及约当产量

目的：练习分工序计算在产品投料率及约当产量。

资料：鲁北工厂生产的丙产品顺序经过第一、第二、第三共三道工序加工，单位产品原材料消耗定额为500元，其中，第一道工序投料定额为300元，第二道工序投料定额为150元，第三道工序投料定额为50元；原材料分别在各个工序生产开始时一次投入。2024年3月丙产品盘点确定的月末在产品数量为400件，其中第一道工序200件，第二道工序100件，第三道工序100件。

要求：

1. 计算各工序月末在产品的投料率。

2. 计算月末在产品约当产量，编制在产品投料率及约当产量计算表（如表1-70所示）。

表1-70　　　　　　　　在产品投料率及约当产量计算表

产品：丙产品　　　　　　　　　2024年3月　　　　　　　　计量单位：件

工序	月末在产品数量	单位产品投料定额（元）	在产品投料率	月末在产品约当产量
一				
二				
三				
合计				

实训二十二 计算完工率及约当产量

目的：练习分工序计算在产品完工率及约当产量。

资料：鲁北工厂生产丙产品，2024年3月有关月末在产品数量资料同实训二十一；丙产品单位产品工时消耗定额为50小时，其中第一道工序为25小时，第二道工序为15小时，第三道工序为10小时；丙产品各工序月末在产品在本工序的完工程度均为50%。

要求：

1. 计算各工序月末在产品的完工率。

2. 计算月末在产品约当产量，编制在产品完工率及约当产量计算表（如表1-71所示）。

表1-71　　　　　　　　　　在产品完工率及约当产量计算表

产品：丙产品　　　　　　　　　2024年3月　　　　　　　　　　计量单位：件

工序	月末在产品数量	单位产品工时定额（小时）	在产品完工率	月末在产品约当产量
一				
二				
三				
合计				

实训二十三 在产品成本计算

目的：练习在产品成本计算的约当产量法。

资料：鲁北工厂2024年3月丙产品完工验收入库数量为1 000件，月末盘点在产品数量为400件；月末在产品约当量资料，见实训二十、实训二十一的计算结果。丙产品生产成本明细账表明：月初在产品成本为200 000元，其中直接材料为150 000元，直接人工为22 000元，制造费用为28 000元；丙产品本月发生的生产费用为1 517 806.35元，其中直接材料为1 016 555元，直接人工为220 554.45元，制造费用为280 696.90元。

要求：

1. 采用约当产量法计算丙产品月末在产品成本和本月完工产品成本，登记生产成本明细账（如表1-72所示）。

2. 编制结转本月完工入库产品成本的会计分录。

表 1-72　　　　　　　　　　　　生产成本明细账

产品：丙产品　　　　　　产量：1 000 件　　　　2024 年 3 月　　　　　　金额单位：元

摘　要	直接材料	直接人工	制造费用	合　计
月初在产品成本				
本月发生生产费用				
生产费用合计				
本月完工产品数量				
月末在产品约当产量				
生产量合计				
费用分配率（完工产品单位成本）				
本月完工产品总成本				
月末在产品成本				

会计分录：

实训二十四　在产品成本计算

目的：练习在产品成本计算的定额比例法。

资料：鲁西工厂生产的丁产品是定型产品，有比较健全的定额资料和定额管理制度。丁产品单位产品原材料消耗定额为 1 000 元，工时消耗定额为 100 小时。2024 年 3 月完工丁产品 1 000 件。月末盘点停留在各工序的在产品为 200 件，其中第一道工序 100 件，单位在产品原材料消耗定额为 600 元，工时消耗定额为 25 小时；第二道工序 50 件，单位在产品原材料消耗定额为 900 元，工时消耗定额为 65 小时；第三道工序 50 件，单位在产品原材料消耗定额为 1 000 元，工时消耗定额为 90 小时。根据产品生产成本明细账，丁产品月初在产品成本为 200 000 元，其中直接材料为 150 000 元，直接人工为 22 000 元，制造费用为 28 000 元；本月发生生产费用为 1 517 800 元，其中直接材料为 1 016 550 元，直接人工为 220 550 元，制造费用为 280 700 元。

要求：

1. 采用定额比例法计算丁产品月末在产品成本和本月完工产品成本，登记产品成本明细账（如表1-73所示）。

2. 编制结转本月完工入库产品成本的会计分录。

表1-73　　　　　　　　　　　产品生产成本明细账

产品：丁产品　　　　　产量：1 000件　　2024年3月　　　　　　金额单位：元

摘　要	直接材料	直接人工	制造费用	合　计
月初在产品成本				
本月发生生产费用				
生产费用合计				
本月完工产品总定额				
月末在产品总定额				
定额合计				
费用分配率				
本月完工产品总成本				
本月完工产品单位成本				
月末在产品总成本				

会计分录：

实训二十五　在产品成本计算

目的：练习在产品按定额成本计算法。

资料：鲁西工厂生产的丁产品有关成本计算资料见实训二十四。该厂每一定额工时直接人工费用分配率为2.2，制造费用分配率为2.8。

要求：

1. 采用在产品按定额成本计算法计算丁产品月末在产品成本和本月完工产品成本，编制月末在产品定额成本计算表（如表1-74所示）和产品生产成本明细账（如表1-75所示）。

2. 编制结转本月完工入库产品成本的会计分录。

表1-74　　　　　　　　　　　月末在产品定额成本计算表
产品：丁产品　　　　　　　　　　2024年3月　　　　　　　　　　金额单位：元

工序	在产品数量（件）	材料成本		人工成本		制造费用		月末在产品定额总成本
		单位定额成本	总成本	单位定额成本	总成本	单位定额成本	总成本	
第一道工序								
第二道工序								
第三道工序								
合计								

表1-75　　　　　　　　　　　产品生产成本明细账
产品：丁产品　　产量：1 000件　　2024年3月　　　　　　　　金额单位：元

摘　要	直接材料	直接人工	制造费用	合　计
月初在产品成本				
本月发生生产费用				
生产费用合计				
本月完工产品总成本				
本月完工产品单位成本				
月末在产品成本（定额成本）				

会计分录：

项目二
运用品种法进行成本核算

学习目标
- 熟悉企业生产经营特点和管理要求对成本核算方法的影响
- 熟悉成本核算的基本方法和辅助方法
- 能够根据企业的具体情况选择最适合本企业的成本核算方法
- 掌握品种法的特点、适用范围和成本核算程序
- 会运用品种法归集、分配生产费用，正确计算完工产品总成本和单位成本

任务一 认识成本核算方法

PPT

【引导案例】

黄河机械制造公司是一家中型机械制造企业，通常按照客户订单组织产品生产。产品一般是单件生产或小批量生产。其产品生产过程由铸造、加工、装配三个生产步骤（车间）完成。铸造车间生产铸件，加工车间将铸件加工成各种零部件，最后由装配车间组装成最终产品。三个车间的生产加工既有连续性，又相对独立。

思考：根据上述企业的具体情况，你认为该企业采用哪种或哪几种成本核算方法最恰当？

【知识准备】

产品成本是由产品生产过程中企业各个生产车间（或分厂）所发生的生产费用形成的。产品成本核算方法与企业生产车间的工艺技术过程和生产组织管理有密切的联系。所以，企业应根据自身的具体情况，充分考虑生产经营特点和管理要求，来确定采用什么样的成本核算方法。

一、企业生产的主要类型

工业企业的生产可以根据生产工艺过程和生产组织的特点划分为不同类型。

（一）按生产工艺过程的特点分为单步骤生产和多步骤生产两种类型

单步骤生产也叫简单生产，是指生产工艺过程不能间断，产品生产不需要或不可能划分为几个生产步骤的生产，如发电、采掘、燃气生产、铸件的熔铸等。单步骤生产的生产周期一般比较短，生产过程中没有自制半成品产出。

多步骤生产是指生产工艺过程可以间断，可以分散在不同时间、不同地点进行的若干生产步骤所组成的生产。多步骤生产按其产品加工方式的不同，又可以分为连续式多步骤生产和装配式多步骤生产两种。

连续式多步骤生产是指原材料投入后顺序经过若干步骤的生产加工，直到最后步骤，才能制成产成品的生产，如纺织、造纸、服装加工等；装配式多步骤生产，是指先将各种原材料投入到不同的生产车间，分别加工成各种零部件，再将零部件装配成产成品的生产。如自行车制造、机器制造等。

多步骤生产一般生产周期较长，生产过程中有自制半成品产出。

（二）按生产组织的特点分为大量生产、成批生产和单件生产三种类型

大量生产是指不断重复品种相同的产品的生产。这种生产类型的企业，产品的品种少，产量大，产品陆续投入、陆续产出，生产比较稳定。如造纸、酿酒等。

成批生产是指按照预先规定的产品批别和数量进行的生产。这种类型的生产，一般品种比较多，而且各种产品的生产往往在一段时间内成批地重复进行，如服装加工、制鞋等。成批生产按照批量的大小，又可以分为大批生产和小批生产。大批生产的特点类似于大量生产；小批生产如电梯制造，其特点类似于单件生产。

单件生产是指按照客户的要求，定制个别的、性质特殊的产品。这种类型的生产，品种往往很少重复，而且生产周期较长。如船舶制造、大型机械制造等。

二、生产特点和管理要求对成本核算方法的影响

计算产品成本是为成本管理提供资料，应该满足成本管理的要求。而产品成本又是在生产过程中形成的，成本管理需要哪些成本资料，在很大程度上受生产特点的影响。所以，确定成本核算方法时，既要考虑生产经营特点，又要考虑成本管理的要求。

各种不同的产品成本计算方法，其主要区别表现在成本核算对象、成本计算期，以及完工产品与在产品之间费用的分配三个方面。生产特点和管理要求对产品成本核算方法的影响，也表现在这三个方面。

（一）对成本核算对象的影响

在成本计算工作中，成本核算对象主要有三种：产品的品种；产品的批别；产品品种及其生产步骤。

大量大批单步骤生产，或者虽然是多步骤生产，但管理上不要求分步骤计算成本的产品生产，以产品的品种作为成本计算对象。

大量大批多步骤生产，管理上要求分步骤计算产品成本的，应将产品的品种及其所经生产步骤作为成本核算对象。

单件小批生产，是以客户的订单或批别来组织生产的，因而就决定了可以按产品的订单或批别作为成本计算对象。

（二）对成本计算期的影响

大量大批生产，由于产品生产不间断地进行，即不间断地投入也不间断地产出，在会计分期前提下，只能按月定期地计算产品成本，以满足分期计算损益的需要。即成本计算期与会计报告期一致，与生产周期不一致。

单件小批生产，产品生产有可能在某件产品或某批产品完工时才能确定，所以适宜按照各批产品的生产周期计算产品成本，即成本计算期与产品的生产周期一致，但与会计报告期不一致。

（三）对完工产品与在产品之间费用分配的影响

大量大批单步骤生产，由于生产过程不能间断，生产周期也较短，一般在月末没有在产品，或者在产品数量很少，因此在计算产品成本时一般不存在生产费用在本期完工产品和期末在产品之间分配的问题，本月归集的生产费用一般全部由完工产品承担。

大量大批多步骤生产，由于多步骤生产过程较为复杂，一般在月末都会有一定量的在产品存在，因此在计算产品成本时一般需要在本期完工产品和期末在产品之间分配生产费用。

单件小批生产，由于成本计算期与生产周期一致，完工产品与月末在产品不会同时存在，因此也就不存在将产品成本在完工产品与在产品之间分配的问题。

成本计算是会计人员对各项生产费用进行归集和分配处理的过程，它是以一定的成本核算对象为依据进行的，成本核算对象是成本计算方法的核心。实际工作中，采用的成本计算方法有多种。

三、产品成本计算的基本方法

根据企业生产特点和管理要求，工业企业产品成本计算的基本方法有三种，即品种法、分批法和分步法。

（一）品种法

品种法是指以产品的品种作为成本计算对象，来归集、分配生产费用，计算产品成本的方法。大量大批单步骤生产的企业，以及管理上不要求分步骤计算成本的多步骤生产企业，均可采用品种法进行成本核算。

在品种法下，成本计算定期按月进行，与会计报告期一致，但与生产周期不一致。由于单步骤生产企业月末一般没有在产品，所以对发生的生产费用不需要在完工产品与在产品之间分配，而全部由完工产品成本负担；多步骤生产企业，通常有月末在产品，所以需要在本月完工产品和月末在产品之间分配生产费用。

（二）分批法

分批法是指以产品的批别作为成本计算对象，来归集、分配生产费用，计算各批产品成本的方法。单件、小批生产或按客户订单组织生产的企业，均可采用分批法进行成本核算。

在分批法下，由于成本核算对象是产品的批别，只有在该批产品全部完工以后，才能计算出实际成本，因此成本计算不能定期按月进行，与会计报告期不一致，而与生产周期一致。这样，在进行成本计算时就不会有在产品存在，所以对发生的生产费用不需要在完工产品与在产品之间分配。

（三）分步法

分步法是以产品的品名及其所经的生产步骤作为成本计算对象，来归集、分配生产费用，计算产品成本的方法。管理上要求分步骤计算产品成本的企业适宜采用分步法。

在分步法下，成本计算定期按月进行，与会计报告期一致，但与生产周期不一致。大量大批多步骤生产企业，通常有月末在产品，所以需要在本月完工产品和月末在产品之间分配生产费用。

上述产品成本计算的三种基本方法，其成本核算对象、成本计算期、生产费用在完工产品和在产品之间分配等方面的情况如表2-1所示。

表2-1　　　　　　　　产品成本计算基本方法的特点

成本计算方法	成本计算对象	成本计算期	期末在产品成本的计算	适用范围	
				生产特点	成本管理要求
品种法	产品品种	定期按月	有在产品时需要计算分配	大量大批单步骤或多步骤生产	不要求分步计算产品成本
分批法	产品批别	不定期，但与生产周期一致	一般不需要分配	单件小批生产	不要求分步计算产品成本
分步法	品种及其所经生产步骤	定期按月	需要计算分配	大量大批多步骤生产	要求分步计算产品成本

在上述三种成本计算基本方法中，品种法是最基本的方法。企业无论采用哪种方法，最终都必须计算出各种产品的实际总成本和单位成本。

四、产品成本计算的辅助方法

在实际工作中，由于产品生产情况复杂多样，为了解决某方面的特殊问题，或者为了简化成本计算工作，还需要采用一些其他的成本计算方法，如分类法、定额法等。

（一）分类法

分类法是以产品类别作为成本计算对象，将生产费用先按产品的类别进行归集，计算出各类产品总成本，然后再按照一定的分配标准在类内各种产品之间进行分配，来分别计算各种产品成本的方法。

分类法是为了适应一些企业产品品种规格繁多，成本核算工作繁重的情况而设计的一种简化成本计算方法。如果企业生产的产品品种规格多，但类内各种产品的结构、所用原材料、生产工艺过程都基本相同，就可以采用分类法核算产品成本。

（二）定额法

定额法是在定额管理基础较好的企业，为了加强生产费用和产品成本的定额管理，加强成本控制而采用的方法。定额法将符合定额的费用和脱离定额的差异分别核算，以完工产品的定额成本为基础，加上或减去脱离定额差异以及定额变动差异来计算产品的实际成本。它适用于定额管理基础较好、产品生产稳定、消耗定额合理的企业。

分类法和定额法从计算产品成本的角度来说不是必不可少的，因而是成本计算的辅助方法，这些辅助方法必须结合基本方法使用。

尽管以上介绍的几种成本计算方法都有各自的适用范围，但在实际工作中，一个企业采用的成本计算方法往往不只是其中的某一种，一个企业针对生产的不同产品，可以同时采用几种不同的成本计算方法，或者把几种不同的成本计算方法结合在一起用于一种产品的成本计算。

五、产品成本计算方法的选择应用

上述产品成本计算的品种法、分批法、分步法以及分类法、定额法等，是比较典型的成本计算方法。在实际工作中，企业可以选择其中一种方法应用，也可以选择几种方法同时应用或结合应用。

（一）几种方法同时应用

一个企业往往有若干个生产车间（或分厂），各个车间的生产特点和管理要求不一定相同，同一个生产车间所生产的各种产品的生产特点和管理要求也不一定相同，因此，在同一个企业或生产车间内，就可以同时采用多种不同的成本核算方法。

例如，企业基本生产车间和辅助生产车间由于生产特点和管理要求不同，基本生产车间可能采用品种法、分批法、分步法等多种方法计算产品成本，而供水、供电、供气、机修等辅助生产车间一般采用品种法计算其产品（劳务）成本，生产自制工具的辅助生产车间还可能采用分批法计算其产品成本；又如，在同一个生产车间内部，对大量大批生产的产品，可能采用品种法或分步法等进行成本计算，对单件小批生产的产品则应采用分批法。

（二）几种方法结合应用

企业或生产车间在计算某种产品成本时，还有可能以一种成本计算方法为主，结合采用其他成本计算方法。

根据任务案例，黄河机械制造厂的产品生产过程由铸造、加工、装配三个生产步骤组成，装配车间组装成最终产品。在这种情况下，主要产成品的成本计算可以采用分批法；铸造车间以铸件为自制半成品，可以采用品种法核算铸件的生产成本；加工车间将铸件加工成零部件，再交给装配车间进行装配，这样铸造车间和加工车间之间、加工车间和装配车间之间，就可以分别采用逐步结转分步法和平行结转分步法计算产品成本。这样，该企业的产品成本计算就应该以分批法为主，结合采用品种法、分步法进行。

任务二　认识品种法

PPT

【任务案例】

黄河公司一车间大量大批生产甲、乙两种产品，工艺过程属多步骤生产，但管理上不要求分步骤核算成本，所以采用品种法核算产品成本；二车间生产丙产品，属单步骤生产，也采用品种法核算其产品成本。另外，该企业设有供电车间为基本生产车间和厂部提供电力服务。假设生产产品所需原材料均为生产开始时一次性投入，月末在产品完工程度平均为80%。2024年3月有关成本核算资料如下：

（一）产量资料（如表2-2所示）

表2-2　　　　　　　　　　　　　产品产量统计表　　　　　　　　　　　　　单位：件

产品名称	月初在产品	本月投产	本月完工产品	月末在产品
甲产品	90	1 410	1 380	120
乙产品	100	1 700	1 800	0
丙产品	0	1 000	1 000	0

（二）月初在产品成本（如表2-3所示）

表2-3　　　　　　　　　　　　　月初在产品成本表　　　　　　　　　　　　　单位：元

产品名称	直接材料	直接人工	制造费用	合计
甲产品	8 000	920	700	9 620
乙产品	14 000	1 710	1 400	17 110

（三）本月发生费用

1. 本月材料费用（如表2-4所示）

表2-4　　　　　　　　　　　　　材料领用汇总表　　　　　　　　　　　　　单位：元

领料用途	直接领用（A材料）	共同领用（B材料）	领料合计
一车间			
甲产品生产耗用	120 000		120 000
乙产品生产耗用	180 000		180 000
两种产品共同耗用		12 000	12 000
二车间			
丙产品生产耗用	100 000		100 000
一车间 一般耗用	5 200		5 200
二车间 一般耗用	3 000		3 000
供电车间耗用	8 600		8 600
合计	416 800	12 000	428 800

2. 本月人工费用（如表2-5所示）

表2-5　　　　　　　　黄河公司工资、职工福利费汇总表　　　　　　　　金额单位：元

| 人员类别 | 一车间工人（甲、乙产品） | 二车间工人（丙产品） | 供电车间 | 车间管理人员 | | 行政管理人员 |
				一车间	二车间	
应付工资	32 000	12 000	3 600	2 800	1 500	14 500
职工福利费	3 136	1 176	352.80	274.40	147	1 421

工会经费、职工教育经费、养老保险、失业保险、医疗保险（含生育保险）、工伤保险等社会保险费和住房公积金分别按上述工资的2%、1.5%、16%、1%、8%、0.7%和8%计提。

3. 本月折旧费用（如表2-6所示）

表2-6　　　　　　　　　　折旧费用统计表　　　　　　　　　金额单位：元

设备使用单位	折旧金额
一车间	27 500
二车间	10 000
供电车间	2 000
行政管理部门	20 500
合　计	60 000

4. 本月发生的其他费用（如表2-7所示）

表2-7　　　　　　　　　　其他费用统计表　　　　　　　　　金额单位：元

车间名称	费用项目			
	低值易耗品	办公费	水电费	合　计
一车间	2 000	3 200	13 000	18 200
二车间		1 000	9 000	10 000
供电车间	1 600	1 000	1 000	3 600
行政管理部门	5 000	3 800	5 000	13 800
合　计	8 600	9 000	28 000	45 600

低值易耗品采用一次摊销法；办公费、水电费均以银行存款支付。

（四）甲、乙产品本月的工时定额、B材料定额消耗量资料（如表2-8所示）

表2-8　　　　　　　　　　定额资料

产品名称	工时定额（单位：小时）	B材料定额消耗量（单位：千克）
甲产品	1 900	400
乙产品	2 100	800

（五）供电车间劳务供应量（如表2-9所示）

表2-9　　　　　　　　　供电车间劳务供应统计表　　　　　　　数量单位：千瓦时

接受劳务单位	接受劳务数量
一车间	10 000
二车间	7 500
行政管理部门	13 300
合　计	30 800

（六）有关费用分配方法

（1）甲、乙产品共同耗用的材料费用按材料定额消耗量比例分配。

（2）一车间生产工人工资、职工福利费按甲、乙两种产品的工时定额比例分配。

（3）一车间制造费用按甲、乙两种产品的工时定额比例分配。

（4）供电车间发生的间接费用，不通过"制造费用"明细账归集。

黄河公司会计人员根据上述资料，采用品种法归集、分配本月有关生产费用，计算完工产品的实际生产总成本和单位成本。

思考： 你知道品种法与其他成本核算方法的区别吗？如果你是黄河公司会计人员，你能熟练掌握成本核算程序、正确计算完工产品成本吗？

【知识准备】

一、品种法的特点

产品成本计算的品种法是指以产品的品种作为成本核算对象，来归集生产费用，计算产品生产成本的方法。

各种成本计算方法最终都要计算出每个产品品种的实际总成本和单位成本，按照产品品种计算生产成本是成本计算最基本的要求，因此，品种法是最基本的产品成本计算方法。

品种法的特点有以下三方面：

（一）以产品品种作为成本核算对象，并据以设置生产成本明细账

采用品种法核算产品成本的企业，往往是大量大批重复生产一种或几种产品。在只生产一种产品的情况下，生产成本明细账就按该种产品设置，并按成本项目开设专栏，各项生产费用都可以直接记入该种产品的生产成本明细账（成本计算单）。如果生产多种产品，则需要按每一种产品开设生产成本明细账，并按成本项目开设专栏，对发生的直接费用直接列入各品种生产成本明细账，对间接费用应单独归集，经分配后记入各品种生产成本明细账。

（二）成本计算定期按月进行

采用品种法核算产品成本的企业，其产品生产一般是大量大批不间断进行的，不可能在产品生产完工时计算产品成本，成本计算是定期按月进行的。因此，成本计算期与会计报告期一致，但与生产周期不一致。

（三）有期末在产品时需要在本期完工产品与期末在产品之间分配生产费用

在月末计算产品成本时，如果没有在产品或者在产品数量很少，则不需要计算月末在产品成本。在这种情况下，生产成本明细账中归集的生产费用就是完工产品的实际总成本，将其除以产量，就是完工产品的单位成本。如果月末有在产品，而且数量比较多，那么就需要将本月累计的生产费用在本月完工产品与月末在产品之间进行分配，以便计算出本月完工产品的实际总成本和单位成本。

二、品种法的适用范围

品种法适用于大量大批单步骤生产企业，如发电、采掘等。大量大批多步骤生产的企业，如果管理上不要求按生产步骤计算产品成本，也可以采用品种法计算产品成本。如造纸厂、砖瓦厂等。另外，企业的辅助生产车间往往也采用品种法计算其产品（劳务）的成本。

三、品种法的成本计算程序

采用品种法核算产品成本，一般可按以下六个步骤进行：

（一）按产品品种设置有关成本明细账，并按成本项目设专栏

企业应在"生产成本"总分类账户下设置"基本生产成本"和"辅助生产成本"二级明细账，同时按照企业确定的成本核算对象（产品品种）设置产品生产成本明细账（即产品成本计算单），按照辅助生产车间及其提供的产品（或劳务）品种，设置辅助生产明细账；在"制造费用"总分类账户下，按生产车间（或分厂）设置制造费用明细账。

产品生产成本明细账和辅助生产成本明细账应当按照"直接材料""直接人工""制造费用"等成本项目设专栏，制造费用明细账一般按照费用项目设专栏。

（二）归集和分配本月发生的各项要素费用

企业发生材料费、人工费和其他各项要素费用时，会计人员应根据发生各项费用的原始凭证及其他有关资料，编制记账凭证，并据以登记基本生产成本明细账、辅助生产成本明细账、制造费用明细账和管理费用明细账等有关账户。

对于应计入产品生产成本的费用，凡能直接认定属于哪种产品生产耗费的，应直接记入该产品的生产成本明细账；对不能直接认定的，应按照收益分配的原则，先编制直接费用分配表，再分配记入有关产品的生产成本明细账。

（三）分配辅助生产费用

期末，根据辅助生产成本明细账归集的本月辅助生产费用总额，按照企业确定的分配方法，编制"辅助生产费用分配表"，将辅助生产费用分配给各受益产品和受益部门。根据分配结果，编制记账凭证，分别记入有关产品成本明细账、制造费用明细账和管理费用明细账等有关账户。

辅助生产车间发生的间接费用，如果通过"制造费用"明细账归集，应在分配辅助生产费用前，先分配转入各辅助生产成本明细账，计入该辅助车间的费用（成本）总额。

（四）分配制造费用

根据各基本生产车间制造费用明细账归集的本月制造费用，按照企业确定的分配方法，分别编制各基本生产车间的"制造费用分配表"，将制造费用分配给本车间各受益产品。根据分配结果，编制记账凭证，分别记入有关产品生产成本明细账（产品成本计算单）。

（五）将生产费用在本月完工产品和月末在产品之间分配，计算完工产品总成本和单位成本

根据基本生产成本明细账中按成本项目归集的本月生产费用合计数（期初在产品成本加上本月生产费用），采用适当的方法在本月完工产品和月末在产品之间进行分配，计算出本月完工产品的实际总成本和月末在产品成本。将完工产品实际总成本除以实际产量，就是该产品本月实际单位成本。

(六) 结转本月完工产品成本

根据产品成本计算结果,编制本月"完工产品成本汇总表",并据以编制结转本月完工产品成本的记账凭证,进而分别记入有关产品生产成本明细账(产品成本计算单)和库存商品明细账。

任务三 品种法成本核算综合应用

PPT

【任务处理】

承任务二的任务案例,黄河公司会计人员采用品种法归集和分配本月生产费用,编制有关费用分配表,计算完工产品的实际生产总成本和单位成本,并登记有关账簿。具体账务处理程序如下:

一、设置成本费用明细账

按甲、乙、丙三种产品分别开设"基本生产成本"明细账(如表2-19、表2-21和表2-22所示),并按直接材料、直接人工和制造费用设专栏组织明细核算,然后登记月初在产品成本;开设"制造费用"明细账(如表2-16和表2-18所示)、"辅助生产成本——供电车间"明细账(如表2-14所示)、"管理费用"明细账(略)。

二、归集和分配本月发生的各项要素费用

(一) 材料费用

【例2-1】黄河公司会计人员根据表2-4"材料领用汇总表"以及表2-8定额资料,计算编制"材料费用分配表"(如表2-10所示)。

表2-10 材料费用分配表
2024年3月　　　　　　　　　　　　　　　　　　　　　　单位:元

总账账户	应借账户		A材料	B材料			合计
	明细账户	成本项目		定额耗用量	分配率	分配额	
生产成本	基本生产成本(甲产品)	直接材料	120 000	400		4 000	124 000
	基本生产成本(乙产品)	直接材料	180 000	800		8 000	188 000
	小计		300 000	1 200	10	12 000	312 000
	基本生产成本(丙产品)	直接材料	100 000				100 000
生产成本	辅助生产成本(供电)	直接材料	8 600				8 600
制造费用	一车间	物料消耗	5 200				5 200
	二车间	物料消耗	3 000				3 000
	合计		326 800			12 000	338 800

根据"材料费用分配表"资料,编制会计分录如下:

借:生产成本——基本生产成本(甲产品) 124 000.00
　　　　　　——基本生产成本(乙产品) 188 000.00
　　　　　　——基本生产成本(丙产品) 100 000.00
　　　　　　——辅助生产成本(供电) 8 600.00
　　制造费用——一车间 5 200.00
　　　　　　——二车间 3 000.00
　　贷:原材料——A材料 326 800.00
　　　　　　——B材料 12 000.00

根据上述会计分录,登记基本生产成本、辅助生产成本、制造费用等明细账户。

(二)人工费用

【例2-2】黄河公司会计人员根据表2-5工资、职工福利费总额及相关资料、表2-8定额资料,编制"人工费用分配表"(如表2-11所示)。

表2-11　　　　　　　人工费用分配表

2024年3月　　　　　　　　　　　　　　　单位:元

总账户	应借账户 明细账户	成本项目	定额工时	分配率	工资	职工福利费	工会经费(2%)	职工教育经费(1.5%)	医疗(含生育)、工伤保险(8.7%)	养老、失业保险(17%)	住房公积金(8%)	合计
生产成本	基本生产成本(甲产品)	直接人工	1 900		15 200	1 489.60	304	228	1 322.4	2 584	1 216	22 344
	基本生产成本(乙产品)	直接人工	2 100		16 800	1 646.40	336	252	1 461.6	2 856	1 344	24 696
	小计		4 000	8	32 000	3 136	640	480	2 784	5 440	2 560	47 040
	基本生产成本(丙产品)	直接人工			12 000	1 176	240	180	1 044	2 040	960	17 640
生产成本	辅助生产成本(供电)	直接人工			3 600	352.80	72	54	313.2	612	288	5 292
制造费用	一车间	人工费			2 800	274.40	56	42	243.60	476	224	4 116
	二车间	人工费			1 500	147	30	22.50	130.50	255	120	2 205
管理费用	职工薪酬				14 500	1 421	290	217.50	1 261.50	2 465	1 160	21 315
	合计				66 400	6 507.20	1 328	996	5 776.80	11 288	5 312	97 608

根据"人工费用分配表"资料,编制会计分录如下:

借:生产成本——基本生产成本(甲产品) 22 344.00
　　　　　　——基本生产成本(乙产品) 24 696.00

　　　　　　——基本生产成本（丙产品）　　　　　　17 640.00
　　　　　　——辅助生产成本（供电）　　　　　　 5 292.00
　　　　制造费用——一车间　　　　　　　　　　　4 116.00
　　　　　　——二车间　　　　　　　　　　　　　2 205.00
　　　　管理费用——职工薪酬　　　　　　　　　　21 315.00
　　　　　贷：应付职工薪酬——工资　　　　　　　66 400.00
　　　　　　　　　　　——职工福利　　　　　　　 6 507.20
　　　　　　　　　　　——工会经费　　　　　　　 1 328.00
　　　　　　　　　　　——职工教育经费　　　　　　 996.00
　　　　　　　　　　　——社会保险费　　　　　　 5 776.80
　　　　　　　　　　　——设定提存计划　　　　　11 288.00
　　　　　　　　　　　——住房公积金　　　　　　 5 312.00
　　根据上述会计分录，登记基本生产成本、辅助生产成本、制造费用等明细账户。

（三）折旧费

【例2-3】 黄河公司会计人员根据表2-6折旧费资料，编制"固定资产折旧分配表"（如表2-12所示）。

表2-12　　　　　　　固定资产折旧费分配表

2024年3月　　　　　　　　　　　　　　　　　　　　　单位：元

应借账户		折旧费金额
总账账户	明细账户	
生产成本	辅助生产成本（供电）	2 000
制造费用	一车间	27 500
制造费用	二车间	10 000
管理费用	折旧费	20 500
合计		60 000

　　根据"固定资产折旧分配表"资料，编制会计分录如下：
　　借：生产成本——辅助生产成本（供电）　　　　 2 000.00
　　　　制造费用——一车间　　　　　　　　　　　27 500.00
　　　　　　——二车间　　　　　　　　　　　　　10 000.00
　　　　管理费用——折旧费　　　　　　　　　　　20 500.00
　　　贷：累计折旧　　　　　　　　　　　　　　　60 000.00
　　根据上述会计分录，登记辅助生产成本、制造费用等明细账户。

（四）其他费用

【例2-4】 黄河公司会计人员根据表2-7其他费用资料，计算编制"其他费用分配表"（如表2-13所示）。

表 2-13　　　　　　　　　　　其他费用分配表

2024 年 3 月　　　　　　　　　　　　　　　　　　　　　单位：元

应借账户		金额			
总账账户	明细账户	低值易耗品	办公费	水电费	合计
生产成本	辅助生产成本（供电）	1 600	1 000	1 000	3 600
制造费用	一车间	2 000	3 200	13 000	18 200
制造费用	二车间		1 000	9 000	10 000
管理费用	办公费等	5 000	3 800	5 000	13 800
合计		8 600	9 000	28 000	45 600

根据"其他费用分配表"资料，编制会计分录如下：

借：生产成本——辅助生产成本（供电）　　　　　　　3 600.00
　　制造费用——一车间　　　　　　　　　　　　　　18 200.00
　　　　　　——二车间　　　　　　　　　　　　　　10 000.00
　　管理费用——低值易耗品摊销　　　　　　　　　　 5 000.00
　　　　　　——办公费　　　　　　　　　　　　　　 3 800.00
　　　　　　——水电费　　　　　　　　　　　　　　 5 000.00
　　贷：周转材料——低值易耗品　　　　　　　　　　 8 600.00
　　　　银行存款　　　　　　　　　　　　　　　　　37 000.00

根据上述会计分录，登记辅助生产成本、制造费用等明细账户。

三、分配辅助生产费用

【例 2-5】黄河公司会计人员根据辅助生产成本明细账（如表 2-14 所示）归集的辅助生产费用，以及表 2-9 供电车间提供的劳务量，编制"辅助生产费用分配表"（如表 2-15 所示）。

表 2-14　　　　　　　　　　　辅助生产成本明细账

车间名称：供电车间　　　　　　　　　　　　　　　　　　　　　金额单位：元

摘要	费用项目						
	材料费	人工费	折旧费	办公费	低值易耗品摊销	水电费	合计
分配材料费（如表 2-10 所示）	8 600						8 600
分配人工费（如表 2-11 所示）		5 292					5 292
分配折旧费（如表 2-12 所示）			2 000				2 000
分配其他费用（如表 2-13 所示）				1 000	1 600	1 000	3 600
辅助生产费用合计	8 600	5 292	2 000	1 000	1 600	1 000	19 492
分配转出辅助费用（如表 2-15 所示）	8 600	5 292	2 000	1 000	1 600	1 000	19 492

表 2-15　　　　　　　　　　　　辅助生产费用分配表

2024 年 3 月　　　　　　　　　　　　　　　　　　金额单位：元

应借账户		各受益单位的受益数量	分配率	各受益单位应分配的费用
总账账户	明细账户			
制造费用	一车间	10 000		6 329
制造费用	二车间	7 500		4 746.75
管理费用	水电费	13 300		8 416.25
合　计		30 800	0.6329	19 492

根据"辅助生产费用分配表"资料，编制会计分录如下：

借：制造费用——一车间　　　　　　　　　　　　　　　　6 329.00
　　　　　　——二车间　　　　　　　　　　　　　　　　4 746.75
　　管理费用——水电费　　　　　　　　　　　　　　　　8 416.25
　　贷：生产成本——辅助生产成本（供电）　　　　　　　19 492.00

根据上述会计分录，登记辅助生产成本、制造费用等明细账户。

四、分配制造费用

1. 根据一车间制造费用明细账（如表 2-16 所示）所归集的制造费用，以及表 2-8 定额资料，编制"制造费用分配表"（如表 2-17 所示）。

表 2-16　　　　　　　　　　　　制造费用明细账

车间名称：一车间　　　　　　　　　　　　　　　　　　　　　　　单位：元

摘　要	费用项目					
	物料消耗	人工费	折旧费	水电费	其他	合　计
材料费（如表 2-10 所示）	5 200					5 200
人工费（如表 2-11 所示）		4 116				4 116
折旧费（如表 2-12 所示）			27 500			27 500
其他费用（如表 2-13 所示）				13 000	5 200	18 200
分配辅助生产费用（如表 2-15 所示）				6 329		6 329
制造费用合计	5 200	4 116	27 500	19 329	5 200	61 345
分配转出制造费用（如表 2-17 所示）	5 200	4 116	27 500	19 329	5 200	61 345

表 2-17　　　　　　　　　　　　制造费用分配表

2024 年 3 月　　　　　　　　　　　　　　　　　　　　　　　单位：元

应借账户		分配标准 定额工时	分配率	应分配金额
二级账户	三级账户			
基本生产成本	甲产品	1 900		29 138.97
基本生产成本	乙产品	2 100		32 206.03
合　计		4 000	15.3363	61 345.00

根据"制造费用分配表"资料，编制会计分录如下：

借：生产成本——基本生产成本（甲产品）　　　　　　　29 138.97
　　生产成本——基本生产成本（乙产品）　　　　　　　32 206.03
　　贷：制造费用——一车间　　　　　　　　　　　　　　　　　61 345.00

2. 由于二车间只生产一种产品，因此该车间制造费用明细账（如表 2 - 18 所示）所归集的制造费用，不需要分配，直接转入该车间生产的丙产品的生产成本，编制会计分录如下：

借：生产成本——基本生产成本（丙产品）　　　　　　　29 951.75
　　贷：制造费用——二车间　　　　　　　　　　　　　　　　　29 951.75

根据上述会计分录，登记基本生产成本、制造费用明细账户。

表 2 - 18　　　　　　　　　　　制造费用明细账

车间名称：二车间　　　　　　　　　　　　　　　　　　　　　　　　　单位：元

摘　要	费用项目					
	物料消耗	人工费	折旧费	水电费	其他	合　计
材料费（如表 2 - 10 所示）	3 000					3 000
人工费（如表 2 - 11 所示）		2 205				2 205
折旧费（如表 2 - 12 所示）			10 000			10 000
其他费用（如表 2 - 13 所示）				9 000	1 000	10 000
分配辅助生产费用（如表 2 - 15 所示）				4 746.75		4 746.75
制造费用合计	3 000	2 205	10 000	13 746.75	1 000	29 951.75
转出制造费用	3 000	2 205	10 000	13 746.75	1 000	29 951.75

五、将生产费用在本月完工产品和月末在产品之间分配，计算完工产品总成本和单位成本

经过以上分配，应由产品成本负担的生产费用，已全部登记到甲、乙产品的生产成本明细账（如表 2 - 19 和表 2 - 21 所示）中。

表 2 - 19　　　　　　　　　　　基本生产成本明细账

产品名称：甲产品　　　　完工产品数量：1 380 件　　　月末在产品数量：120 件　　　单位：元

摘　要	直接材料	直接人工	制造费用	合　计
月初在产品成本	8 000	920	700	9 620
分配材料费（如表 2 - 10 所示）	124 000			124 000
分配人工费（如表 2 - 11 所示）		22 344		22 344
分配制造费用（如表 2 - 17 所示）			29 138.97	29 138.97
生产费用合计	132 000	23 264	29 838.97	185 102.97
转出完工产品成本（如表 2 - 19 所示）	121 440	21 750.90	27 898.22	171 089.12
月末在产品成本	10 560	1 512.96	1 941.12	14 014.08

1. 甲产品成本计算

根据表 2 - 2 中的产量记录，甲产品本月既有完工产品，又有月末在产品，因而需要将生产成本明细账中归集的生产费用在本月完工产品和月末在产品之间进行分配，编制"完工产品与月末在产品费用分配表"（如表 2 - 20 所示）。

表 2-20　　　　　　　　完工产品与月末在产品费用分配表
产品名称：甲产品　　　　　　　2024 年 3 月　　　　　　　　　　　单位：元

项　目		直接材料	直接人工	制造费用	合　计
生产费用合计数		132 000	23 264	29 838.97	185 102.97
生产量	本月完工产品数量	1 380	1 380	1 380	
	月末在产品数量	120	120	120	
	月末在产品完工程度	100%	80%	80%	
	月末在产品约当量	120	96	96	
	生产量小计	1 500	1 476	1 476	
费用分配率（完工产品单位成本）		88.00	15.76	20.22	123.98
本月完工产品总成本		121 440	21 751.04	27 897.85	171 088.89
月末在产品成本		10 560	1 512.96	1 941.12	14 014.08

2. 乙产品成本计算

根据表 2-2 中的产量记录，乙产品没有月末在产品，则乙产品生产成本明细账中归集的生产费用全部由完工产品承担。

表 2-21　　　　　　　　　　基本生产成本明细账
产品名称：乙产品　　　　　　完工产品数量：1 800 件　　　　　　　单位：元

摘　要	直接材料	直接人工	制造费用	合　计
月初在产品成本	14 000	1 710	1 400.00	17 110.00
分配材料费（如表 2-10 所示）	188 000			188 000.00
分配人工费（如表 2-11 所示）		24 696		24 696.00
分配制造费用（如表 2-17 所示）			32 206.03	32 206.03
生产费用合计	202 000	26 406	33 606.03	262 012.03
转出完工产品成本	202 000	26 406	33 606.03	262 012.03

3. 丙产品成本计算

根据表 2-2 中的产量记录，丙产品也没有月末在产品，因此，其产品生产成本明细账中归集的生产费用也全部由完工产品承担（如表 2-22 所示）。

表 2-22　　　　　　　　　　基本生产成本明细账
产品名称：丙产品　　　　　　完工产品数量：1 000 件　　　　　　　单位：元

摘　要	直接材料	直接人工	制造费用	合　计
分配材料费（如表 2-10 所示）	100 000			100 000
分配人工费（如表 2-11 所示）		17 640		17 640
转入制造费用（如表 2-18 所示）			29 951.75	29 951.75
生产费用合计	100 000	17 640	29 951.75	147 591.75
转出完工产品成本	100 000	17 640	29 951.75	147 591.75

六、编制本月完工产品成本汇总表，结转完工产品成本

根据甲、乙两种产品"完工产品与月末在产品费用分配表"（或"产品成本计算单"），编制"完工产品成本汇总表"（如表 2-23 所示），并据以编制会计分录，登记有关明细账。

借：库存商品——甲产品　　　　　　　　　　　　　　　171 088.89
　　　　　　——乙产品　　　　　　　　　　　　　　　262 012.03
　　　　　　——丙产品　　　　　　　　　　　　　　　147 591.75
　　贷：生产成本——基本生产成本（甲产品）　　　　　　171 088.89
　　　　　　　　——基本生产成本（乙产品）　　　　　　262 012.03
　　　　　　　　——基本生产成本（丙产品）　　　　　　147 591.75

表 2-23　　　　　　　　黄河公司完工产品成本汇总表

成本项目	甲产品（完工 1 380 件）		乙产品（完工 1 800 件）		丙产品（完工 1 000 件）	
	总成本	单位成本	总成本	单位成本	总成本	单位成本
直接材料	121 440.00	88.00	202 000.00	112.22	100 000.00	100.00
直接人工	21 751.04	15.76	26 406.00	14.67	17 640.00	17.64
制造费用	27 897.85	20.22	33 606.03	18.67	29 951.75	29.95
合　计	171 088.89	123.98	262 012.03	145.56	147 591.75	147.59

【知识归纳】

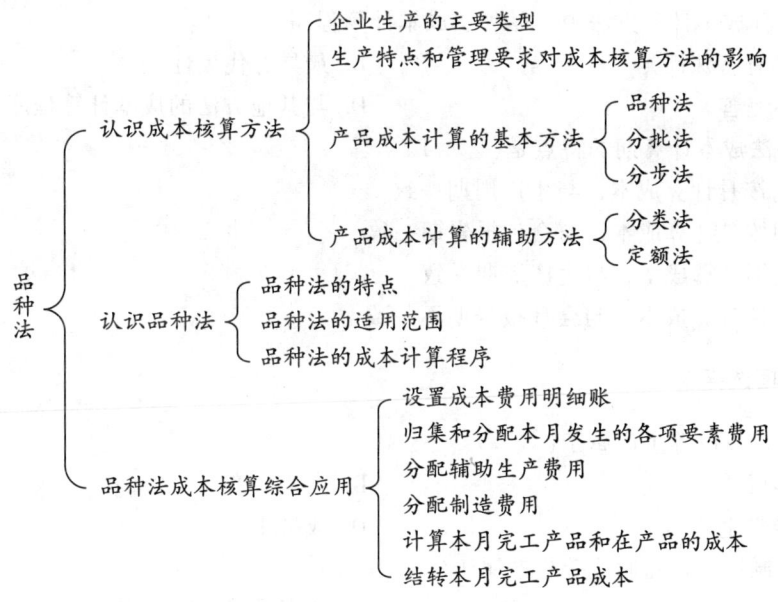

【职业判断能力训练】

一、单项选择题

1. 企业应当(　　)，确定适合本企业的成本计算方法。
   A. 根据经营特点和管理要求　　　B. 根据职工人数的多少
   C. 根据生产规模的大小　　　　　D. 根据生产车间的多少
2. 冶金、纺织、造纸、服装等企业的生产属于(　　)。
   A. 简单生产　　　　　　　　　　B. 单步骤生产
   C. 连续式多步骤生产　　　　　　D. 装配式多步骤生产
3. 不断重复生产品种相同的产品的生产，属于(　　)。
   A. 大量生产　　　　　　　　　　B. 复杂生产
   C. 成批生产　　　　　　　　　　D. 单件生产
4. 单件小批生产的成本计算期通常与(　　)一致。
   A. 产品生产周期　　　　　　　　B. 会计报告期
   C. 日历年度　　　　　　　　　　D. 生产费用发生期
5. 成本计算的基本方法有(　　)。
   A. 分批法、分步法、分类法　　　B. 品种法、分批法、分步法
   C. 品种法、分批法、分类法　　　D. 分批法、分步法、定额法
6. 采用品种法，生产成本明细账（产品成本计算单）应当按照(　　)分别开设。
   A. 生产单位　　　　　　　　　　B. 产品品种
   C. 生产步骤　　　　　　　　　　D. 产品类别
7. 在各种成本计算方法中，品种法成本计算程序(　　)。
   A. 最具有特殊性　　　　　　　　B. 最具有代表性
   C. 最不完善　　　　　　　　　　D. 与其他方法的成本计算程序完全不同
8. 品种法成本计算期的特点是(　　)。
   A. 定期按月计算成本，与生产周期一致
   B. 定期按月计算成本，与会计报告期一致
   C. 不定期计算成本，与生产周期一致
   D. 不定期计算成本，与会计报告期不一致

二、多项选择题

1. 采掘、发电等生产属于(　　)。
   A. 单步骤生产　　　　　　　　　B. 大量生产
   C. 多步骤生产　　　　　　　　　D. 成批生产
2. 汽车制造、机器制造等生产属于(　　)。
   A. 单步骤生产　　　　　　　　　B. 装配式多步骤生产
   C. 大量生产　　　　　　　　　　D. 连续式多步骤生产

3. 生产特点和管理要求对成本计算方法的影响，主要表现在对（　　）的影响等方面。
   A. 成本核算对象
   B. 成本计算期
   C. 生产费用在完工产品与期末在产品之间的分配
   D. 生产费用在成本核算对象之间的分配

4. （　　）等方法，属于成本计算的基本方法。
   A. 品种法　　　　　　　　　　B. 分批法
   C. 分类法　　　　　　　　　　D. 分步法

5. （　　）等方法，属于成本计算的辅助方法。
   A. 分步法　　　　　　　　　　B. 分类法
   C. 定额法　　　　　　　　　　D. 分批法

6. 企业确定的成本核算对象主要有（　　）。
   A. 产品品种　　　　　　　　　B. 产品批别
   C. 产品品种及其所经生产步骤　　D. 产品生产计划

7. 某厂生产的甲产品需经过铸造、加工、装配三个车间加工，该产品有可能以一种成本计算方法为主结合采用（　　）等产品成本计算方法。
   A. 品种法　　　　　　　　　　B. 分步法
   C. 约当产量法　　　　　　　　D. 定额比例法

8. 品种法的适用范围有（　　）。
   A. 大量大批单步骤生产
   B. 管理上不要求分步计算成本的大量大批多步骤生产
   C. 大量大批多步骤生产
   D. 单件小批生产

9. 下列企业中，适于采用品种法计算其产品成本的有（　　）。
   A. 采掘企业　　　　　　　　　B. 汽车制造企业
   C. 供电企业　　　　　　　　　D. 小型水泥厂

10. 品种法的特点有（　　）。
    A. 以产品品种作为成本核算对象
    B. 定期按月计算产品成本
    C. 期末如果有在产品，需要在完工产品和期末在产品之间分配生产费用
    D. 需要采用一定方法，在各生产步骤之间分配生产费用

三、判断题

1. 企业成本核算对象、成本项目以及成本计算方法一经确定，不得随意变更。
   （　　）
2. 按照生产工艺过程的特点，工业企业生产可分为连续式和装配式两种类型。
   （　　）
3. 按照生产组织的特点，工业企业生产分为大批生产和小批生产两种类型。　（　　）
4. 品种法的成本计算期与生产周期不一致。　　　　　　　　　　　　　　（　　）

5. 一个企业不得同时采用多种成本计算方法。（   ）

6. 计算某种产品成本时，可以以一种成本计算方法为主，结合运用几种成本计算方法。（   ）

7. 从成本核算对象和成本计算程序来看，在各种成本计算方法中，品种法是最基本的方法。（   ）

8. 采用品种法，应当按照产品品种分别设置生产成本明细账（产品成本计算单）。（   ）

9. 采用品种法，不存在在完工产品和期末在产品之间分配生产费用的问题。（   ）

10. 多步骤生产不能采用品种法。（   ）

11. 企业的供水、供电等辅助生产单位，可以采用品种法计算成本。（   ）

12. 从生产组织形式看，品种法只适用于大量大批生产。（   ）

【职业实践能力训练】

实训　品种法成本核算综合应用

目的：练习产品成本计算的品种法。

资料：鲁东工厂设有一个基本生产车间和供电、供水两个辅助生产车间，大量生产甲、乙两种产品，根据生产特点和管理要求，采用品种法计算产品成本。2024 年 5 月有关成本计算资料如下：

1. 月初在产品成本：甲产品月初在产品成本为 80 016 元，其中直接材料为 40 800 元，直接人工为 24 640 元，制造费用为 14 576 元；乙产品没有月初在产品。

2. 本月生产数量情况如下：

（1）基本生产车间甲产品本月实际生产工时为 81 000 小时，本月完工 1 600 件，月末在产品 800 件，在产品原材料已全部投入，加工程度为 50%。乙产品本月实际生产工时为 54 000 小时，本月完工 1 000 件，月末没有在产品。

（2）供电车间本月供电 306 000 度，其中供水车间 30 000 度，基本生产车间产品生产 200 000 度，基本生产车间一般消耗 10 000 度，厂部管理部门消耗 66 000 度。

（3）供水车间本月供应水 58 000 方，其中供电车间 4 000 方，基本生产车间 40 000 方，厂部管理部门 14 000 方。

3. 本月发生生产费用情况如下：

（1）本月"发出材料汇总表"如表 2-24 所示。

表 2-24　　　　　　　　　　发出材料汇总表

材料类别：原料及主要材料　　　　　2024 年 5 月　　　　　　　　　　单位：元

领料用途	直接领用材料 A	共同领用材料 B	耗用材料合计
产品生产耗用	600 000	120 000	720 000
甲产品	400 000		400 000
乙产品	200 000		200 000

续表

领料用途	直接领用材料 A	共同领用材料 B	耗用材料合计
基本生产车间一般耗用	8 000		8 000
供电车间消耗	124 000		124 000
供水车间消耗	20 000		20 000
厂部管理部门消耗	12 000		12 000
合　计	764 000	120 000	884 000

（2）本月"应付职工薪酬汇总表"如表 2-25 所示。

表 2-25　　　　　　　　　应付职工薪酬汇总表

2024 年 5 月　　　　　　　　　　　　　　　　　单位：元

人员类别	应付职工薪酬总额
产品生产工人	615 600
供电车间人员	22 800
供水车间人员	27 360
基本生产车间管理人员	18 240
厂部管理人员	68 400
合　计	752 400

（3）本月应提折旧费 98 000 元，其中基本生产车间 60 000 元，供电车间 12 000 元，供水车间 10 000 元，厂部管理部门 16 000 元。

（4）本月应摊销长期待摊费用 10 000 元，其中基本生产车间 4 000 元，供电车间 2 400 元，供水车间 1 600 元，厂部管理部门 2 000 元。

（5）本月以现金支付费用 12 000 元，其中基本生产车间办公费 2 800 元，供电车间办公费 800 元，供水车间办公费 2 000 元，厂部管理部门办公费 1 200 元、差旅费 5 200 元。

（6）本月以银行存款支付的费用为 142 000 元，其中基本生产车间邮电费 4 000 元、办公费 2 000 元，供电车间外购燃料费 80 000 元，供水车间外购材料费 44 000 元，厂部管理部门办公费 3 600 元、修理费 8 000 元、业务招待费 400 元。

要求：

1. 开设甲产品、乙产品生产成本明细账（如表 2-34、表 2-35 所示）；开设供电车间、供水车间生产成本明细账（如表 2-28、表 2-29 所示）；开设基本生产车间制造费用明细账（如表 2-32 所示）和管理费用明细账（如表 2-36 所示）。其他总账和明细账略。供电车间和供水车间发生的制造费用，分别记入各自生产成本明细账，不通过制造费用账户。

2. 根据资料进行费用分配和成本计算，并编制会计分录，具体要求如下：

（1）根据甲、乙两种产品直接耗用原材料比例分配共同用料（如表 2-26 所示），根据"发出材料汇总表"（如表 2-24 所示）和材料费用分配结果（如表 2-26 所示）编制会计分录并记入有关账户。

表 2-26　　　　　　　　　　　直接材料费用分配表

2024 年 5 月　　　　　　　　　　　　　　　金额单位：元

产品名称	直接耗用材料	分配率	分配共同用料	材料费用合计
甲产品				
乙产品				
合　计				

会计分录：

（2）根据甲、乙两种产品的实际生产工时分配产品生产工人薪酬（如表 2-27 所示），根据应付职工薪酬汇总表（如表 2-25 所示）及直接人工费用分配结果（如表 2-27 所示），编制会计分录并记入有关账户。

表 2-27　　　　　　　　　　　直接人工费用分配表

2024 年 5 月　　　　　　　　　　　　　　　金额单位：元

产品名称	生产工时（小时）	分配率	分配金额
甲产品			
乙产品			
合　计			

会计分录：

（3）编制计提本月折旧的会计分录并记入有关账户。

（4）编制本月分摊长期待摊费用的会计分录并记入有关账户。

（5）编制本月以现金支付费用的会计分录并记入有关账户。

（6）编制本月以银行存款支付费用的会计分录并记入有关账户。

(7) 采用计划成本分配法编制辅助生产费用分配表（如表2-30所示），采用生产工时分配法编制产品生产用电分配表（如表2-31所示）。辅助生产车间计划单位成本每度电为0.80元，水每立方米为1.75元，成本差异计入管理费用；根据产品生产用电分配表（如表2-31所示）和辅助生产费用分配表（如表2-30所示），编制会计分录并记入有关账户（产品生产用电记入"直接材料"成本项目）。

表2-28　　　　　　　　　　辅助生产成本明细账

车间名称：供电车间　　　　　　2024年5月　　　　　　　　　　金额单位：元

摘　要	借　方			贷方	借或贷	余额
	人工费	材料、燃料和动力费	其他费用			
分配材料费						
分配职工薪酬						
计提折旧费						
分摊长期待摊费用						
支付办公费						
支付外购燃料费						
分配水费						
辅助生产费用合计						
按计划成本转出						
结转差异						

表2-29　　　　　　　　　　辅助生产成本明细账

车间名称：供水车间　　　　　　2024年5月　　　　　　　　　　金额单位：元

摘　要	借　方			贷方	借或贷	余额
	人工费	材料、燃料和动力费	其他费用			
分配材料费						
分配职工薪酬						
计提折旧费						
分摊长期待摊费用						
支付办公费						
支付外购材料费						
分配电费						
辅助生产费用合计						
按计划成本转出						
结转差异						

表 2-30　　　　　辅助生产费用分配表（计划成本分配法）

2024 年 5 月　　　　　　　　　　　　　　　　　　　　　　　金额单位：元

项　目	供电车间		供水车间	
	劳务量（度）	金额	劳务量（方）	金额
辅助车间自身发生费用				
劳务供应量				
计划单位成本				
受益对象：				
供电车间				
供水车间				
产品生产耗用				
基本生产车间一般耗用				
管理部门耗用				
按计划成本分配合计				
辅助生产车间应分配的实际成本				
辅助生产车间成本差异				

表 2-31　　　　　　　　产品生产用电分配表

2024 年 5 月　　　　　　　　　　　　　　　　　　　　　　　金额单位：元

产品名称	生产工时	分配率	分配金额
甲产品			
乙产品			
合　计			

会计分录：

（8）采用生产工时分配法编制基本生产车间制造费用分配表（如表 2-33 所示），根据表 2-33 的分配结果编制会计分录并记入有关账户。

表 2-32　　　　　　　　　　　　制造费用明细账

车间名称：基本生产车间　　　　　　2024 年 5 月　　　　　　　　　　金额单位：元

摘 要	费用明细项目						合 计
	机物料消耗	管理人员薪酬	折旧费	办公费	水电费	其他	
车间耗用材料							
管理人员薪酬							
计提折旧费							
分摊长期待摊费用							
支付办公费							
支付邮电费							
支付办公费							
分配辅助费用							
合 计							
月末分配结转							

表 2-33　　　　　　　　　　　　制造费用分配表

　　　　　　　　　　　　　　　　2024 年 5 月　　　　　　　　　　　金额单位：元

产品名称	生产工时（小时）	分配率（元/小时）	分配金额
甲产品			
乙产品			
合 计			

会计分录：

（9）采用约当产量法计算甲产品月末在产品成本（如表 2-34 所示），编制结转甲、乙两种产品完工产品成本的会计分录，并登记生产成本明细账（如表 2-34、表 2-35 所示）。

表 2-34　　　　　　　　　　　产品生产成本明细账
产品名称：甲产品　　　　本月完工：1 600 件　　　月末在产品：800 件　　　　　　金额单位：元

摘　要	直接材料	直接人工	制造费用	合　计
月初在产品成本				
本月发生材料费用				
本月发生人工费用				
分配辅助生产费用				
分配制造费用				
生产费用合计				
完工产品数量				
在产品约当产量				
生产总量				
分配率（完工产品单位成本）				
本月完工产品总成本				
月末在产品成本				

表 2-35　　　　　　　　　　　产品生产成本明细账
产品名称：乙产品　　　　本月完工：1 000 件　　　月末在产品：　　　　　　　　金额单位：元

摘　要	直接材料	直接人工	制造费用	合　计
本月发生材料费用				
本月发生人工费用				
分配辅助生产费用				
分配制造费用				
生产费用合计				
分配率（完工产品单位成本）				
本月完工产品总成本				

会计分录：

（10）登记管理费用明细账（如表2-36所示），编制结转本年利润的会计分录。

表2-36　　　　　　　　　　　　管理费用明细账　　　　　　　　　　　　　单位：元

摘　要	费用明细项目							合　计
	职工薪酬	折旧费	修理费	办公费	差旅费	水电费	其他	
耗用材料								
职工薪酬								
计提折旧								
分摊长期待摊费用								
支付办公费								
支付差旅费								
支付修理费								
支付招待费								
分配辅助费用								
分配费用差异								
合　计								
结转本年利润								

会计分录：

项目三
运用分批法进行成本核算

学习目标
- 掌握分批法的特点、适用范围和成本核算程序
- 会进行分配法下材料费、人工费等要素费用的归集和分配
- 会进行分批法下辅助生产费用和制造费用的归集和分配
- 会熟练运用分批法进行完工产品成本的计算和结转
- 会运用简化的分批法进行成本核算

任务一 认识分批法

PPT

【任务案例】

长城公司设有一个基本生产车间，根据客户的订单组织生产，属于小批生产类型的企业，采用分批法计算产品成本。该公司2024年5月除继续对101批次甲产品、102批次乙产品进行加工外，新投产103批次甲产品10件。本月份101批次20件甲产品全部完工；102批次乙产品18件，本月完工8件已交产成品仓库，其余尚未完工；103批次甲产品全部未完工。各批产品的有关成本资料如下：

1. 生产费用资料（如表3-1所示）

表3-1　　　　　　　　　　　　生产费用资料　　　　　　　　　　金额单位：元

月份	批号	直接材料	直接人工	制造费用	合　计
4	101	173 000	14 540	15 000	202 540
4	102	145 700	21 500	15 500	182 700
5	101		15 080	19 500	34 580
5	102		14 368	11 850	26 218
5	103	255 400	26 360	28 720	310 480

2. 完工产品成本计算资料

该公司对于批内产品跨月陆续完工的情况，月末计算成本时，对完工产品按计划成本（单位计划成本如表 3-2 所示）转出，待全部产品完工后重新计算完工产品的实际成本。

表 3-2　　　　　　　　　102 批次乙产品单位计划成本　　　　　　　　金额单位：元

直接材料	直接人工	制造费用	合　计
8 100	2 350	1 970	12 420

长城公司会计人员根据上述资料，进行本月各项生产费用的核算，以及完工产品成本的计算、结转。

思考：分批法有什么特点？其适用范围和成本计算程序是怎样的？你能熟练运用分批法和简化分批法计算完工产品成本吗？

【知识准备】

一、分批法的特点

产品成本计算的分批法是指以产品的批次作为成本核算对象，来归集生产费用，计算产品生产成本的方法。

产品批次是按照一定品种、一定批量产品划分的，因此分批法也就是计算一定品种、一定批量的产品成本的方法。在实际工作中，产品的品种和批量往往是根据客户的订单确定，因而，按照产品批次计算产品成本，也就是按照订单计算产品成本，所以分批法又称订单法。

分批法具有以下特点：

第一，以产品批次作为成本核算对象，并据以设置生产成本明细账。产品的批次是依据订单确定的，根据产品的品种和批量，可以直接以某张订单上的产品作为一个批次；如果一张订单上的产品品种不止一种或数量较大，可以将一张订单分成几个批次；如果在同一期间内多个客户定同一种产品，且各自的数量较少，也可以将多张订单合并成一个批次。

第二，成本计算期不固定，一般与生产周期一致，而与会计报告期不一致。在分批法下，要按月汇集各批产品的生产费用，但只有到该批产品完工时，才能计算其实际成本。因此，分批法的成本计算期与该批产品的生产周期一致，而与会计报告期不一致。

第三，一般不需要在完工产品与在产品之间分配生产费用。只有在同批产品跨月陆续完工的情况下，才需计算完工产品和在产品成本。

一般情况下，分批法是在某批产品完工时才计算成本，也就是在产品与完工产品一般不会同时存在，在没有完工的月份，生产成本明细账中归集的费用全部都是月末在产品成本；在完工的月份，这些费用就是完工产品成本。

但在实际工作中，有时会出现同批产品跨月陆续完工的情况，这时就需要采用一定方法计算本月完工产品成本。如果批内产品少量完工，可以采用计划单位成本作为本月完工产品单位成本，乘以本月完工产品产量，计算出本月完工产品总成本并予以结转，待下月该批产品全部完工以后，再计算该批产品的实际总成本和单位成本，但已经结转的完工产品成本不必调整。如果本月完工产品的数量占比重比较大，则应采用约当产量法、定额比例法等方法，在本月完工产品和月末在产品之间分配生产费用，以正确计算产品成本。

二、分批法的适用范围

分批法适用于单件产品和小批产品的生产，如专用设备、重型机械、船舶等产品的生产。在大量大批生产类型的企业中，主要产品生产以外的新产品试制、自制设备等的成本计算，也可以采用分批法。

微课：认识分批法

三、分批法的成本计算程序

（一）按产品批次开设生产成本明细账

根据生产计划部门下达的生产任务通知单中所规定的产品批号，为每批产品设置生产成本明细账（产品成本计算单），用以归集和分配生产费用，计算各批产品的实际总成本和单位成本。

（二）按产品批别归集和分配本月发生的各项要素费用

企业当月发生的生产费用，能够分清批次的直接计入费用，包括直接材料费用、直接人工费用等，应在费用原始凭证上注明产品批号，以便据以直接记入相应批次产品的成本明细账中；对于多批产品共同耗用的材料费、人工费等费用，应采用一定的分配方法分配计入相应批次的产品成本明细账中。

（三）分配辅助生产费用

在设有辅助生产车间的企业，月末应将汇集的辅助生产费用分配给各受益对象，如受益产品、受益车间、受益部门等。

（四）分配制造费用

基本生产车间的制造费用应由该车间的各批产品成本负担，月末应将汇集的基本生产车间的制造费用分配给各受益对象。

（五）计算完工产品成本

采用分批法一般不需要在本月完工产品和月末在产品之间分配生产费用。某批产品全部完工，则该批次产品生产成本明细账（产品成本计算单）归集的生产费用合计数，就是该批产品的实际总成本。如果某批产品全部未完工，则月末该批产品生产成本明细账中所归集的生产费用即为月末在产品成本。如果某批产品少量跨月陆续完工，可先按完工产品数量乘以单位计划成本（或单位定额成本、近期实际单位成本），作为完工产品总成本，其余即为在产品成本，等到全部产品完工时，再计算该批全部产品的实际总成本和单位成本。

（六）结转完工产品成本

根据成本计算结果结转完工产品的实际总成本。

任务二 分批法成本核算综合应用

PPT

【任务处理】

【例 3-1】根据任务案例,长城公司 2024 年 5 月产品成本计算过程如下:

一、设置生产成本明细账

长城公司采用分批法核算产品成本,会计人员按照产品批别设置基本生产成本明细账(如表 3-3、表 3-4、表 3-5 所示)。

二、分配各项生产费用

根据企业发生的各项生产费用,编制费用分配表(分配过程略,资料如表 3-1 所示),据以登记基本生产成本明细账(如表 3-3、表 3-4 和表 3-5 所示)。

三、计算完工产品成本

根据已知资料,应由各批产品成本负担的生产费用,均已分配登记到 101、102、103 批次产品的基本生产成本明细账中(如表 3-3、表 3-4 和表 3-5 所示)。根据明细账资料,本月完工 101 批次(甲产品)、102 批次(乙产品)的生产成本计算如下:

1. 101 批次产品

101 批次甲产品本月全部完工,因而 101 批次生产成本明细账(如表 3-3 所示)归集的生产费用全部都是完工甲产品的生产总成本。

完工甲产品的生产总成本为:173 000 + 29 620 + 34 500 = 237 120(元)

表 3-3 基本生产成本明细账

批号:101　　　　　　　　　产品名称:甲产品　　　　　　　　金额单位:元
开工日期:2024 年 4 月　　　批量:20 件　　　　　　　　　　完工日期:2024 年 5 月

2024 年		凭证号数	摘要	直接材料	直接人工	制造费用	合计
月	日						
4	30	略	分配材料费	173 000			173 000
	30		分配人工费		14 540		14 540
	30		分配制造费用			15 000	15 000
	30		本月合计	173 000	14 540	15 000	202 540
5	31		分配人工费		15 080		15 080
	31		分配制造费用			19 500	19 500
	31		本月合计		15 080	19 500	34 580
	31		费用累计	173 000	29 620	34 500	237 120
	31		转出完工产品成本	173 000	29 620	34 500	237 120
	31		单位成本	8 650	1 481	1 725	11 856

2. 102 批次产品

由于 102 批次乙产品跨月陆续完工,到本月末既有完工产品又有在产品,因而要将 102 批次乙产品基本生产成本明细账中归集的生产费用在完工产品和月末在产品之间进行分配(如表 3-4 所示)。

根据已知资料(如表 3-2 所示),乙产品单位计划生产成本为:直接材料 8 100 元,直接人工 2 350 元,制造费用 1 970 元,据以计算本月完工 8 件乙产品的生产总成本如下:

完工乙产品的生产总成本为:(8 100 + 2 350 + 1 970) × 8 = 12 420 × 8 = 99 360(元)。

其余为月末在产品成本。

表 3-4　　　　　　　　　　　基本生产成本明细账

批号:102　　　　产品名称:乙产品　　　　金额单位:元

开工日期:2024 年 4 月　　批量:18 件　　完工日期:2024 年 5 月(8 件)

2024年		凭证号数	摘要	直接材料	直接人工	制造费用	合 计
月	日						
4	30	略	分配材料费	145 700			145 700
	30		分配人工费		21 500		21 500
	30		分配制造费用			15 500	15 500
	30		本月合计	145 700	21 500	15 500	182 700
5	31		分配人工费		14 368		14 368
	31		分配制造费用			11 850	11 850
	31		本月合计		14 368	11 850	26 218
	31		费用累计	145 700	35 868	27 350	208 918
	31		本月完工数量(件)	8	8	8	
	31		单位产品计划成本	8 100	2 350	1 970	12 420
	31		转出完工产品成本	64 800	18 800	15 760	99 360
	31		月末在产品成本	80 900	17 068	11 590	109 558

3. 103 批次产品

由于 103 批次甲产品月末时全部未完工,因而 103 批次生产成本明细账(如表 3-5 所示)归集的生产费用,全部是月末在产品成本。

表 3-5　　　　　　　　　　　基本生产成本明细账

批号:103　　　　产品名称:甲产品　　　　金额单位:元

开工日期:2024 年 5 月　　批量:10 件　　完工日期:

2024年		凭证号数	摘要	直接材料	直接人工	制造费用	合 计
月	日						
5	31	略	分配材料费	255 400			255 400
	31		分配人工费		26 360		26 360
	31		分配制造费用			28 720	28 720
	31		本月合计	255 400	26 360	28 720	310 480

四、结转完工产品成本

根据上述计算结果,编制结转本月完工101批次甲产品(20件)、102批次乙产品(8件)生产总成本的会计分录如下:

借:库存商品——甲产品　　　　　　　　　　　　　　237 120.00
　　　　　　——乙产品　　　　　　　　　　　　　　 99 360.00
　　贷:生产成本——基本生产成本(101批次)　　　　　237 120.00
　　　　　　　　　　　　　　　　　(102批次)　　　　 99 360.00

任务三　简化的分批法

微课:完成产品成本计算方法——分批法

PPT

【任务案例】

蒙山公司设有一个基本生产车间和一个辅助生产车间(维修),根据客户的订单组织生产,由于产品批数较多,为了简化产品成本计算工作,采用简化分批法计算成本。该公司2024年4月有关成本核算资料(期初资料见有关账户)如下:

1. 各批产品的基本情况(如表3-6所示)

表3-6　　　　　　　　　各批产品生产情况

批次	产品名称	批量(件)	开工日期	完工日期	本月实际生产工时
301	甲产品	10	1月20日	4月6日	1 000
302	乙产品	20	2月10日	4月20日	2 000
303	丙产品	20	3月6日	4月26日	3 000
304	丁产品	20	3月20日	4月26日	2 000
305	甲产品	20	4月6日	月末尚未完工	2 000
306	乙产品	20	4月10日	月末尚未完工	1 000
307	丙产品	20	4月15日	月末尚未完工	1 500
308	丁产品	10	4月26日	月末尚未完工	500

2. 2024年4月发生的有关费用

(1)材料费用。本月发生的材料费用如表3-7所示。

表3-7　　　　　　　　　　发出材料汇总表
2024年4月　　　　　　　　　　　　　　　　　　　　　　　单位:元

领料用途	甲材料	乙材料	合计
基本生产车间生产耗用			
其中:305批次	40 000	20 000	60 000

续表

领料用途	甲材料	乙材料	合　计
306 批次	30 000	50 000	80 000
307 批次	70 000	30 000	100 000
308 批次	60 000		60 000
基本生产车间一般耗用	12 000	8 000	20 000
辅助生产车间耗用	2 000		2 000
企业管理部门耗用	4 000	8 000	12 000
合　计	218 000	116 000	334 000

（2）人工费用。本月发生的人工费用如表 3-8 所示。

表 3-8　　　　　　　　　应付职工薪酬汇总表

2024 年 4 月　　　　　　　　　　　　　　　　　单位：元

职工类别	工资总额	社会保险等其他薪酬	合　计
产品生产工人	83 500	40 988	124 488
车间管理人员	7 646	3 754	11 400
辅助生产人员	4 580	2 260	6 840
专设销售机构人员	8 000	3 928	11 928
企业管理人员	12 400	6 088	18 488
合　计	116 126	57 018	173 144

（3）其他费用。计提本月固定资产折旧费，并以银行存款支付水电费、办公费，具体资料如表 3-9 所示。

表 3-9　　　　　　　　　其他费用汇总表

2024 年 4 月　　　　　　　　　　　　　　　　　单位：元

部　门	折旧费	水电费	办公费	合　计
基本生产车间	36 600	26 000	2 000	64 600
辅助生产车间（修理）	5 000	1 000	1 160	7 160
专设销售机构	6 000		1 200	7 200
企业管理部门	18 400	3 000	6 500	27 900
合　计	66 000	30 000	10 860	106 860

会计人员根据上述资料，运用简化的分批法归集、分配生产费用，计算产品成本。

思考：与分批法相比，简化的分批法有哪些特点和优越性？其成本核算程序是怎样的？你会运用简化的分批法进行完工产品成本的计算吗？

【知识准备】

一、简化的分批法的含义及特点

简化的分批法又称不分批计算在产品成本的分批法，它是指将各项间接计入费用在专门设置的生产成本二级账中集中反映，未完工的各批产品不分配间接计入费用，只有在各批产品完工时才分配转入，以正确计算完工产品成本。

这种方法适用于同一月份内投产的产品批次很多的企业。因为，在产品批次多的情况下，如果采用前面介绍的分批法，各种间接计入成本的费用在各批产品之间分配的工作量会很大。采用简化的分批法，仍按照产品批别设立产品成本明细账，但在各批产品完工以前，明细账内只需按月登记直接计入费用（如直接材料费）和生产工时，每月发生的人工费用和制造费用等间接计入费用不是按月在各批产品之间分配，而是累加起来登记在基本生产成本二级账内，直到产品完工的那个月份，再按照完工产品累计生产工时比例，在各批产品之间进行分配，计入各批完工产品成本明细账中。所以这种方法也叫"不分批计算在产品成本的分批法"。

二、简化的分批法的成本核算程序

1. 按产品批次设置生产成本明细账，并同时设置基本生产成本二级账

按产品批次设置的生产成本明细账和基本生产成本二级账中，均按成本项目设专栏，另外还要设置"生产工时"专栏。

2. 登记基本生产成本二级账和各批次明细账

发生各项生产费用时，将所有批次的生产费用和生产工时，都记入基本生产成本二级账相关成本项目中；同时，将各批次产品的生产工时和能直接计入的材料费用，直接记入各该批次产品的生产成本明细账。

3. 某批产品完工时，计算分配间接计入费用

企业发生的各项间接计入费用（如人工费用和制造费用），不按月在各批在产品之间分配，而是按成本项目登记在基本生产成本二级账中。待某批产品完工时，将生产成本二级账中累计的费用，按照完工产品生产工时占全部累计工时的比例，向本月完工产品分配；未完工产品应负担的间接计入费用，仍保留在基本生产成本二级账中。计算公式如下：

某项间接计入费用分配率＝该项间接计入费用累计金额÷累计工时

完工产品应负担的间接计入费用＝该完工产品生产工时×间接计入费用分配率

4. 计算结转完工产品成本

某批产品完工时，将按产品批次设置的生产成本明细账中归集的直接计入费用（材料费用），与分配转入的间接计入费用（人工费用和制造费用）相加，就可以计算出该批完工产品的生产总成本。计算公式如下：

某批完工产品成本＝该批产品的直接计入费用＋分配转入的间接计入费用

【任务处理】

【例3-2】根据任务案例，蒙山公司2024年4月产品成本计算过程如下：

一、设置基本生产成本二级账和各批次明细账

（1）按产品批次设置生产成本明细账，按成本项目和生产工时设专栏（如表3-12至表3-19所示）。

（2）设置基本生产成本二级账，按成本项目和生产工时设专栏（如表3-11所示）。

二、登记基本生产成本二级账和各批次明细账

将发生的各项要素费用，编制有关凭证，登记基本生产成本二级账和按批次设置的生产成本明细账。

1. 材料费用

根据表3-7材料费用资料，编制会计分录如下，并登记基本生产成本二级账（如表3-11所示）、各批次产品生产成本明细账（如表3-12至表3-19所示）、辅助生产成本明细账（如表3-20所示）、制造费用明细账（如表3-22所示）以及管理费用明细账（略）等。

借：生产成本——基本生产成本（直接材料）　　　300 000.00
　　其中：305批次　　　　　　　　　　　　　　 60 000.00
　　　　　306批次　　　　　　　　　　　　　　 80 000.00
　　　　　307批次　　　　　　　　　　　　　　100 000.00
　　　　　308批次　　　　　　　　　　　　　　 60 000.00
　　制造费用——基本生产车间　　　　　　　　　 20 000.00
　　生产成本——辅助生产成本（维修）　　　　　 2 000.00
　　管理费用——其他　　　　　　　　　　　　　 12 000.00
　　贷：原材料——甲材料　　　　　　　　　　　218 000.00
　　　　　　——乙材料　　　　　　　　　　　　116 000.00

2. 人工费用

根据表3-8人工费用资料，编制会计分录，并登记基本生产成本二级账（如表3-11所示）、辅助生产成本明细账（如表3-20所示）、制造费用明细账（如表3-22所示）等。

借：生产成本——基本生产成本（直接人工）　　　124 488.00
　　制造费用——基本生产车间　　　　　　　　　 11 400.00
　　生产成本——辅助生产成本（维修）　　　　　 6 840.00
　　销售费用——职工薪酬　　　　　　　　　　　 11 928.00
　　管理费用——职工薪酬　　　　　　　　　　　 18 488.00
　　贷：应付职工薪酬——工资　　　　　　　　　116 126.00
　　　　　　　　——社会保险等　　　　　　　　 57 018.00

3. 其他费用

根据表 3-9 人工费用资料，编制会计分录，并登记辅助生产成本明细账（如表 3-20 所示）、制造费用明细账（如表 3-22 所示）等。

借：制造费用——基本生产车间　　　　　　　　　　64 600.00
　　　生产成本——辅助生产成本（维修）　　　　　　 7 160.00
　　　销售费用——折旧费等　　　　　　　　　　　　 7 200.00
　　　管理费用——折旧费等　　　　　　　　　　　　27 900.00
　　贷：累计折旧　　　　　　　　　　　　　　　　　66 000.00
　　　　银行存款　　　　　　　　　　　　　　　　　40 860.00

4. 分配辅助生产费用

根据辅助生产成本明细账（如表 3-20 所示），本月修理车间共发生辅助生产费用 16 000 元；本月修理工时为 800 小时，其中基本生产车间 400 小时，专设销售机构 180 小时，企业管理部门 220 小时。编制辅助生产费用分配表（如表 3-21 所示），并据以编制会计分录，登记有关费用账户。

借：销售费用——修理费　　　　　　　　　　　　　 3 600.00
　　　管理费用——修理费　　　　　　　　　　　　　12 400.00
　　贷：生产成本——辅助生产成本（维修）　　　　　16 000.00

5. 结转制造费用

根据制造费用明细账（如表 3-22 所示），本月基本生产车间共发生间接费用 96 000 元。由于采用的是简化的分批法，间接计入费用不必要分配计入产品生产成本明细账，而应该全部转入基本生产成本二级账。编制会计分录如下：

借：生产成本——基本生产成本　　　　　　　　　　96 000.00
　　贷：制造费用——基本生产车间　　　　　　　　　96 000.00

三、分配结转本月完工产品应负担的间接计入费用

期末，按照本月完工产品的生产工时占全部累计工时的比例，计算本月完工产品应负担的间接计入费用，并从基本生产成本二级账转入按批次设置的生产成本明细账。计算过程如下：

1. 直接人工项目

根据基本生产成本二级账资料（如表 3-11 所示），本月各批次产品累计工时为 34 000 小时，累计直接人工费用为 340 000 元，据以计算如下：

直接人工费用分配率 = 340 000 ÷ 34 000 = 10（元/小时）

301 批次产品负担的直接人工费用 = 7 000 × 10 = 70 000（元）

302 批次产品负担的直接人工费用 = 7 000 × 10 = 70 000（元）

303 批次产品负担的直接人工费用 = 9 000 × 10 = 90 000（元）

304 批次产品负担的直接人工费用 = 6 000 × 10 = 60 000（元）

2. 制造费用项目

根据基本生产成本二级账资料（如表 3-11 所示），本月各批次产品累计工时为 34 000 小时，累计制造费用为 258 400 元，据以计算如下：

制造费用分配率 = 258 400 ÷ 34 000 = 7.60（元/小时）
301 批次产品负担的制造费用 = 7 000 × 7.60 = 53 200（元）
302 批次产品负担的制造费用 = 7 000 × 7.60 = 53 200（元）
303 批次产品负担的制造费用 = 9 000 × 7.60 = 68 400（元）
304 批次产品负担的制造费用 = 6 000 × 7.60 = 45 600（元）

3. 结转本月完工产品应负担的间接计入费用

借：生产成本——基本生产成本（301 批次）　　　　　123 200.00
　　　　——基本生产成本（302 批次）　　　　　123 200.00
　　　　——基本生产成本（303 批次）　　　　　158 400.00
　　　　——基本生产成本（304 批次）　　　　　105 600.00
　　贷：生产成本——基本生产成本　　　　　　　　510 400.00

四、计算结转完工产品成本

将本月完工的 301、302、303、304 批次产品生产成本明细账中的直接计入费用（直接材料项目）和分配转入的间接计入费用（直接人工项目和制造费用项目）分别相加，即可得出本月完工批次的生产总成本。根据计算结果，编制完工产品成本汇总表（如表 3-10 所示），结转完工产品成本。会计分录如下：

借：库存商品——甲产品　　　　　　　　　　　　159 200.00
　　　　——乙产品　　　　　　　　　　　　203 200.00
　　　　——丙产品　　　　　　　　　　　　258 400.00
　　　　——丁产品　　　　　　　　　　　　225 600.00
　　贷：生产成本——基本生产成本（301 批次）　　 159 200.00
　　　　　　——基本生产成本（302 批次）　　 203 200.00
　　　　　　——基本生产成本（303 批次）　　 258 400.00
　　　　　　——基本生产成本（304 批次）　　 225 600.00

表 3-10　　　　　　　　　　完工产品成本汇总表　　　　　　　　金额单位：元

批次	品名	产量	完工产品总成本				完工产品单位成本
			直接材料	直接人工	制造费用	合计	
301	甲产品	10	36 000	70 000	53 200	159 200	15 920
302	乙产品	20	80 000	70 000	53 200	203 200	10 160
303	丙产品	20	100 000	90 000	68 400	258 400	12 920
304	丁产品	20	120 000	60 000	45 600	225 600	11 280
合计			336 000	290 000	220 400	846 400	—

表 3-11　　　　　　　　　　基本生产成本二级账　　　　　　　　金额单位：元

2024 年		凭证字号	摘要	生产工时	直接材料	直接人工	制造费用	合计
月	日							
4	1	略	期初余额	(21 000)	336 000	215 512	162 400	713 912
	30		分配材料费用		300 000			300 000

续表

2024年		凭证字号	摘要	生产工时	直接材料	直接人工	制造费用	合计
月	日							
	30		分配人工费用	(13 000)		124 488		124 488
	30		结转制造费用				96 000	96 000
	30		本月累计费用	(34 000)	636 000	340 000	258 400	1 234 400
	31		累计间接计入费用分配率			10	7.60	
	31		完工转出成本	(29 000)	336 000	290 000	220 400	846 400
	31		月末余额	(5 000)	300 000	50 000	38 000	388 000

表 3-12 基本生产成本明细账

批号：301　　　　　　　　　　产品名称：甲产品　　　　　　　　　　金额单位：元
开工日期：2024年1月　　　　　批量：10件　　　　　　　　　　　　完工日期：2024年4月

2024年		凭证字号	摘 要	生产工时	直接材料	直接人工	制造费用	合 计
月	日							
1	31	略	本月发生	(2 000)	36 000			36 000
2	28		本月发生	(2 000)	0			
3	31		本月发生	(2 000)	0			
4	30		本月发生	(1 000)	0			
	30		本月累计	(7 000)	36 000			36 000
	30		间接计入费用分配率			10	7.60	
	30		分配间接计入费用			70 000	53 200	123 200
	30		完工产品总成本	(7 000)	36 000	70 000	53 200	159 200
	30		完工产品单位成本		3 600	7 000	5 320	15 920

表 3-13 基本生产成本明细账

批号：302　　　　　　　　　　产品名称：乙产品　　　　　　　　　　金额单位：元
开工日期：2024年2月　　　　　批量：20件　　　　　　　　　　　　完工日期：2024年4月

2024年		凭证字号	摘 要	生产工时	直接材料	直接人工	制造费用	合 计
月	日							
2	28	略	本月发生	(2 000)	60 000			60 000
3	31		本月发生	(3 000)	20 000			20 000
4	30		本月发生	(2 000)	0			
	30		本月累计	(7 000)	80 000			80 000
	30		间接费用分配率			10	7.60	
	30		分配间接计入费用			70 000	53 200	123 200
	30		完工产品总成本	(7 000)	80 000	70 000	53 200	203 200
	30		完工产品单位成本		4 000	3 500	2 660	10 160

表 3-14　　　　　　　　　　　　基本生产成本明细账
批号：303　　　　　　　　　　产品名称：丙产品　　　　　　　　　　金额单位：元
开工日期：2024 年 3 月　　　　批量：20 件　　　　　　　　　　　　完工日期：2024 年 4 月

2024 年		凭证字号	摘要	生产工时	直接材料	直接人工	制造费用	合计
月	日							
3	31	略	本月发生	(6 000)	100 000			100 000
4	30		本月发生	(3 000)	0			
	30		本月累计	(9 000)	100 000			100 000
	30		间接费用分配率			10	7.60	
	30		分配间接计入费用			90 000	68 400	158 400
	30		完工产品总成本	(9 000)	100 000	90 000	68 400	258 400
	30		完工产品单位成本		5 000	4 500	3 420	12 920

表 3-15　　　　　　　　　　　　基本生产成本明细账
批号：304　　　　　　　　　　产品名称：丁产品　　　　　　　　　　金额单位：元
开工日期：2024 年 3 月　　　　批量：20 件　　　　　　　　　　　　完工日期：2024 年 4 月

2024 年		凭证字号	摘要	生产工时	直接材料	直接人工	制造费用	合计
月	日							
3	31	略	本月发生	(4 000)	120 000			120 000
4	30		本月发生	(2 000)	0			
4	30		本月累计	(6 000)	120 000			120 000
4	30		间接费用分配率			10	7.60	
4	30		分配间接计入费用			60 000	45 600	105 600
4	30		完工产品总成本	(6 000)	120 000	60 000	45 600	225 600
4	30		完工产品单位成本		6 000	3 000	2 280	11 280

表 3-16　　　　　　　　　　　　基本生产成本明细账
批号：305　　　　　　　　　　产品名称：甲产品　　　　　　　　　　金额单位：元
开工日期：2024 年 4 月　　　　批量：20 件　　　　　　　　　　　　完工日期：

2024 年		凭证字号	摘要	生产工时	直接材料	直接人工	制造费用	合计
月	日							
4	30	略	本月发生	(2 000)	60 000			60 000

表 3-17　　　　　　　　　　　　基本生产成本明细账
批号：306　　　　　　　　　　产品名称：乙产品　　　　　　　　　　金额单位：元
开工日期：2024 年 4 月　　　　批量：20 件　　　　　　　　　　　　完工日期：

2024 年		凭证字号	摘要	生产工时	直接材料	直接人工	制造费用	合计
月	日							
4	30	略	本月发生	(1 000)	80 000			80 000

表 3-18　　　　　　　　　　　　　基本生产成本明细账

批号：307　　　　　　　　　产品名称：丙产品　　　　　　　　　　金额单位：元

开工日期：2024 年 4 月　　　批量：20 件　　　　　　　　　　　　完工日期：

2024 年		凭证字号	摘　要	生产工时	直接材料	直接人工	制造费用	合　计
月	日							
4	30	略	本月发生	(1 500)	100 000			100 000

表 3-19　　　　　　　　　　　　　基本生产成本明细账

批号：308　　　　　　　　　产品名称：丁产品　　　　　　　　　　金额单位：元

开工日期：2024 年 4 月　　　批量：10 件　　　　　　　　　　　　完工日期：

2024 年		凭证字号	摘　要	生产工时	直接材料	直接人工	制造费用	合　计
月	日							
4	30	略	本月发生	(500)	60 000			60 000

表 3-20　　　　　　　　　　　　　辅助生产成本明细账

车间名称：修理车间　　　　　　　　　　　　　　　　　　　　　　金额单位：元

摘　要	费 用 项 目					合　计
	材料费	人工费	折旧费	办公费	水电费	
分配材料费（如表 3-7 所示）	2 000					2 000
分配人工费（如表 3-8 所示）		6 840				6 840
分配其他费用（如表 3-9 所示）			5 000	1 160	1 000	7 160
辅助生产费用合计	2 000	6 840	5 000	1 160	1 000	16 000
分配转出辅助费用	2 000	6 840	5 000	1 160	1 000	16 000

表 3-21　　　　　　　　　　　　　辅助生产费用分配表

2024 年 4 月　　　　　　　　　　　　　　　　　　　　　　　　　　金额单位：元

受益部门	应借账户	劳务量（工时）	分配率	应分配的费用
基本生产车间	管理费用	400		8 000
专设销售机构	销售费用	180		3 600
企业管理部门	管理费用	220		4 400
合　计		800	20	16 000

表 3-22　　　　　　　　　　　　　制造费用明细账

车间名称：一车间　　　　　　　　　　　　　　　　　　　　　　　单位：元

摘　要	费 用 项 目					合　计
	材料费	人工费	折旧费	水电费	办公费	
材料费（如表 3-7 所示）	20 000					20 000
人工费（如表 3-8 所示）		11 400				11 400

续表

摘要	费用项目					
	材料费	人工费	折旧费	水电费	办公费	合计
其他费用（如表3-9所示）			36 600	26 000	2 000	64 600
制造费用合计	20 000	11 400	36 600	26 000	2 000	96 000
分配转出制造费用	20 000	11 400	36 600	26 000	2 000	96 000

【知识拓展】

产品成本计算的辅助方法——分类法

一、分类法及其特点

分类法是指以产品的类别作为成本核算对象归集生产费用，计算各类完工产品总成本，再按一定标准和方法在类内各种产品之间进行分配，计算出类内各种产品成本的方法。

分类法是为了简化某些特定企业的成本计算工作，在产品成本基本计算方法基础上发展起来的一种方法。分类法的特点可概括为以下三个方面：

1. 以产品的类别作为成本计算对象

分类法的成本核算对象是产品的类别，按照产品大类归集生产费用，但最终要计算出类内各种产品的成本。归集各类产品生产费用时，直接费用直接计入，间接费用采用一定的分配标准分配计入。

2. 成本计算期和在产品成本的计算决定于生产特点及管理要求

分类法是成本计算的辅助方法，其成本计算期的确定、生产费用是否需要在本月完工产品和月末在产品之间分配等，都取决于它所依托的成本计算的基本方法。如果是大批量生产，结合品种法或分步法进行成本计算，则应定期在月末进行成本计算，并且一般都需要计算期末在产品成本；如果与分批法结合运用，成本计算期不固定，而与生产周期一致，不需要将生产费用在完工产品与在产品之间分配。

3. 需要采用一定方法在类内产品之间进行成本分配

采用分类法计算出大类产品的生产总成本以后，还要选择适当的方法，将大类产品总成本在类内各种产品之间进行分配，计算出各种（品种、规格、型号）产品的实际总成本和单位成本。

二、分类法的适用范围

分类法主要适用于使用同样的原材料，通过基本相同的加工工艺过程，所生产产品的品种、规格、型号繁多，可以按一定标准予以分类的生产企业或车间，如鞋厂、淀粉厂、灯泡厂等。采用分类法可以适当减少成本计算对象，简化成本计算工作。

分类法与企业生产类型没有直接关系，只要其产品可以按照工艺过程、原材料消耗等划分成一定类别，包括同类产品、联产品和副产品等，都可以采用分类法进行成本计算。

同类产品是指产品的结构、性质、用途以及耗用的原材料、生产工艺过程等大体相同，规格和型号不一的产品。如鞋厂的各类产品中又有不同的规格（号码）；灯泡厂的灯泡、灯管，每一类里有不同瓦数的产品等。

联产品是指企业使用相同的原材料，在同一生产过程中同时生产出的几种实用价值不同，但具有同等地位的主要产品，如炼焦企业在同一生产过程中生产出来的焦炭和煤气；炼油企业在生产过程中将原油加工提炼，生产出来的汽油、煤油和柴油等。

副产品是指企业在生产主要产品的过程中附带生产出的一些非主要产品。如淀粉生产中产出的面筋、制皂生产中产出的甘油等。

在生产同类产品、联产品和有副产品的工业企业中，如果按照产品的品种、规格来归集生产费用，计算产品成本，成本计算工作会极为繁重。而采用分类法核算产品成本就会大大简化成本计算工作。

三、分类法的成本计算程序

1. 按产品类别设置生产成本明细账，计算出各类产品的实际总成本

采用分类法计算产品成本，首先要按照性质、结构、用途、生产工艺过程、所耗用原材料等不同标准，将产品划分若干类别，按照产品的类别作为成本计算对象，设置生产成本明细账。按商品大类归集各成本项目的生产费用，计算出各类产品的实际总成本。

2. 采用适当的方法，计算类内各种产品的实际总成本和单位成本

类内各种产品之间成本的分配，可以按照产品的经济价值指标（计划成本、定额成本、销售单价），也可以采用产品的技术性指标（重量、长度、体积、浓度、含量等），还可以采用产品生产的各种定额消耗指标来作为分配标准。常用的分配方法有定额比例法和系数分配法两种。定额比例法原理前已述及，这里不再重述。

系数分配法又叫标准产量法，是将分配标准折合成系数（系数一经确定，可以在较长时间内使用），运用系数分配计算类内各规格产品成本的一种方法。这里的系数是指各种规格产品之间的比例关系。系数分配法的步骤如下：

（1）确定分配标准，即选择与耗用费用关系最密切的因素作为分配标准，如定额消耗量、定额成本、计划成本、售价或重量、体积和长度等。

（2）将分配标准折算成固定系数，其方法是，在同类产品中选择一种有代表性的产品，如将产销量大、生产正常、售价稳定的产品作为标准产品，定其标准系数为"1"，并定出其他产品与标准产品的比率即系数。其计算公式为：

某产品系数＝该产品的定额耗用量（或售价等）÷标准产品的定额耗用量（或售价等）

（3）将类内各产品的产量按照系数折算出相当于标准产品的产量（总系数）。计算公式为：

某产品相当于标准产品的产量（总系数）＝该产品的实际产量×该产品的系数

（4）计算出全部产品相当于标准产品的总产量，并计算出费用分配率以后，就可以计算出类内各种产品的实际总成本和单位成本。计算公式为：

费用分配率＝应分配成本总额÷各种产品总系数之和

某产品应分配费用＝该产品总系数×费用分配率

四、分类法的应用

【例 3 – 3】 鲁北公司设有第一、第二两个基本生产车间,大量大批生产 10 种不同规格的电子产品。根据所耗用原材料及生产工艺过程,将产品分为甲、乙两大类。甲类产品包括 101、102、103、104、105 五种不同规格的产品,乙类产品包括 201、202、203、204、205 五种不同规格的产品。根据该厂的产品生产特点和成本管理的要求,先采用品种法的基本原理计算出甲、乙两大类本月完工产品的生产总成本,然后采用系数分配法将大类产品的总成本分配于类内各种规格的产品。设两类产品都采用定额比例法将生产费用在本月完工产品和月末在产品之间进行分配。设该公司 2024 年 7 月各种产品的产量、材料消耗定额、工时消耗定额如表 3 – 23 和表 3 – 24 所示。

表 3 – 23　　　　　　　　　　甲类产品产量及定额资料

产品名称	产量（件）	材料消耗定额	工时消耗定额
101	10 000	6	2.8
102	8 000	5.5	2.4
103	42 800	5	2
104	10 000	4	1.8
105	12 000	3.5	1.6

表 3 – 24　　　　　　　　　　乙类产品产量及定额资料

产品名称	产量（件）	材料消耗定额	工时消耗定额
201	4 000	11.5	1.44
202	8 000	11	1.32
203	55 500	10	1.2
204	5 000	9.8	1.08
205	8 000	9.5	0.96

根据上述资料和有关生产费用资料进行产品生产成本的计算,具体计算过程如下:

（一）计算大类产品成本

运用品种法的基本原理,归集和分配甲、乙两大类产品的生产总成本,具体归集和分配过程略,计算结果如表 3 – 25 和表 3 – 26 所示。

表 3 – 25　　　　　　　　　　大类产品生产成本明细账
产品名称:甲类　　　　　　　　　　2024 年 7 月　　　　　　　　　　单位:元

项　目	直接材料	直接人工	制造费用	合　计
月初在产品成本	40 000	8 000	6 000	54 000
本月发生费用	200 000	60 000	44 000	304 000
生产费用合计	240 000	68 000	50 000	358 000
本月完工产品总成本	200 000	63 750	46 750	310 500
月末在产品成本	40 000	4 250	3 250	47 500

表 3-26　　　　　　　　　　大类产品生产成本明细账

产品名称：乙类　　　　　　　2024 年 7 月　　　　　　　　　　　　单位：元

项目	直接材料	直接人工	制造费用	合计
月初在产品成本	20 000	6 000	5 400	31 400
本月发生费用	192 000	120 000	108 000	420 000
生产费用合计	212 000	126 000	113 400	451 400
本月完工产品总成本	199 430	121 600	109 600	430 630
月末在产品成本	12 570	4 400	3 800	20 770

（二）计算类内各种产品成本

1. 选择每大类的标准产品

甲类产品选择规格型号居中的"103"产品为标准产品，乙类产品同样选择规格型号居中的"203"产品为标准产品，其系数均定为"1"。

2. 确定类内各种产品的系数

两类产品的直接材料费用均按材料消耗定额比例计算系数，直接人工和制造费用均按工时消耗定额计算系数。类内各产品系数的计算分别如表 3-27 和表 3-28 所示。

表 3-27　　　　　　　　　　类内产品系数计算表

产品名称：甲类　　　　　　　2024 年度使用

产品名称	材料消耗定额	系数	工时消耗定额	系数
101	6	1.2	2.8	1.4
102	5.5	1.1	2.4	1.2
103	5	1	2	1
104	4	0.8	1.8	0.9
105	3.5	0.7	1.6	0.8

表 3-28　　　　　　　　　　类内产品系数计算表

产品名称：乙类　　　　　　　2024 年度使用

产品名称	材料消耗定额	系数	工时消耗定额	系数
201	11.5	1.15	1.44	1.2
202	11	1.1	1.32	1.1
203	10	1	1.2	1
204	9.8	0.98	1.08	0.9
205	9.5	0.95	0.96	0.8

3. 计算各种产品本月总系数（标准总产量）

计算大类内部各种产品成本的依据是总系数，即标准总产量。根据表 3-27 和表 3-28 所列各种产品的系数和各种产品的产量，计算产品总系数，编制"产品总系数计算表"如表 3-29 和表 3-30 所示。

表 3-29　　　　　　　　　产品总系数（标准产量）计算表

产品名称：甲类　　　　　　　　　2024 年 7 月

产品名称	产品产量（件）	材料		工时	
		系数	总系数	系数	总系数
101	10 000	1.2	12 000	1.4	14 000
102	8 000	1.1	8 800	1.2	9 600
103	42 800	1	42 800	1	42 800
104	10 000	0.8	8 000	0.9	9 000
105	12 000	0.7	8 400	0.8	9 600
合计			80 000		85 000

表 3-30　　　　　　　　　产品总系数（标准产量）计算表

产品名称：乙类　　　　　　　　　2024 年 7 月

产品名称	产品产量（件）	材料		工时	
		系数	总系数	系数	总系数
201	4 000	1.15	4 600	1.2	4 800
202	8 000	1.1	8 800	1.1	8 800
203	55 500	1	55 500	1	55 500
204	5 000	0.98	4 900	0.9	4 500
205	8 000	0.95	7 600	0.8	6 400
合计			81 400		80 000

4. 计算各种产品的总成本和单位成本

根据表 3-25 和表 3-26 所列甲、乙两类产品本月完工产品总成本，以及表 3-29 和表 3-30 中所列的产品总系数，可以计算出各成本项目的费用分配率。

（1）甲类产品各成本项目费用分配率

直接材料费用分配率 = 200 000 ÷ 80 000 = 2.5

直接人工费用分配率 = 63 750 ÷ 85 000 = 0.75

制造费用分配率 = 46 750 ÷ 85 000 = 0.55

（2）乙类产品各成本项目费用分配率

直接材料费用分配率 = 199 430 ÷ 81 400 = 2.45

直接人工费用分配率 = 121 600 ÷ 80 000 = 1.52

制造费用分配率 = 109 600 ÷ 80 000 = 1.37

（3）根据各种产品的总系数和费用分配率，编制"产品成本计算表"（如表 3-31 和表 3-32 所示），计算出类内各种产品的实际总成本和单位成本。

表3-31　　　　　　　　　　　　　产品成本计算表
产品名称：甲类　　　　　　　　　2024年7月　　　　　　　　　　　　　单位：元

产品名称	产量（件）	材料总系数	分配材料费	工时总系数	分配人工费	分配制造费	产成品总成本	单位成本
分配率			(2.5)		(0.75)	(0.55)		
101	10 000	12 000	30 000	14 000	10 500	7 700	48 200	4.82
102	8 000	8 800	22 000	9 600	7 200	5 280	34 480	4.31
103	42 800	42 800	107 000	42 800	32 100	23 540	162 640	3.80
104	10 000	8 000	20 000	9 000	6 750	4 950	31 700	3.17
105	12 000	8 400	21 000	9 600	7 200	5 280	33 480	2.79
合计		80 000	200 000	85 000	63 750	46 750	310 500	

表3-32　　　　　　　　　　　　　产品成本计算表
产品名称：乙类　　　　　　　　　2024年7月　　　　　　　　　　　　　单位：元

产品名称	产量（件）	材料总系数	分配材料费	工时总系数	分配人工费	分配制造费	产成品总成本	单位成本
分配率			(2.45)		(1.52)	(1.37)		
201	4 000	4 600	11 270	4 800	7 296	6 576	25 142	6.29
202	8 000	8 800	21 560	8 800	13 376	12 056	46 992	5.87
203	55 500	55 500	135 975	55 500	84 360	76 035	296 370	5.34
204	5 000	4 900	12 005	4 500	6 840	6 165	25 010	5.00
205	8 000	7 600	18 620	6 400	9 728	8 768	37 116	4.64
合计		81 400	199 430	80 000	121 600	109 600	430 630	

（4）根据上述产品成本计算资料，编制结转本月完工入库产品成本的会计分录如下：

借：库存商品——101　　　　　　　　　　　　　　　48 200.00
　　　　　　——102　　　　　　　　　　　　　　　34 480.00
　　　　　　——103　　　　　　　　　　　　　　 162 640.00
　　　　　　——104　　　　　　　　　　　　　　　31 700.00
　　　　　　——105　　　　　　　　　　　　　　　33 480.00
　　　　　　——201　　　　　　　　　　　　　　　25 142.00
　　　　　　——202　　　　　　　　　　　　　　　46 992.00
　　　　　　——203　　　　　　　　　　　　　　 296 370.00
　　　　　　——204　　　　　　　　　　　　　　　25 010.00
　　　　　　——205　　　　　　　　　　　　　　　37 116.00
　　贷：生产成本——基本生产成本（甲类产品）　　310 500.00
　　　　　　　　——基本生产成本（乙类产品）　　430 630.00

五、副产品成本的计算

如果在主要产品的生产过程中，附带生产出来某些副产品，则需要将副产品的成本从总成本中扣除，剩余的就是主产品的实际总成本。由于副产品是附带生产出来的，与主产品相比一般价值较低，所以一般采用简化的处理方法。常用的副产品计价方法有两种，一种是按照副产品的售价减去销售税费和销售利润后的余额计价；另一种是按照企业制定的副产品计划（定额）成本计价。

1. 副产品按售价减去销售税费和销售利润后的余额计价

副产品与主产品分离后，如果不需要进行任何加工就可以直接用于出售，可以按照副产品的售价减去销售税费和销售利润后的余额，作为副产品的成本，从主副产品的实际总成本的"直接材料"成本项目中扣除。

【例3-4】 鲁西公司在生产主要产品甲过程中，附带生产出副产品丁产品。设2024年7月生产的甲产品4 000千克已全部完工，无月末在产品。生产成本明细账中归集的生产总成本为1 560 000元，其中直接材料840 000元，直接人工400 000元，制造费用320 000元。本月附带生产出的丁产品200千克（设每千克售价160元，每千克应缴销售税费10元，销售利润率20%）已经验收入库。根据上述资料，丁产品和甲产品成本计算如下：

丁产品单位成本 = 160 - 10 - 160 × 20% = 118（元）

丁产品总成本 = 118 × 200 = 23 600（元）

甲产品总成本 = 1560 000 - 23 600 = 1 536 400（元）

甲产品单位成本 = 1 536 400 ÷ 4 000 = 384.10（元）

上述成本计算结果在甲产品"生产成本明细账"中的登记如表3-33所示。

表3-33　　　　　　　　　　　　　产品成本计算表

产品名称：甲产品　　　产量：4 000千克　　　2024年7月　　　　　　单位：元

摘　要	直接材料	直接人工	制造费用	合　计
生产费用合计	840 000	400 000	320 000	1 560 000
结转本月完工丁产品成本	23 600			23 600
本月完工甲产品成本	816 400	400 000	320 000	1 536 400
甲产品单位成本	204.10	100	80	384.10

根据成本计算结果，编制结转完工入库甲产品和丁产品成本的会计分录如下：

借：库存商品——甲产品　　　　　　　　　　　　　1 536 400.00
　　　　　　——丁产品　　　　　　　　　　　　　　　23 600.00
　贷：生产成本——基本生产成本（甲产品）　　　　　1 560 000.00

如果副产品与主产品分离后，还需要进一步加工后才可以出售，按照售价减去销售税费和销售利润计算出的副产品成本，既包括应负担的共同成本，又包括进一步加工的可归属成本。

2. 副产品按照计划（定额）单位成本计价

为了简化成本计算工作，副产品也可以按照计划（或定额）单位成本计价，从主副产品总成本中扣除。

【例3-5】依据例3-4资料,鲁西公司在生产主要产品甲过程中,附带生产出副产品丁产品。设2024年7月生产的甲产品4 000千克已全部完工,无月末在产品。生产成本明细账中归集的生产总成本为1 560 000元,其中直接材料840 000元,直接人工400 000元,制造费用320 000元。本月附带生产出的丁产品200千克,每千克计划单位成本125元,其中直接材料80元,直接人工30元,制造费用15元)。根据上述资料,丁产品和甲产品成本计算如下:

丁产品总成本 = 125 × 200 = 25 000(元)

其中:直接材料费用 = 80 × 200 = 16 000(元)

直接人工费用 = 30 × 200 = 6 000(元)

制造费用 = 15 × 200 = 3 000(元)

甲产品总成本 = 1 560 000 - 25 000 = 1 535 000(元)

上述成本计算结果在甲产品"生产成本明细账"中的登记如表3-34所示。

表3-34 产品成本计算表

产品名称:甲产品　　　　产量:4 000千克　　2024年7月　　　　　　单位:元

摘　要	直接材料	直接人工	制造费用	合　计
生产费用合计	840 000	400 000	320 000	1 560 000
结转本月完工丁产品成本	25 000			25 000
本月完工甲产品成本	815 000	400 000	320 000	1 535 000
甲产品单位成本	203.75	100	80	383.75

根据成本计算结果,编制结转完工入库产品成本的会计分录如下:

借:库存商品——甲产品　　　　　　　　　　　　　1 535 000.00
　　　　　　——丁产品　　　　　　　　　　　　　　　25 000.00
　贷:生产成本——基本生产成本(甲产品)　　　　　1 560 000.00

【知识归纳】

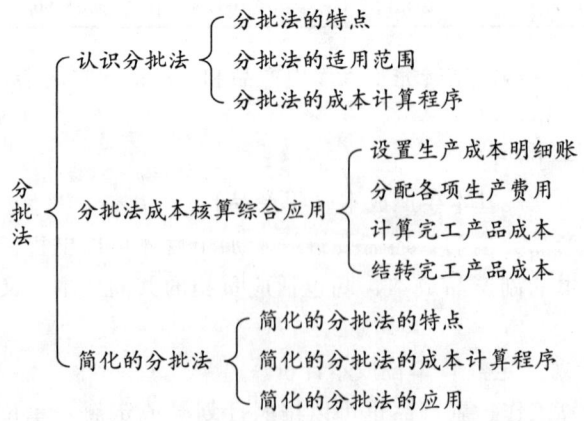

【职业判断能力训练】

一、单项选择题

1. 分批法适用的生产组织形式是(　　)。
   A. 大量大批生产　　　　　　　B. 单件小批生产
   C. 成批生产　　　　　　　　　D. 大量生产

2. 分批法的成本核算对象是(　　)。
   A. 产品订单　　　　　　　　　B. 产品批次
   C. 生产计划　　　　　　　　　D. 产品品种

3. 分批法成本计算程序与(　　)基本一致。
   A. 品种法　　　　　　　　　　B. 分步法
   C. 分类法　　　　　　　　　　D. 定额法

4. 简化的分批法，(　　)。
   A. 不分配结转完工产品直接计入费用
   B. 不分配结转未完工产品直接计入费用
   C. 不分配结转完工产品间接计入费用
   D. 不分配结转未完工产品间接计入费用

5. 简化的分批法，(　　)的分配是同时进行的。
   A. 间接计入费用在各批产品之间的分配和在完工产品与未完工产品之间
   B. 生产费用在各批产品之间
   C. 直接计入费用和间接计入费用
   D. 间接计入费用在期末在产品之间

6. 分类法的适用范围(　　)。
   A. 是大量大批单步骤生产　　　B. 是大量大批多步骤生产
   C. 是单件小批单步骤生产　　　D. 与企业生产类型没有直接关系

7. 企业利用同种原材料，在同一生产过程中同时生产出的几种使用价值不同，但具有同等地位的主要产品，称为(　　)。
   A. 产成品　　　　　　　　　　B. 联产品
   C. 等级品　　　　　　　　　　D. 副产品

8. 企业在生产主要产品的过程中，附带生产出的一些非主要产品，称为(　　)。
   A. 联产品　　　　　　　　　　B. 废品
   C. 副产品　　　　　　　　　　D. 次品

9. 产品品种、规格繁多又可按照一定标准划分为类别的企业或企业的生产车间，适用于采用(　　)计算产品成本。
   A. 分批法　　　　　　　　　　B. 分类法
   C. 分步法　　　　　　　　　　D. 标准成本法

10. 采用分类法，应当按照(　　)设置生产成本明细账。

A. 产品品种 B. 产品类别
C. 联产品 D. 副产品

二、多项选择题

1. 分批法的适用范围包括（　　）等。
   A. 单件小批单步骤生产
   B. 提供劳务的生产
   C. 管理上不要求分步计算成本的单件小批多步骤生产
   D. 管理上要求分步计算成本的单件小批多步骤生产

2. 分批法的特点包括（　　）。
   A. 以产品批次作为成本核算的对象
   B. 成本计算期与产品生产周期一致
   C. 一般不需要在完工产品和期末在产品之间分配生产费用
   D. 期末在产品不负担间接计入费用

3. 简化的分批法的特点是（　　）。
   A. 必须按生产车间（或分厂）设置基本生产成本二级账
   B. 未完工产品不结转间接计入费用，即不分批计算期末在产品成本
   C. 通过计算累计间接计入费用分配率分配完工产品应负担的间接计入费用
   D. 期末在产品不负担间接计入费用

4. 采用简化的分批法，（　　）。
   A. 直接计入费用在发生时应同时记入基本生产成本二级账及其所属生产成本明细账
   B. 间接计入费用在发生时应同时记入基本生产成本二级账及其所属生产成本明细账
   C. 间接计入费用在发生时应记入基本生产成本二级账，不记入其所属生产成本明细账
   D. 完工产品应负担的间接计入费用应记入各完工批次的生产成本明细账

5. 采用简化的分批法，基本生产成本二级账与其所属各批次产品生产成本明细账（产品成本计算单）核对的内容包括（　　）之和相等。
   A. 基本生产成本二级账直接计入费用（直接材料项目）余额与各明细账余额
   B. 基本生产成本二级账间接计入费用（人工费用、制造费用项目）余额与各明细账余额
   C. 基本生产成本二级账累计工时与各明细账累计工时
   D. 基本生产成本二级账期末余额与各明细账期末在产品成本

6. 采用分类法，可将（　　）等方面相同或相似的产品归为一类。
   A. 产品结构和耗用原材料 B. 产品生产工艺技术过程
   C. 产品的性质和用途 D. 产品的售价

7. 下列产品中，可以作为同一个成本核算对象的有（　　）。
   A. 灯泡厂同一类别不同瓦数的灯泡
   B. 无线电元件厂同一类别不同规格的无线电元件
   C. 炼油厂同时生产出的汽油、柴油、煤油

D. 机床厂各车间同时生产的车床、刨床、铣床
8. 类内不同品种、规格、型号产品之间成本分配的标准有（　　）等。
   A. 定额耗用总量　　　　　　　　　B. 定额总费用
   C. 产品重量、体积　　　　　　　　D. 产品编号顺序
9. 确定类内不同规格、型号产品系数的依据有（　　）等。
   A. 产品定额耗用量　　　　　　　　B. 产品定额费用
   C. 产品售价　　　　　　　　　　　D. 产品体积、面积、重量、长度等
10. 分类法适用范围有（　　）。
    A. 可将产品划分为一定类别的企业或企业的生产车间
    B. 企业联产品成本的计算
    C. 企业副产品成本的计算
    D. 企业等级品成本的计算

三、判断题

1. 分批法的成本核算对象是产品的生产批次。（　　）
2. 分批法的成本计算程序与品种法基本上相同。（　　）
3. 分批法的成本计算期与产品生产周期是一致的。（　　）
4. 分批法适用于大量大批单步骤生产或管理上不要求分步骤计算成本的多步骤生产。（　　）
5. 分批法应按产品批别（工作令号、生产通知单）设置生产成本明细账。（　　）
6. 间接计入费用是指企业生产车间发生的各种间接费用。（　　）
7. 采用简化的分批法，完工产品不分配结转间接计入费用。（　　）
8. 简化的分批法也叫不分批计算完工产品成本分批法。（　　）
9. 将间接计入费用在各批次产品之间的分配和在完工产品与在产品之间的分配结合起来，可以简化成本计算。（　　）
10. 采用简化的分批法，基本生产成本二级账的余额也应与其所属明细账（产品成本计算单）余额之和相符。（　　）
11. 某批次完工产品应负担的间接计入费用，是根据该批产品累计工时和全部产品累计间接计入费用分配率计算求得的。（　　）
12. 分类法不是成本计算的基本方法，它与企业生产类型没有直接关系。（　　）
13. 分类法应以各种产品品种作为成本核算对象。（　　）
14. 在产品品种、规格繁多的企业，采用分类法计算产品成本，可以简化成本计算工作。（　　）
15. 联产品成本的计算，可以采用分类法。（　　）
16. 采用分类法计算出的某类产品成本，还应当按照一定的分配标准，将成本分配给类内各种产品。（　　）
17. 副产品一般价值比较低，不应当负担共同成本。（　　）
18. 副产品应分摊的成本，应等于其售价。（　　）

【职业实践能力训练】

实训练习一 分批法

目的：练习产品成本计算的分批法。

资料：鲁北工厂一车间2024年5月生产201批次甲产品、301批次乙产品、202批次乙产品三批产品，有关成本计算资料如下：

1. 月初在产品成本：201批次甲产品为208 000元，其中直接材料为168 000元，直接人工为24 000元，制造费用为16 000元；202批次乙产品为248 000元，其中直接材料为240 000元，直接人工为4 000元，制造费用为4 000元。

2. 本月生产情况：201批次甲产品4月2日投产80件，本月26日已全部完工验收入库，本月实际生产工时16 000小时；301批次乙产品本月4日投产240件，本月已完工入库24件，本月实际生产工时8 800小时；202批次乙产品4月6日投产120件，本月尚未完工，本月实际生产工时8 000小时。

3. 本月发生各项费用：投入原材料为792 000元，全部为301批次乙产品耗用；生产工人薪酬为112 176元，车间管理人员薪酬为15 000元，行政管理人员薪酬为82 000元，销售人员薪酬为60 000元；本月制造费用总额为88 560元。

4. 单位产品定额成本：301批次乙产品单位产品定额成本为4 825元，其中直接材料为3 300元，直接人工为825元，制造费用为700元。

要求：根据上述资料采用分批法计算产品成本。

1. 按产品批别开设产品生产成本明细账（如表3-37、表3-38和表3-39所示）并登记月初在产品成本。

2. 编制301批次乙产品耗用原材料的会计分录并记入产品生产成本明细账。

3. 采用生产工时分配法在各批产品之间分配本月发生的直接人工费用（如表3-35所示），根据分配结果编制会计分录并记入有关产品生产成本明细账。

表3-35　　　　　　　　　　直接人工费用分配表

生产单位：一车间　　　　　　　　　　2024年5月　　　　　　　　　　金额单位：元

产品	生产工时（小时）	分配率	分配金额
201批次甲产品			
301批次乙产品			
202批次乙产品			
合计			

会计分录：

4. 采用生产工时分配法在各批产品之间分配本月发生的制造费用（如表3-36所示），根据分配结果编制会计分录并记入有关产品成本计算单。

表3-36　　　　　　　　　　　制造费用分配表
生产单位：一车间　　　　　　　2024年5月　　　　　　　　　　金额单位：元

产品	生产工时（小时）	分配率	分配金额
201批次甲产品			
301批次乙产品			
202批次乙产品			
合　计			

会计分录：

5. 计算本月完工产品和月末在产品成本，编制结转完工产品成本的会计分录。301批次乙产品本月少量完工，其完工产品成本按定额成本结转。

（1）本月26日，计算完工甲产品成本并转账（如表3-37所示）。

表3-37　　　　　　　　　　　产品生产成本明细账
批别：201批次　　　　　　　　　　　　　　　　　　　　　　　　开工日期：4月2日
产品：甲产品　　　　　　批量：80件　　单位：元　　　　　　　　完工日期：4月26日

摘　要	直接材料	直接人工	制造费用	合　计
月初在产品成本				
本月分配职工薪酬				
本月分配制造费用				
本月发生生产费用合计				
生产费用累计				
结转本月完工产品成本				
完工产品单位成本				

会计分录：

（2）本月 30 日，计算完工部分乙产品成本并转账（如表 3-38、表 3-39 所示）。

表 3-38　　　　　　　　　　　　产品生产成本明细账

批别：301 批次　　　　　　　　　　　　　　　　　　　　　　开工日期：5 月 4 日
产品：乙产品　　　　　　批量：240 件　　单位：元　　　　　完工日期：

摘　要	直接材料	直接人工	制造费用	合　计
本月耗用直接材料				
本月分配职工薪酬				
本月分配制造费用				
本月生产费用合计				
生产费用累计				
完工产品数量				
单位产品定额成本				
结转本月完工产品成本				
月末在产品成本				

会计分录：

表 3-39   产品生产成本明细账

批别：202 批次　　　　　　　　　　　　　　　　　　　　　　　　　开工日期：4 月 6 日
产品：乙产品　　　　　　　　批量：120 件　单位：元　　　　　　　完工日期：

摘　　要	直接材料	直接人工	制造费用	合　计
月初在产品成本				
本月分配职工薪酬				
本月分配制造费用				
本月发生生产费用合计				
生产费用累计				
月末在产品成本				

实训练习二　简化的分批法

目的：练习简化的分批法。

资料：鲁北工厂二车间成批生产多种产品，为简化核算，采用简化的分批法进行成本计算。2024 年 6 月有关成本计算资料如下：

1. 生产情况如表 3-40 所示。

表 3-40   第二车间产品生产批次表

2024 年 6 月

批号	产品	批量（件）	投产日期	完工日期
501	甲产品	200	2 月 10 日	6 月 22 日
502	乙产品	80	3 月 22 日	6 月 26 日
503	丙产品	400	4 月 5 日	未完工
504	丁产品	40	5 月 26 日	未完工
505	甲产品	160	6 月 10 日	未完工

2. 月初在产品成本为 2 680 000 元，其中直接材料为 1 600 000 元（501 批次为 800 000 元，502 批次为 320 000 元，503 批次为 400 000 元，504 批次为 80 000 元），直接人工为 590 000 元，制造费用为 490 000 元；月初在产品累计生产工时为 200 000 小时，其中 501 批次为 68 000 小时，502 批次为 56 000 小时，503 批次为 64 000 小时，504 批次为 12 000 小时。

3. 本月发生直接材料费为 400 000 元，全部为 505 批次甲产品所耗用；直接人工为 168 400 元，制造费用为 119 248 元；本月实际生产工时为 52 800 小时，其中 501 批次为 12 000 小时，502 批次为 8 000 小时，503 批次为 14 000 小时，504 批次为 10 000 小时，505 批次为 8 800 小时。

要求：

1. 开设二车间基本生产成本二级账（如表 3-41 所示）和按产品批次设置的产品生产成本明细账（如表 3-42 至表 3-46 所示），并登记期初余额。

表 3-41　　　　　　　　　　　　　　基本生产成本二级账

车间名称：二车间　　　　　　　　　　　　　　　　　　　　　　　　　　金额单位：元

2024 年		摘　要	直接材料	生产工时（小时）	直接人工	制造费用	成本合计
月	日						
6	1	月初在产品成本					
		发生材料费用					
		分配生产工人薪酬					
		分配制造费用					
		本月发生生产费用					
		累计生产费用					
		间接计入费用分配率					
		转出本月完工产品成本					
		月末在产品成本					

表 3-42　　　　　　　　　　　　　　生产成本明细账

批号：501　　　　　　　　　　　　　　　　　　　　　　　　　　投产日期：2 月 10 日
产品名称：甲产品　　　　　　　　批量：200 件　金额单位：元　　　完工日期：6 月 22 日

2024 年		摘　要	直接材料	生产工时（小时）	直接人工	制造费用	成本合计
月	日						
6	1	期初余额					
		本月发生生产费用					
		间接计入费用分配率					
		转入间接计入费用					
		累计生产费用					
		转出本月完工产品成本					
		完工产品单位成本					

会计分录：

表 3-43　　　　　　　　　　　生产成本明细账

批号：502　　　　　　　　　　　　　　　　　　　　　　　　投产日期：3 月 22 日

产品名称：乙产品　　　　　　批量：80 件　　金额单位：元　　　完工日期：6 月 26 日

2024 年		摘　要	直接材料	生产工时（小时）	直接人工	制造费用	成本合计
月	日						
6	1	期初余额					
		本月发生生产费用					
		间接计入费用分配率					
		转入间接计入费用					
		累计生产费用					
		转出本月完工产品成本					
		完工产品单位成本					

表 3-44　　　　　　　　　　　生产成本明细账

批号：503　　　　　　　　　　　　　　　　　　　　　　　　投产日期：4 月 5 日

产品名称：丙产品　　　　　　批量：400 件　　金额单位：元　　　完工日期：　月　日

2024 年		摘　要	直接材料	生产工时（小时）	直接人工	制造费用	成本合计
月	日						
6	1	期初余额					
		本月发生生产费用					
		累计生产费用					

表 3-45　　　　　　　　　　　生产成本明细账

批号：504　　　　　　　　　　　　　　　　　　　　　　　　投产日期：5 月 26 日

产品名称：丁产品　　　　　　批量：40 件　　金额单位：元　　　完工日期：　月　日

2024 年		摘　要	直接材料	生产工时（小时）	直接人工	制造费用	成本合计
月	日						
6	1	期初余额					
		本月发生生产费用					
		累计生产费用					

表 3-46　　　　　　　　　　　生产成本明细账

批号：505　　　　　　　　　　　　　　　　　　　　　　　　投产日期：6 月 10 日

产品名称：甲产品　　　　　　批量：160 件　　金额单位：元　　　完工日期：　月　日

2024 年		摘　要	直接材料	生产工时（小时）	直接人工	制造费用	成本合计
月	日						
		本月发生生产费用					
		累计生产费用					

2. 登记本月发生生产费用，并按累计间接计入费用分配法在本月完工产品和月末在产品之间分配。

3. 编制完工产品成本汇总表（如表3-47所示），结转本月完工产品成本。

表3-47 完工产品成本汇总表
2024年6月　　　　　　　　　　　　　　　　　　　　　　　　　　单位：元

成本项目	甲产品（产量200件）		乙产品（产量80件）	
	总成本	单位成本	总成本	单位成本
直接材料				
直接人工				
制造费用				
合　计				

会计分录：

【职业拓展能力训练】

拓展训练一　产品成本计算的分类法

目的：练习成本核算与控制的分类法。

资料：鲁南工厂生产的A、B、C、D、E五种产品耗用的原材料和产品的生产工艺过程相同，因而归为一类（甲类产品），采用分类法计算产品成本。2024年6月有关成本计算资料如下：

1. 月初在产品成本和本月生产费用如表3-48所示。

表3-48 产品生产成本明细账
产品：甲类产品　　　　　　　　　2024年6月　　　　　　　　　　　　单位：元

摘　要	直接材料	直接人工	制造费用	合　计
月初在产品成本	40 000	60 000	37 600	137 600
本月生产费用	293 760	766 080	510 720	1 570 560
生产费用合计				
本月完工产品总成本				
月末在产品成本				

2. 本月各种产品产量资料和定额资料如表 3-49 所示。

表 3-49 产品系数计算表

产品类别：甲类产品　　　　　　　　2024 年 6 月

产品名称	本月实际产量	材料消耗定额	材料系数	材料总系数	工时消耗定额	工时系数	工时总系数
A	400	15			9.6		
B	480	12			8.8		
C	960	10			8		
D	720	9			7.6		
E	600	8			7.2		
合计		—					

要求：

1. 采用固定在产品成本法计算甲类产品月末在产品成本和本月完工产品成本，登记甲类产品生产成本明细账（如表 3-48 所示）。
2. 计算各种产品系数和本月总系数，完成产品系数计算表（如表 3-49 所示）。
3. 采用系数分配法计算类内各种产品的成本，完成类内产品成本计算表（如表 3-50 所示）。

表 3-50 类内产品成本计算表

产品类别：甲类产品　　　　　　　　2024 年 6 月　　　　　　　　金额单位：元

| 产品名称 | 实际产量 | 总系数 | | 总成本 | | | | 单位成本 |
		直接材料	加工费用	直接材料	直接人工	制造费用	成本合计	
分配率								
A	400							
B	480							
C	960							
D	720							
E	600							
合计	—							

拓展训练二 副产品成本的计算

目的：练习副产品成本的计算。

资料：泉城工厂生产 A 产品时附带生产副产品丁产品，副产品分离后需进一步加工才能出售。2024 年 6 月 A 产品及其副产品共发生成本为 300 000 元，其中直接材料占 50%，直接人工占 20%，制造费用占 30%；副产品进一步加工发生直接人工费为 4 000 元，制造费用为 5 000 元。A 产品期初期末都没有在产品，本月完工入库 A 产品 5 000 千克,副产品 4 000 千克,副产品单位售价为 24 元,单位税费和利润合计为 4 元。

要求:

1. 按副产品既负担可归属成本又负担分离前联合成本(售价减去销售税费和利润)的方法计算丁产品成本,完成丁产品成本计算单(如表 3-51 所示)。

表 3-51　　　　　　　　　　　　副产品成本计算单

产品:丁产品　　　　　　产量:4 000 千克　　　　2024 年 6 月　　　　　　单位:元

摘　要	直接材料	直接人工	制造费用	合　计
分摊的联合成本				
可归属成本				
副产品总成本				
副产品单位成本				

2. 计算 A 产品实际总成本和单位成本(如表 3-52 所示)。

表 3-52　　　　　　　　　　　　产品成本计算单

产品:A 产品　　　　　　产量:5 000 千克　　　　2024 年 6 月　　　　　　单位:元

摘　要	直接材料	直接人工	制造费用	合　计
月初在产品成本				
本月发生生产费用				
结转副产品应负担费用				
A 产品总成本				
A 产品单位成本				

项目四
运用分步法进行成本核算

学习目标
- 掌握分步法的特点、适用范围
- 掌握逐步结转分步法的内容和核算程序
- 熟练运用逐步结转分步法归集和分配各项生产费用，进行成本计算
- 会进行综合结转方式下的成本还原
- 掌握平行结转分步法的内容和核算程序
- 熟练运用平行结转分步法归集和分配各项生产费用，进行成本计算

任务一 认识分步法

PPT

【引导案例】

鲁中公司是新创建企业，大量大批多步骤生产甲产品，设置第一、第二、第三，三个基本生产车间（生产步骤），第一车间生产完工的半成品 A 交给第二车间继续加工；第二车间生产完工的半成品 B 交半成品仓库验收后，主要由第三车间领用继续加工成产成品甲，也有部分半成品 B 直接对外销售。根据上述情况，会计人员确定采用哪种成本核算方法最恰当？该企业应怎样设置生产成本明细账，以正确组织企业的成本核算？

【知识准备】

一、分步法的概念及种类

产品成本计算的分步法，是以产品的品种及所经生产步骤作为成本计算对象，来归集生产费用，计算产品生产成本的方法。

按照不同企业对于生产步骤成本管理的不同要求，分步法分为逐步结转分步法和平行结转分步法两种。

(一) 逐步结转分步法

逐步结转分步法是按照生产步骤计算半成品成本，上步骤半成品的成本随半成品实物结转到下一步骤，直到最后步骤计算出完工产品总成本的方法。计算每一步骤半成品成本是逐步结转分步法的显著特征，所以，逐步结转分步法又称为计算半成品成本的分步法。

(二) 平行结转分步法

平行结转分步法是指将各生产步骤应计入完工产品成本的份额平行相加，以求得完工产品成本的方法。在这种方法下，每个生产步骤只计算自身发生的生产费用，即使上步骤的半成品需转入下步骤继续加工，其成本也不随实物结转。期末，计算出完工产品在每个步骤的成本份额，平行加总后就是完工产品总成本。平行结转分步法又称为不计算半成品成本的分步法。

二、分步法的适用范围

分步法主要适用于大量、大批多步骤生产企业，如纺织、造纸、机械制造等。这些企业的生产过程都可以划分成若干个可以间断的生产步骤。如纺织企业的生产可以分为纺纱、织布、印染等生产步骤；造纸企业的生产可以分为制浆、造纸等生产步骤；机械制造企业的生产可以分为铸造、加工、装配等生产步骤。在这些企业中，为了加强各生产步骤的成本管理，不仅要求按照产品的品种计算产成品的总成本，还要求按照生产步骤归集生产费用，计算各步骤的产品成本。

微课：分布法概述

(一) 逐步结转分步法的适用范围

计算半成品成本的逐步结转分步法，主要适用于连续式多步骤生产企业。这类企业往往有半成品对外销售，需要考核半成品成本。在这类企业的产品生产过程中，从原材料投入到产成品制成，要顺序经过若干个生产步骤，前面各个步骤生产的半成品，既可以转入下步骤继续加工，也可以单独对外销售，这就需要计算各步骤半成品成本。

(二) 平行结转分步法的适用范围

不计算半成品成本的平行结转分步法，主要适用于装配式多步骤生产企业。在这类企业的产品生产过程中，从原材料投入到产成品制成，先由各个生产步骤对各种原材料平行地进行加工，使之成为各种零件和部件，最后由装配车间组装成产成品。如果企业各生产步骤生产的半成品种类很多，半成品一般不对外销售，为了简化成本核算工作，可以采用平行结转分步法。

三、分步法的特点

(一) 以产品品种及所经生产步骤作为成本计算对象

分步法的成本核算对象是产品的品种及所经过的生产步骤，但逐步结转分步法和平行结转分步法不完全一致。

逐步结转分步法是计算半成品成本的分步法，因此，其成本核算对象是产成品及其各个生产步骤上的半成品；平行结转分步法不计算半成品成本，其成本核算对象是产成品及其各个生产步骤。

需要注意的是，成本计算划分的步骤与实际的生产步骤不一定完全一致，它根据实际加工步骤结合管理要求加以确定。一般情况下企业可以按照生产车间（或分厂，下同）来归集生产费用，计算产品成本；但是当生产车间规模较大，车间内部又分几个生产步骤时，为了加强成本管理，成本核算对象中的"生产步骤"就不应是生产车间，而应该是车间内部的生产步骤；为了简化成本核算工作，按照企业成本管理的要求，也可以将几个生产步骤或几个生产车间合并为一个成本核算对象（作为成本核算的一个步骤），来归集生产费用，计算产品成本。因此，采用分步法计算产品成本，应当根据企业具体的生产经营特点和成本管理的要求，本着既要加强成本管理，又要简化成本核算的原则，合理确定作为成本核算对象的"生产步骤"。

（二）成本计算定期按月进行

采用分步法核算成本的企业，生产组织往往是大量、大批生产，其生产过程可以间断，而且往往都是跨月陆续投产、陆续完工，因此，成本计算一般都是按月、定期地进行，与会计报告期一致，而与产品的生产周期不一致。

（三）通常需要将生产费用在完工产品和在产品之间进行分配

大量、大批多步骤生产的产品，月末各步骤往往都有未完工的在产品，而分步法的成本计算期与生产周期不一致，因此，在月末计算成本时，需要将各个步骤汇集的生产费用，在完工产品与在产品之间进行分配，以正确计算各步骤本月完工产品和期末在产品成本。但具体计算分配时，逐步结转分步法和平行结转分步法有差别。

逐步结转分步法的各个生产步骤都需要计算本步骤完工的半成品成本和期末在产品成本，随着半成品实物向下一步骤转移，半成品成本也转入下步骤。下步骤的生产费用是在上步骤转入的半成品成本基础上，加上本步骤发生的生产费用合计而成的。每个步骤的"完工产品"指的是本步骤已经完成的半成品（最后步骤是产成品），"在产品"指的是本步骤正在加工中但尚未完成的在制品，即狭义的在产品。

平行结转分步法每个步骤只归集本步骤发生的生产费用，不计算半成品成本。即使半成品实物向下一步骤转移，其成本也不结转。因此，月末各步骤在完工产品和在产品之间分配生产费用时，分配的仅仅是本步骤自身发生的生产费用。在这种情况下，"完工产品"指的是企业最终完成的产成品，"在产品"指的是广义在产品，它既包括各步骤的狭义在产品，又包括本步骤已经加工完成，但尚未最终制成产成品的半成品。

四、分步法的成本计算程序

（一）逐步结转分步法的成本计算程序

采用逐步结转分步法，上一步骤所产半成品的成本，要随着半成品实物的转移，从上一步骤转入下一步骤产品生产成本明细账中，因而其计算程序要受半成品实物流转程序制约。

半成品实物的流转程序有两种，即直接转入下步骤和通过仓库收发。

1. 半成品直接转入下步骤

步骤一按照产品品种及所经生产步骤上的半成品设置生产成本明细账，按成本项目设专栏。

步骤二归集各项生产费用，登记各步骤生产成本明细账。

步骤三将第一步骤归集的生产费用在已完工的半成品和期末在产品之间进行分配，

计算出第一步骤完工半成品成本。

步骤四随半成品实物转移，将第一步骤半成品成本转入第二步骤生产成本明细账中，再加上第二步骤所发生的费用，计算第二步骤完工半成品成本。依次逐步累积结转，直到最后步骤计算出产成品成本为止。

2. 半成品的完工和领用通过仓库收发

在这种情况下，成本核算的基本步骤与上述半成品不通过仓库收发基本相同，所不同的是：设立"自制半成品明细账"核算各步骤半成品的收、发、存情况，上步骤生产完工的半成品交到半成品仓库收存，再由下步骤按照生产需要量从仓库领用。

逐步结转分步法的成本计算程序如图4-1所示。

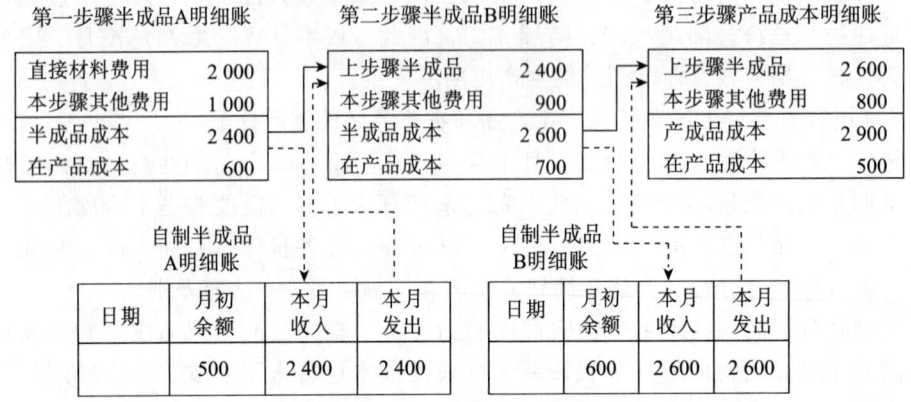

图4-1 逐步结转分步法

说明：各步骤生产的半成品转入下一步骤时有两种方式：一是不通过仓库直接转入下一生产步骤；二是通过仓库收发。图中实线表示第一种方式下的成本结转，虚线表示第二种方式下的成本结转。

（二）平行结转分步法的成本计算程序

如前所述，平行结转分步法主要适用于装配式多步骤生产企业。在这类企业的产品生产过程中，从原材料投入到产成品制成，先由各个生产步骤对各种原材料平行地进行加工，使之成为各种零件和部件，最后由装配车间组装成产成品。也有的连续式多步骤生产企业，尽管上步骤半成品转交下步骤继续加工，但转移的只是半成品实物，其成本不计算、不结转。如果企业各生产步骤生产的半成品种类较多，半成品一般不对外销售，为了简化成本核算工作，就可以采用平行结转分步法。

平行结转分步法的成本计算程序是：

第一步按照产品品种及其所经过的生产步骤设置生产成本明细账，各步骤按成本项目设专栏。

第二步归集各项生产费用，登记各步骤生产成本明细账。各步骤成本生产成本明细账中只核算本步骤自身发生的生产费用，不包括耗用上步骤半成品成本。

第三步月末，将各步骤归集的生产费用在产成品与广义在产品之间进行分配，计算各步骤应计入产成品成本的费用份额。

第四步将各生产步骤应计入产成品成本的费用份额平行相加汇总后，得到产成品总成本,除以完工产品产量,即为单位成本。

具体程序如图 4-2 所示。

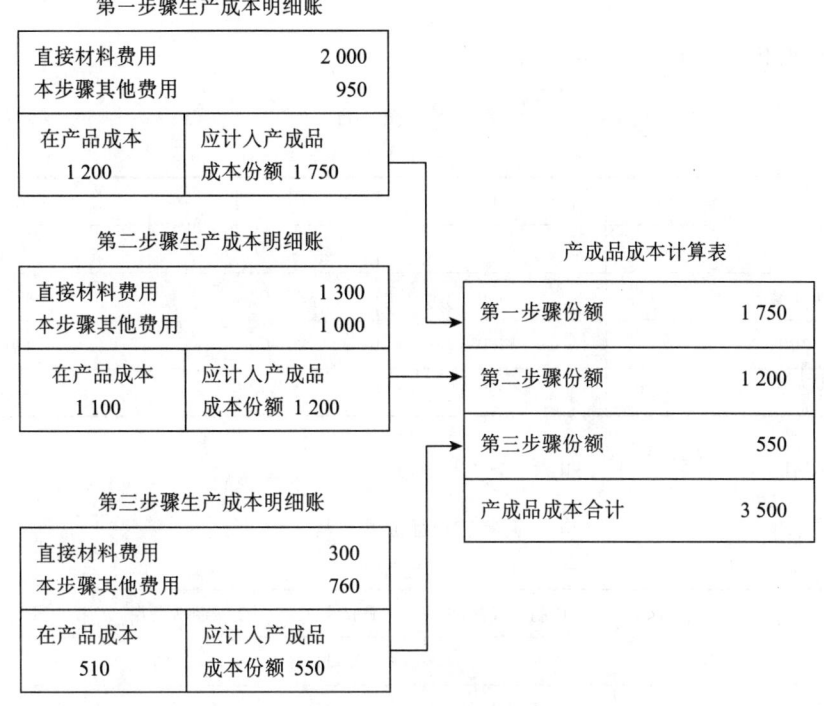

图 4-2 平行结转分步法

根据上述分析,任务案例中的鲁中机械厂属于大量大批多步骤连续式生产甲产品的企业,适宜采用分步法中的核算半成品成本的逐步结转分步法,来核算各步骤半成品和最终产成品成本。企业应该按照第一、第二、第三,三个生产步骤设置生产成本明细账,以分别归集各步骤发生的生产费用,期末分别计算半成品 A、B 和产成品甲的成本,以及各步骤未完工的在产品成本。

任务二 逐步结转分步法的应用

【任务案例】

鲁中公司甲产品顺序经过三个车间进行生产加工。一车间生产的产品为甲产品的半成品 A,完工后直接交给二车间继续加工;二车间将半成品 A 进一步加工为半成品 B,完工后全部交存半成品仓库;三车间从半成品仓库领用半成品 B 继续加工为产成品甲,完工后交存产成品仓库。各步骤在产品成本计算采用约当产量法。甲产品原材料在第一车间生产开始时一次投足；第二和第三车间转入或领用的半成品 A 和半成品 B，也都分别在各生产步骤生产开始时一次投入；各车间（步骤）自身发生的直接人工和制造费用的发生都比较均衡，月末各车间在产品的完工程度都按 50% 计算。2024 年 5 月有关成本核算资料如下：

1. 产量资料（如表 4-1 所示）。

表 4-1　　　　　　　　　　　　　产　量　资　料
2024 年 5 月

项　目	一车间	二车间	三车间
月初在产品	40	80	80
本月投入或上步骤转入	440	400	400
本月完工	400	400	440
月末在产品	80	80	40

2. 月初在产品成本资料（如表 4-2 所示）。

表 4-2　　　　　　　　　　　月初在产品成本资料
2024 年 5 月

项　目	直接材料	自制半成品	直接人工	制造费用	合　计
第一步骤	10 000		2 500	2 000	14 500
第二步骤		38 000	8 000	6 000	52 000
第三步骤		66 000	8 000	6 000	80 000
合　计	10 000	104 000	18 500	14 000	146 500

3. 半成品期初库存资料：半成品 B 月初结存 80 件，总成本为 66 000 元。
4. 本月生产费用资料（如表 4-3 所示）。

表 4-3　　　　　　　　　　　本月生产费用资料
2024 年 5 月

项　目	直接材料	直接人工	制造费用	合　计
第一步骤	110 000	52 500	42 000	204 500
第二步骤		80 000	60 000	140 000
第三步骤		84 000	63 000	147 000
合　计	110 000	216 500	165 000	491 500

鲁中机械厂会计人员根据上述资料，采用逐步结转分步法的综合结转方式，归集各步骤发生的生产费用，进而计算各步骤完工产品和期末在产品成本。

思考：逐步结转分步法具体又分为哪几种成本结转方式？你能熟练运用这些方式计算结转完工产品成本吗？你会进行综合结转方式下的成本还原吗？

【知识准备】

半成品成本结转的方式

采用逐步结转分步法，各生产步骤之间半成品成本的结转，按照半成品成本在下一生产步骤产品生产成本明细账中反应方式的不同，可以分为综合结转和分项结转两种方式。

半成品成本的综合结转，是将上步骤半成品成本，不分成本项目，综合转入下步骤生产成本明细账中的"直接材料"（或"上步骤半成品"）成本项目中。半成品成本的综合结转，可以按照上一步骤所产半成品的实际成本结转，也可以按照企业确定的半成品计划成本或定额成本结转。

半成品成本的分项结转，是将上步骤半成品成本，按照原始成本项目，分别转入下步骤生产成本明细账中对应的成本项目中。

【任务处理】

一、逐步结转分步法综合结转方式的应用

微课：逐步结转分布法
——综合结转方式

【例4-1】根据任务案例资料，鲁中公司2024年5月成本核算过程如下：

（一）设置生产成本等明细账

根据逐步结转分步法的原理，鲁中公司以甲产品及所经生产步骤上的半成品A、半成品B作为成本核算对象，设置的生产成本明细账有"甲产品第一步半成品A"（如表4-4所示）、"甲产品第二步半成品B"（如表4-5所示）和"甲产品第三步产成品"（如表4-7所示）三个，各自按照成本项目设置专栏。

另外，由于半成品B经由仓库收发，所以还应设置"自制半成品——半成品B"（如表4-6所示）明细账户，来核算自制半成品B的收入、发出和结存情况。第二步骤生产完工交存仓库时，按实际成本记借方；第三步骤领用时，按加权平均法计算实际成本，记贷方；期末余额在借方，表示库存半成品B的实际成本。

（二）归集生产费用，登记各步骤明细账

根据表4-2和表4-3资料，登记各步骤生产成本明细账中的月初在产品成本和本月发生的生产费用（具体归集过程略，登记结果如表4-4、表4-5和表4-7所示）。

（三）计算第一步骤半成品成本

1. 直接材料项目

月末在产品约当量 = $80 \times 100\%$ = 80（件）

费用分配率 = $120\ 000 \div 480$ = 250（元/件）

月末在产品成本 = 250×80 = 20 000（元）

本月完工半成品A总成本 = 250×400 = 100 000（元）

或 = $120\ 000 - 20\ 000$ = 100 000（元）

2. 直接人工项目

月末在产品约当量 = 80 × 50% = 40（件）

费用分配率 = 55 000 ÷ 440 = 125（元/件）

月末在产品成本 = 125 × 40 = 5 000（元）

本月完工半成品 A 总成本 = 125 × 400 = 50 000（元）

或 = 55 000 − 5 000 = 50 000（元）

3. 制造费用项目

月末在产品约当量 = 80 × 50% = 40（件）

费用分配率 = 44 000 ÷ 440 = 100（元/件）

月末在产品成本 = 100 × 40 = 4 000（元）

本月完工半成品 A 总成本 = 100 × 400 = 40 000（元）

或 = 44 000 − 4 000 = 40 000（元）

4. 本月完工半成品 A 总成本

通过上述计算，第一生产步骤本月完工转出半成品 A 400 件，总成本为 190 000 元（100 000 + 50 000 + 40 000），应转入第二步骤生产成本明细账。编制会计分录如下：

借：生产成本——基本生产成本（第二步骤半成品 B）　　　190 000.00

　　贷：生产成本——基本生产成本（第一步骤半成品 A）　　190 000.00

上述计算结转过程在第一步骤生产成本明细账中的登记如表 4-4 所示；在第二步骤生产成本明细账中的登记如表 4-5 所示。

表 4-4　　　　　　　　　　甲产品第一步骤明细账

产品品名：半成品 A　　　产量：400 件　　2024 年 5 月　　　　　　　　单位：元

项　目	直接材料	直接人工	制造费用	合　计
月初在产品成本	10 000	2 500	2 000	14 500
本月生产费用	110 000	52 500	42 000	204 500
生产费用合计	120 000	55 000	44 000	219 000
本月完工产品数量	400	400	400	
月末在产品约当量	80	40	40	
约当总产量	480	440	440	
费用分配率（单位成本）	250	125	100	475
完工半成品 A 总成本	100 000	50 000	40 000	190 000
月末在产品成本	20 000	5 000	4 000	29 000

（四）计算第二步骤半成品成本

按照逐步结转分步法的原理，计算第二步骤半成品 B 的生产成本时，除了归集本步骤发生的生产费用以外，还要加上第一步骤转入的半成品 A 的实际成本。因此，在第二步骤生产成本明细账（如表 4-5 所示）中登记月初在产品成本和本月本步骤自身发生的生产费用以外，还应当登记上步骤转入的半成品 A 总成本 190 000 元。由于采用的是综合结转方式，将其全部记入"半成品"（或"直接材料"）成本项目。

第二步骤自身发生的加工费用，加上第一步骤转入的半成品成本，采用约当产量法在本步骤完工产品（400件半成品B）和月末在产品之间进行分配，分配方法与第一步骤相同，不再列示计算公式。第二步骤成本计算结果在生产成本明细账中的登记如表4-5所示。

表4-5　　　　　　　　　　　甲产品第二步骤明细账

产品品名：半成品B　　　　　产量：400件　　2024年5月　　　　　　　　　单位：元

项目	上步骤转入 半成品A	本步骤发生		合计
		直接人工	制造费用	
月初在产品成本	38 000	8 000	6 000	52 000
本月本步发生生产费用		80 000	60 000	140 000
本月上步转入生产费用	190 000			190 000
生产费用合计	228 000	88 000	66 000	382 000
本月完工产品数量	400	400	400	
月末在产品约当量	80	40	40	
约当总产量	480	440	440	
费用分配率（单位成本）	475	200	150	825
完工半成品B总成本	190 000	80 000	60 000	330 000
月末在产品成本	38 000	8 000	6 000	52 000

表4-5的计算结果表明，本月第二步骤所产半成品B完工入库400件，实际单位成本为825元，实际总成本为330 000元。由于半成品B通过半成品仓库收发，应编制会计分录结转完工入库半成品成本，并在第二步骤生产成本明细账和自制半成品明细账（如表4-6所示）中登记。编制结转完工入库半成品B总成本330 000元的会计分录如下：

借：自制半成品——半成品B　　　　　　　　　　　330 000.00
　　贷：生产成本——基本生产成本（第二步骤半成品B）　330 000.00

表4-6　　　　　　　　　　　自制半成品B明细账

产品品名：半成品B　　　　　　2024年5月　　　实物单位：件　　　　　金额单位：元

摘要	收入			发出			结存		
	数量	单价	金额	数量	单价	金额	数量	单价	金额
期初结存							80	825	66 000
第二步骤交库	400	825	330 000				480		
第三步骤领用				400			80		
本月合计	400	825	330 000	400		330 000	80	825	66 000

（五）计算第三步骤产成品成本

1. 第三步骤本月领用半成品B

第三步骤本月生产的甲产品成本，是由本步骤自身发生的加工费用和从半成品仓库领用的半成品B的成本构成的。在第三步骤生产成本明细账（如表4-7所示）中登记月初在产品成本和本月发生的生产费用以后，还应计算登记从半成品仓库领用的半成品B

的成本。计算公式如下：

半成品 B 的加权平均单价 =（66 000 + 330 000）÷（80 + 400）= 825（元）

月末结存半成品 B 的成本 = 825 × 80 = 66 000（元）

第三步骤领用半成品 B 的成本 = 66 000 + 330 000 − 66 000 = 330 000（元）

根据上述计算结果，编制第三生产步骤领用半成品 B 的会计分录如下：

借：生产成本——基本生产成本（第三步骤甲产品）　　　330 000.00
　　贷：自制半成品——半成品 B　　　　　　　　　　　　　330 000.00

上述会计分录应记入自制半成品明细账（如表 4 – 6 所示）的"发出金额"栏和第三步骤生产成本明细账（如表 4 – 7 所示）"半成品"（或"直接材料"）成本项目中。

2. 计算第三步骤月末在产品和本月完工产品成本

在第三步骤生产成本明细账中，登记了月初在产品成本、本月本步骤自身发生的加工费用和从半成品仓库领用的半成品 B 的成本以后，就可以按照第一、第二生产步骤的成本计算方法，采用约当产量法分配生产费用，计算期末在产品和本月完工甲产品的实际成本。计算结果如表 4 – 7 所示。

表 4 – 7　　　　　　　　　　　甲产品第三步骤明细账

产品品名：甲产品　　　　产量：440 件　　2024 年 5 月　　　　　　　单位：元

项目	上步骤转入	本步骤发生		合计
	半成品 B	直接人工	制造费用	
月初在产品成本	66 000	8 000	6 000	80 000
本月本步骤发生生产费用		84 000	63 000	147 000
本月上步骤转入生产费用	330 000			330 000
生产费用合计	396 000	92 000	69 000	557 000
本月完工产品数量	440	440	440	
月末在产品约当量	40	20	20	
约当总产量	480	460	460	
费用分配率（单位成本）	825	200	150	1 175
完工甲产品总成本	363 000	88 000	66 000	517 000
月末在产品成本	33 000	4 000	3 000	40 000

表 4 – 7 的计算结果表明，第三步骤本月生产完工的甲产品总成本为 516 694 元，应据以编制结转完工入库甲产品成本的会计分录如下：

借：库存商品——甲产品　　　　　　　　　　　　　　　517 000.00
　　贷：生产成本——基本生产成本（第三步骤甲产品）　　　517 000.00

二、逐步结转分步法结转方式的成本还原

（一）成本还原的意义

成本还原是将产品成本构成中的"半成品"成本项目的金额，还原为按"直接材料""直接人工""制造费用"等原始成本项目反映的金额，从而真实地反映产品成本的原始构成。

从前述第三步骤产品成本明细账中可以看出，采用综合结转法的结果，表现在产成

品成本中的绝大部分费用是所耗第二步骤半成品的费用,而直接人工、制造费用只是第三步骤发生的费用。这显然不符合产品成本构成的实际情况,因而不能据以从整个企业角度分析和考核产品成本的构成和水平。因此,在管理上要求从整个企业角度考核和分析产品成本的构成和水平时,还应将综合结转算出的产成品成本进行成本还原。

(二) 成本还原的方法

成本还原是按照反工艺顺序进行的,即从最后一个步骤起,把本月产成品成本中所耗上一步骤半成品的综合成本,按照上一步骤所产半成品的成本构成,分解还原为直接材料、直接人工、制造费用等原始成本项目金额,直到第一个生产步骤;然后将各步骤相同成本项目的金额相加,就可以求得按原始成本项目反映的产成品实际总成本。

还原后的实际总成本与还原前的总成本是相等的,所不同的是各个成本项目的金额,反映的是真实的成本构成。

1. 按上步骤所产半成品成本构成进行成本还原

【例 4-2】 根据任务案例中鲁中公司五月份甲产品的成本资料进行还原。

(1) 半成品 B 项目成本还原。如表 4-7 所示,鲁中公司完工入库甲产品 440 件,实际总成本为 517 000 元,其中半成品 B 为 363 000 元,直接人工为 88 000 元,制造费用为 66 000 元。

甲产品实际总成本中,"半成品 B"项目的成本 363 000 元是需要进行成本还原的。它包括月初在产品成本中的半成品 B 和本月从仓库领用的第二步骤所产的半成品 B 的成本。为了简化成本还原工作,可以都按照本月第二步骤所产半成品 B 的成本构成进行还原。

根据表 4-5 资料,本月第二步骤完工入库半成品 B 400 件,实际总成本为 330 000 元,其中半成品 A 为 190 000 元,直接人工为 80 000 元,制造费用为 60 000 元。半成品 B 的成本构成计算如表 4-8 所示。

表 4-8   半成品 B 成本构成计算表

产品品名:半成品 B   2024 年 5 月   单位:元

成本项目	本月实际总成本	半成品成本构成(各成本项目比重)
半成品 A	190 000	190 000 ÷ 330 000 × 100% ≈ 57.576%
直接人工	80 000	80 000 ÷ 330 000 × 100% ≈ 24.242%
制造费用	60 000	60 000 ÷ 330 000 × 100% ≈ 18.182%
合计	330 000	100%

根据第二步骤本月所产半成品 B 的成本结构,对第三步骤本月完工产品中的半成品 B 的成本为 362 694 元进行还原,计算结果如表 4-9 所示。

表 4-9   半成品 B 成本还原计算表

产品品名:半成品 B   2024 年 5 月   单位:元

成本项目	还原前半成品 B 成本	半成品 B 成本构成	半成品成本还原金额
半成品 B	363 000		
半成品 A		57.576%	363 000 × 57.576% ≈ 209 000
直接人工		24.242%	363 000 × 24.242% ≈ 88 000
制造费用		18.182%	363 000 × 18.182% ≈ 66 000
合计	363 000	100%	363 000

（2）半成品 A 项目成本还原。对半成品 B 项目的成本还原后，仍有自制半成品 A 成本 209 015.40 元，应当再按第一步骤本月所产半成品 A 的成本构成进行成本还原。

根据表 4-4 资料，本月第一步骤完工入库半成品 A 400 件，实际总成本为 190 000 元，其中直接材料为 100 000 元，直接人工为 50 000 元，制造费用为 40 000 元。半成品 A 的成本构成和成本还原的计算分别如表 4-10、表 4-11 所示。

表 4-10　　　　　　　　　　半成品 A 成本构成计算表
产品品名：半成品 A　　　　　　2024 年 5 月　　　　　　　　　　　　　　单位：元

成本项目	本月实际总成本	半成品成本构成（各成本项目比重）
直接材料	100 000	100 000 ÷ 190 000 × 100% ≈ 52.632%
直接人工	50 000	50 000 ÷ 190 000 × 100% ≈ 26.316%
制造费用	40 000	40 000 ÷ 190 000 × 100% ≈ 21.052%
合计	190 000	100%

表 4-11　　　　　　　　　　半成品 A 成本还原计算表
产品品名：半成品 A　　　　　　2024 年 5 月　　　　　　　　　　　　　　单位：元

成本项目	还原前半成品 B 成本	半成品 A 成本构成	半成品成本还原金额
半成品 A	209 000		
直接材料		52.632%	209 000 × 52.632% ≈ 110 000
直接人工		26.316%	209 000 × 26.316% ≈ 55 000
制造费用		21.052%	209 000 × 21.052% ≈ 44 000
合计	209 000	100%	209 000

（3）计算还原以后各成本项目的实际总成本和单位成本。甲产品顺序经过三个步骤进行生产加工，因此成本还原只需要进行上述两步即可。最后，将还原以后各步骤相同成本项目的金额相加，就是甲产品还原以后的实际总成本（如表 4-12 所示）。

表 4-12　　　　　　　　　　还原以后甲产品实际成本计算表
产品品名：甲产品　　　　　产量：440 件　　2024 年 5 月　　　　　　　　单位：元

成本项目	还原前总成本	还原后总成本	还原后单位成本
半成品 B	363 000		
直接材料		110 000 + 0 + 0 = 110 000	250
直接人工	88 000	55 000 + 88 000 + 88 000 = 231 000	525
制造费用	66 000	44 000 + 66 000 + 66 000 = 176 000	400
合计	517 000	517 000	1 175

从表 4-12 可以看出，甲产品成本还原以后的总成本为 517 000 元，与成本还原前总成本完全相等，说明成本还原不会改变产成品的实际总成本。但是，成本还原改变了产成品成本的构成。鲁中公司 2024 年 5 月甲产品还原以后的总成本中，直接材料费用为 110 000 元，直接人工费用为 231 000 元，制造费用为 176 000 元，反映了产品成本的原始构成。

上述成本还原是按照上步骤所产半成品成本的构成（各成本项目的比重）进行计算的。实际工作中，采用这种方法计算，一般可以通过编制"产品成本还原计算表"一次完成。表4-13列示了甲产品成本还原计算表的一般格式和计算过程。

表4-13　　　　　　　　　　产品成本还原计算表

产品品名：甲产品　　　　　产量：440件　　2024年5月　　　　　　　单位：元

摘　要	成　本　项　目					
	半成品B	半成品A	直接材料	直接人工	制造费用	合　计
①还原前产品总成本	363 000			88 000	66 000	517 000
②半成品B成本构成		57.576%		24.242%	18.182%	100%
③半成品B成本还原	-363 000	209 000		88 000	66 000	0
④半成品A成本构成			52.632%	26.316%	21.052%	100%
⑤半成品A成本还原		-209 000	110 000	55 000	44 000	0
⑥还原后总成本（①+③+⑤）	0	0	110 000	231 000	176 000	517 000
⑦还原后产品单位成本			250	525	400	1 175

2. 通过计算成本还原分配率进行成本还原

在实际工作中，还可以通过计算成本还原率，逐步将产成品成本中的自制半成品成本进行还原。

(1) 计算成本还原分配率。成本还原分配率是本月完工产成品所耗上步骤半成品成本与该步骤本月所产半成品成本的比率，其计算公式为：

微课：逐步结转分布法——成本还原

$$半成品成本还原分配率 = \frac{本月产成品所耗上步骤半成品成本}{上步骤本月所产半成品总成本}$$

案例中，鲁中公司第三生产步骤本月所产甲产品总成本中，耗用第二生产步骤半成品B的成本为363 000元，第二步骤本月所产半成品B的总成本为330 000元，则半成品B的成本还原分配率为：

$$半成品B成本还原分配率 = \frac{363\ 000}{330\ 000} = 1.1$$

鲁中公司第一生产步骤本月所产半成品A 190 000元，本月产成品成本中耗用第一步骤所产半成品A 209 015.40元，则半成品A的成本还原分配率为：

$$半成品A成本还原分配率 = \frac{209\ 015.40}{190\ 000} \approx 1.1$$

(2) 半成品B项目成本还原。用计算出的半成品B成本还原分配率，分别乘以第二生产步骤本月所产半成品B各成本项目的费用，就可以求得产成品成本中半成品B项目（363 000元）还原以后的成本。

半成品B项目还原后成本 = 190 000 × 1.1 = 209 000（元）

直接人工项目还原后成本 = 80 000 × 1.1 = 88 000（元）

制造费用项目还原后成本 = 60 000 × 1.1 = 66 000（元）

还原后总成本 = 209 000 + 88 000 + 66 000 = 363 000（元）

(3) 半成品 A 项目成本还原。用计算出的半成品 A 成本还原分配率，分别乘以第一生产步骤本月所产半成品 A 各成本项目的费用，就可以求得产成品成本中半成品 A 项目（209 000 元）还原以后的成本。

直接材料项目还原后成本 = 100 000 × 1.1 = 110 000（元）
直接人工项目还原后成本 = 50 000 × 1.1 = 55 000（元）
制造费用项目还原后成本 = 40 000 × 1.1 = 44 000（元）
还原后总成本 = 110 000 + 55 000 + 44 000 = 209 000（元）

(4) 计算还原后完工甲产品的实际生产总成本和单位成本。将相同成本项目的金额相加，就是甲产品还原以后的实际总成本，除以产量 440 件就得出单位成本。

直接材料项目还原后总成本 = 110 000（元）
直接人工项目还原后总成本 = 55 000 + 88 000 + 88 000 = 231 000（元）
制造费用项目还原后总成本 = 44 000 + 66 000 + 66 000 = 176 000（元）
还原后总成本 = 110 000 + 231 000 + 176 000 = 517 000（元）

采用这种方法进行成本还原，也可以通过编制"产品成本还原计算表"（如表 4 – 14 所示）一次完成。

表 4 – 14　　　　　　　　　产品成本还原计算表

产品品名：甲产品　　　　产量：440 件　　2024 年 5 月　　　　　　　　　单位：元

摘　要	成本还原分配率	成　本　项　目					合　计
		半成品 B	半成品 A	直接材料	直接人工	制造费用	
①还原前产品总成本		363 000			88 000	66 000	517 000
②本月所产半成品 B			190 000		80 000	60 000	330 000
③半成品 B 成本还原	1.1	-363 000	209 000		88 000	66 000	0
④本月所产半成品 A				100 000	50 000	40 000	190 000
⑤半成品 A 成本还原			-209 000	110 000	55 000	44 000	0
⑥还原后总成本（①+③+⑤）		0	0	110 000	231 000	176 000	517 000
⑦还原后单位成本				250	525	400	1 175

三、逐步结转分步法分项结转方式的应用

如前所述，半成品成本的分项结转，是将上步骤半成品成本，按照原始成本项目，分别转入下步骤生产成本明细账中对应的成本项目中。

微课：逐步结转分布法——分项结转方式

前面所举综合结转实例，是将上步骤半成品成本全部记入下步骤生产成本明细账中的"半成品"（或"直接材料"）项目。为了便于比较，分项结转仍采用综合结转的实例进行分析。

【例 4 – 3】鲁中公司本月生产数量如表 4 – 1 所示，月初在产品成本和本月发生的生产费用分别如表 4 – 2、表 4 – 3 所示。根据表 4 – 2 资料，甲产品月初在产品成本为 146 500 元，其中，第一生产步骤 14 500 元，第二生产步骤 52 000 元，第三生产步骤 80 000 元。在分项结转的情况下，上一步骤转入的半成品成本是按其原始成本项目登记

的，因此，月初在产品成本中各个成本项目的金额与在综合结转方式下的金额不同。采用分项结转方式时，鲁中公司 2024 年 5 月期初在产品成本和本月发生的生产费用资料分别如表 4-15、表 4-16 所示。

表 4-15　　　　　　　　　月初在产品成本资料

产品品名：甲产品　　　　　2024 年 5 月　　　　　　　　　　　　　　单位：元

项　目	第一生产步骤	第二生产步骤	第三生产步骤
1. 直接材料	10 000	20 000	20 000
（1）本步骤发生	10 000		
（2）上步骤转入		20 000	20 000
2. 直接人工	2 500	18 000	34 000
（1）本步骤发生	2 500	8 000	8 000
（2）上步骤转入		10 000	26 000
3. 制造费用	2 000	14 000	26 000
（1）本步骤发生	2 000	6 000	6 000
（2）上步骤转入		8 000	20 000
合　计	14 500	52 000	80 000

表 4-16　　　　　　　　　本月生产费用资料

产品品名：甲产品　　　　　2024 年 5 月　　　　　　　　　　　　　　单位：元

项　目	第一生产步骤	第二生产步骤	第三生产步骤
直接材料	110 000		
直接人工	52 500	80 000	84 000
制造费用	42 000	60 000	63 000
合　计	204 500	140 000	147 000

根据上述资料，鲁中公司会计人员采用逐步结转分步法的分项结转方式，计算各步骤生产成本的过程如下：

1. 计算第一步骤本月所产半成品 A 的实际成本

分项结转方式与综合结转方式在成本核算程序上是完全一致的。第一生产步骤由于没有上步骤转入费用，其成本计算方法和过程与综合结转是一样的。为使分项结转实例完整，将第一步骤生产成本明细账列示出来（如表 4-17 所示），但计算过程不再重复。

表 4-17　　　　　　　　　甲产品第一步骤明细账

产品品名：半成品 A　　　　　产量：400 件　　2024 年 5 月　　　　　　单位：元

项　目	直接材料	直接人工	制造费用	合　计
月初在产品成本	10 000	2 500	2 000	14 500
本月生产费用	110 000	52 500	42 000	204 500
生产费用合计	120 000	55 000	44 000	219 000
本月完工产品数量	400	400	400	

续表

项目	直接材料	直接人工	制造费用	合计
月末在产品约当量	80	40	40	
约当总产量	480	440	440	
费用分配率（单位成本）	250	125	100	475
完工半成品 A 总成本	100 000	50 000	40 000	190 000
月末在产品成本	20 000	5 000	4 000	29 000

2. 计算第二步骤本月所产半成品 B 的实际成本

第二步骤所生产的半成品 B 的成本中，包括本步骤自身发生的生产费用和上步骤转入的半成品 A 的成本。在分项结转的情况下，第一步骤生产完工转入第二步骤的 400 件半成品 A 的总成本 190 000 元，不再是全部转入第二步骤的"半成品"（或"直接材料"）项目，而是按照其原始成本项目分别转入第二步骤对应的成本项目中。登记结果如表 4-18 所示。

表 4-18　　　　　　　　　　甲产品第二步骤明细账

产品品名：半成品 B　　　　　产量：400 件　　2024 年 5 月　　　　　　单位：元

摘要	直接材料		直接人工		制造费用		合计
	上步转入	本步发生	上步转入	本步发生	上步转入	本步发生	
月初在产品成本	20 000		10 000	8 000	8 000	6 000	52 000
本月本步骤发生费用				80 000		60 000	140 000
本月上步骤转入费用	100 000		50 000		40 000		190 000
生产费用合计	120 000		60 000	88 000	48 000	66 000	382 000
本月完工产品数量	400	400	400	400	400		
月末在产品约当量	80		80	40	80	40	
约当总产量	480		480	440	480	440	
费用分配率	250		125	200	100	150	825
本月完工半成品 B 总成本	100 000		50 000	80 000	40 000	60 000	330 000
月末在产品成本	20 000		10 000	8 000	8 000	6 000	52 000

从表 4-18 可以看出，在登记第一步骤转入的半成品 A 的成本时，各成本项目金额都登记在相同的成本项目中的"上步转入"小栏目。在第二步骤生产成本明细账中，每个成本项目又分设了"上步转入"和"本步发生"两小栏，这是因为对于月末在产品来说，上步骤转入的半成品成本已经全部投入（即"完工程度100%"），应与当月完工产品（半成品或产成品）同等分配生产费用；而本步骤发生的生产费用尚未全部投入，应当在折算约当量后，再与完工产品分配生产费用。

第二步骤月末在产品数量为 80 件，在各成本项目"上步骤转入"栏内在产品约当量也是 80 件，在"本步骤发生"栏内在产品约当量为 40 件。表 4-20 中的费用分配率、本月完工半产品成本和月末在产品成本的计算不再详细列示。根据计算结果，编制结转完工入库半成品 B 成本的会计分录如下：

借：自制半成品——半成品 B　　　　　　　　　　　　　　　　330 000.00
　　贷：生产成本——基本生产成本（第二步骤半成品 B）　　330 000.00

在根据上述会计分录登记自制半成品明细账时应注意，逐步结转分步法在采用分项结转方式时，自制半成品明细账上不仅要登记半成品的总成本，还要分成本项目逐项登记。待半成品发出，采用加权平均法等方法计算发出半成品成本时，也要分成本项目分别计算。

鲁中公司半成品 B 明细账的登记情况如表 4-19 所示。

表 4-19　　　　　　　　　　　自制半成品明细账

产品品名：半成品 B　　　　　　2024 年 5 月　　　　　　　　　　单位：元

摘要	数量	成本合计	成本项目		
			直接材料	直接人工	制造费用
期初结存	80	66 000	20 000	26 000	20 000
本月第二步骤交库	400	330 000	100 000	130 000	100 000
合计	480	396 000	120 000	156 000	120 000
加权平均单位成本		825	250	325	250
本月第三步骤领用	400	330 000	100 000	130 000	100 000
期末结存	80	66 000	20 000	26 000	20 000

3. 计算第三步骤本月所产甲产品的实际成本

（1）领用半成品 B。第三步骤所产甲产品的成本中，包括本步骤自身发生的生产费用和从仓库领用的半成品 B 的成本。与前面步骤一样，自制半成品 B 的成本 330 000 元应按照其原始成本项目分别转入第三步骤对应的成本项目中。根据表 4-21 自制半成品明细账的计算结果，将第三步骤领用的半成品 B 的实际成本编制会计分录，转入第三步骤生产成本明细账（如表 4-20 所示）。

借：生产成本——基本生产成本（第三步骤甲产品）　　　　330 000.00
　　贷：自制半成品——半成品 B　　　　　　　　　　　　　330 000.00

表 4-20　　　　　　　　　　　甲产品第三步骤明细账

产品品名：甲产品　　　　　　产量：440 件　　2024 年 5 月　　　　单位：元

摘要	直接材料		直接人工		制造费用		合计
	上步转入	本步发生	上步转入	本步发生	上步转入	本步发生	
月初在产品成本	20 000		26 000	8 000	20 000	6 000	80 000
本月本步骤发生费用				84 000		63 000	147 00
本月上步骤转入费用	100 000		130 000		100 000		330 000
生产费用合计	120 000		156 000	92 000	120 000	69 000	557 000
本月完工产品数量	440		440	440	440	440	
月末在产品约当量	40		40	20	40	20	
约当总产量	480		480	460	480	460	
费用分配率	250		325	200	250	150	1 175
本月完工甲产品总成本	110 000		143 000	88 000	110 000	66 000	517 000
月末在产品成本	10 000		13 000	4 000	10 000	3 000	40 000

（2）计算本月完工甲产品总成本和月末在产品成本。第三生产步骤生产成本明细账（如表4-20所示）中，有关月末在产品的约当量、费用分配率、完工产品总成本和月末在产品成本的计算过程与第二生产步骤相同，不再详述。根据表4-20的成本计算结果，编制"完工甲产品成本汇总表"（如表4-21所示）。

表4-21　　　　　　　　　完工产品成本汇总表

产品品名：甲产品　　　　　产量：440件　　　2024年5月　　　　　　　单位：元

项目	直接材料	直接人工	制造费用	合计
本月完工产品总成本	110 000	143 000 + 88 000 = 231 000	110 000 + 66 000 = 176 000	517 000
本月完工产品单位成本	250	525	400	1 175

根据完工产品成本汇总表，编制结转本月完工入库甲产品总成本的会计分录如下：

借：库存商品——甲产品　　　　　　　　　　　　517 000.00
　　贷：生产成本——基本生产成本（第三步骤甲产品）　　517 000.00

表4-21计算结果表明，本月完工440件甲产品的实际总成本为517 000元，其中直接材料为110 000元，直接人工为231 000元，制造费用为176 000元。这一计算结果与表4-15、表4-16进行半成品成本还原以后的甲产品总成本和各成本项目的金额相等。可见，采用分项结转方式结转半成品成本，可以直接、真实地反应产品成本的原始构成，不需要进行成本还原。但是，这种方式的成本计算、结转和登记的工作量比较大，因为在这种方式下，产品成本明细账中的每个成本项目都要区分上步骤转入费用和本步骤发生费用，自制半成品明细账中也要分成本项目逐项登记半产品成本。

任务三　平行结转分步法的综合应用

PPT

【任务案例】

鲁南公司大量大批多步骤生产甲产品，设有三个基本生产车间，第一车间生产半成品A，完工后交第二车间生产半成品B，第三车间组装成甲产品。成本核算采用平行结转分步法。

根据平行结转分步法的原理，鲁南公司以甲产品及其所经过的三个生产步骤（车间）为成本核算对象，按照第一、第二和第三生产步骤开设产品生产成本明细账，并按直接材料、直接人工和制造费用三个成本项目设专栏。

鲁南公司采用约当产量法在本月完工产品和月末在产品之间分配生产费用。根据平行结转分步法的原理，本月完工产品是指第三车间装配完工交库的产成品甲产品，月末在产品是指广义在产品，包括各步骤的月末在产品和已经交给下步骤尚未最终完工的半成品。各车间原材料都在生产开始时一次投入，直接人工和制造费用的发生比较均衡，在产品完工程度均为50%。

2024 年 6 月有关成本核算资料如下：

1. 产量资料（如表 4-22 所示）

表 4-22 产量资料
2024 年 6 月

项目	一车间	二车间	三车间
月初在产品	20	40	80
本月投入或上步骤转入	220	200	200
本月完工	200	200	220
月末在产品	40	40	60

2. 月初在产品成本资料（如表 4-23 所示）

表 4-23 月初在产品成本资料
2024 年 6 月

项目	直接材料	直接人工	制造费用	合计
第一步骤	35 000	16 250	13 000	64 250
第二步骤	30 000	20 000	15 000	65 000
第三步骤		4 000	3 000	7 000
合计	65 000	40 250	31 000	136 250

3. 本月生产费用资料（如表 4-24 所示）

表 4-24 本月生产费用资料
2024 年 6 月

项目	直接材料	直接人工	制造费用	合计
第一步骤	55 000	26 250	21 000	102 250
第二步骤	50 000	40 000	30 000	120 000
第三步骤		42 000	31 500	73 500
合计	105 000	108 250	82 500	295 750

鲁南公司会计人员根据上述资料，采用平行结转分步法计算产品成本。

思考：与逐步结转分步法相比，平行结转分步法有哪些不同？你会运用平行结转分步法计算结转完工产品成本吗？

【知识准备】

平行结转分步法与逐步结转分步法的区别

一、成本管理的要求不同

逐步结转分步法需要计算半成品成本，而平行结转分步法不需要计算半成品成本。

这取决于企业对成本管理的不同要求。一般情况下，如果企业自制半成品可以加工成多种产成品，或者有自制半成品对外销售，或者需要进行半成品成本控制，在成本管理上就需要计算半成品成本。这时，就应采用逐步结转分步法计算半成品成本和产成品成本，以便分析和考核各生产步骤半成品成本计划的执行情况，以及为正确计算半成品的销售成本提供资料。

如果企业自制半成品的种类比较多且不对外销售，在成本管理上可以不要求计算半成品成本。这时就可以采用平行结转分步法计算产品成本，将各生产步骤应计入相同产品成本的份额相加即可，不需要逐步计算和结转半成品成本，简化成本核算工作。

二、产成品成本的计算方式不同

逐步结转分步法是按照企业事先确定的生产步骤，逐步计算和结转自制半成品成本，直到最后步骤计算出产成品成本。各生产步骤的成本核算要等待上一步骤的成本核算结果。采用综合结转方式时，还需要进行成本还原，以反映产品成本的原始构成；采用分项结转方式时，各成本项目的计算、分配、结转工作量较大。

平行结转分步法是将各生产步骤应计入相同产成品成本的份额平行相加来求得产成品成本的，各生产步骤的成本计算可以同时进行，不需要等待，成本计算手续比较简便。

三、在产品的含义不同

逐步结转分步法需要计算并结转半成品成本，半成品需要入库管理的还要设置"自制半成品明细账"，同时进行数量和金额核算。各生产步骤的完工产品指本步骤已经完工的半成品（最后步骤为产成品），月末在产品仅指本步骤尚未完工的在制品，即狭义在产品。各步骤生产成本明细账中的月末在产品成本与该步骤月末在产品实物相一致，有利于加强在产品和自制半成品的管理。

平行结转分步法不计算也不结转半成品成本，各生产步骤完工产品仅指最终产成品所耗用本步骤的半成品；月末在产品指的是广义在产品，既包括本步骤尚未完工的在制品，也包括本步骤已完工交给以后步骤但尚未最终完工的半成品。即使自制半成品实物转入下步骤，其成本也不随之转移，仍保留在本步骤。如果半成品通过仓库收发，也只进行数量核算。各步骤生产成本明细账中的月末在产品成本与该步骤月末在产品实物不相符，不利于加强在产品和自制半成品的管理。

【任务处理】

【例4-4】根据任务案例，鲁南公司2024年6月成本核算过程如下：

一、设置生产成本明细账

根据平行结转分步法的原理，鲁南公司以甲产品及其所经过的三个生产步骤设置生产成本明细账，分别是"甲产品第一步骤生产成本明细账"（如表4-25所示）、"甲产品第二步骤生产成本明细账"（如表4-26所示）和"甲产品第三步骤生产成本明细账"（如表4-27所示），各自按照成本

微课：平行结转分布法

项目设置专栏。

二、归集各项生产费用，登记各步骤生产成本明细账

根据表 4-23 和表 4-24 资料，登记各步骤生产成本明细账中的月初在产品成本和本月发生的生产费用（具体归集过程略，登记结果如表 4-25、表 4-26 和表 4-27 所示）。

三、计算各步骤应计入最终产成品成本的份额

（一）第一步骤应计入最终产成品成本的份额

1. 第一步骤月末广义在产品约当量

采用平行结转分步法，各生产步骤只归集本步骤发生的生产费用。月末，应将各步骤生产费用合计数（月初在产品成本与本月生产费用之和）在本月最终产成品和月末广义在产品之间进行分配。采用约当产量法在本月完工产品和月末在产品之间分配生产费用时，各步骤月末在产品约当量应按下列公式计算：

微课：平行结转分布法——成本计算

本步骤月末（广义）在产品约当量 = 该步骤月末在产品数量 × 在产品完工程度 + 该步骤已加工完成转入以后各步骤但未最后完工的半成品数量

直接材料项目在产品约当量 = 40×100% +（40+60）= 140（件）

直接人工和制造费用项目在产品约当量 = 40×50% +（40+60）= 120（件）

2. 第一步骤约当总产量

某生产步骤月末广义在产品的约当量，加上最终完工产成品耗用该步骤半成品的数量，等于该生产步骤的约当总产量。它是该生产步骤在本月完工产品和月末在产品之间分配生产费用的分配标准。其计算公式如下：

某步骤约当总产量（生产总量） = 该步骤广义在产品约当量 + 最终完工产品数量 × 单位产成品耗用该步骤半成品数量

假定鲁南公司每件甲产品的组装需要半成品 A 和半成品 B 各一件，则：

直接材料项目的约当总量 = 140 + 220×1 = 360（件）

直接人工和制造费用项目的约当总量 = 120 + 220×1 = 340（件）

3. 费用分配率

计算确定分配标准的总量以后，某成本项目应分配额的费用总额（月初在产品成本加上本步骤发生的生产费用，即生产费用合计数）除以该成本项目的分配标准的总量，就是费用分配率。

直接材料费用分配率 =（35 000 + 55 000）÷360 = 250（元/件）

直接人工费用分配率 =（16 250 + 26 250）÷340 = 125（元/件）

制造费用分配率 =（13 000 + 21 000）÷340 = 100（元/件）

4. 单位产品应负担的份额

当 1 件完工产成品耗用 1 件半成品时，费用分配率就是单位产成品在该步骤应负担的份额。如果 1 件完工产成品耗用多件半成品，则单位产成品在该步骤上应负担的份额为：

单位产成品在某步骤上应负担的份额 = 单位产成品耗用该步骤半成品数量 × 费用分配率

鲁南公司每件甲产品的组装需要半成品 A 和半成品 B 各 1 件，所以费用分配率也就是单位产成品成本应负担的份额。

5. 最终产成品应负担的份额

单位产成品成本应负担的份额，乘以最终完工的产成品数量，就是产成品成本在该步骤应负担的份额。

直接材料项目份额 = 250 × 220 = 55 000（元）
直接人工项目份额 = 125 × 220 = 27 500（元）
制造费用项目份额 = 100 × 220 = 22 000（元）
应负担份额合计 = 55 000 + 27 500 + 22 000 = 104 500（元）

将上述计算结果登记第一步骤生产成本明细账（如表 4 - 25 所示）。

表 4 - 25　　　　　　　甲产品第一步骤生产成本明细账
产品品名：甲产品　　　　产量：220 件　　2024 年 6 月　　　　　　　　　单位：元

摘　要		直接材料	直接人工	制造费用	合　计
月初在产品成本		35 000	16 250	13 000	64 250
本月发生成本费用		55 000	26 250	21 000	102 250
生产费用合计		90 000	42 500	34 000	166 500
本月最终产成品数量		220	220	220	
在产品约当量	本步骤在产品约当量	40	20	20	
	已交下步骤未完工半成品	100	100	100	
	在产品约当量小计	140	120	120	
生产总量（约当总产量）		360	340	340	
单位产成品成本份额		250	125	100	475
本月所生产 220 件产成品成本份额		55 000	27 500	22 000	104 500
月末在产品成本		35 000	15 000	12 000	62 000

（二）第二步骤应计入最终产成品成本的份额

第二步骤的计算方法与第一步骤相同，具体计算过程如下：

1. 第二步骤月末广义在产品约当量

直接材料项目在产品约当量 = 40 × 100% + 60 = 100（件）
直接人工和制造费用项目在产品约当量 = 40 × 50% + 60 = 80（件）

2. 第二步骤约当总量

直接材料项目的约当总量 = 100 + 220 × 1 = 320（件）
直接人工和制造费用项目的约当总量 = 80 + 220 × 1 = 300（件）

3. 费用分配率（单位产品应负担的份额）

直接材料费用分配率 =（30 000 + 50 000）÷ 320 = 250（元/件）
直接人工费用分配率 =（20 000 + 40 000）÷ 300 = 200（元/件）
制造费用分配率 =（15 000 + 30 000）÷ 300 = 150（元/件）

4. 最终产成品应负担的份额

直接材料项目份额 = 250 × 220 = 55 000（元）
直接人工项目份额 = 200 × 220 = 44 000（元）
制造费用项目份额 = 150 × 220 = 33 000（元）

应负担份额合计 = 55 000 + 44 000 + 33 000 = 132 000（元）

将上述计算结果登记第二步骤生产成本明细账（如表 4 - 26 所示）。

表 4 - 26　　　　　甲产品第二步骤生产成本明细账

产品品名：甲产品　　　　　产量：220 件　　2024 年 6 月　　　　　　　　单位：元

摘　要		直接材料	直接人工	制造费用	合　计
月初在产品成本		30 000	20 000	15 000	65 000
本月发生成本费用		50 000	40 000	30 000	120 000
生产费用合计		80 000	60 000	45 000	185 000
本月最终产成品数量		220	220	220	
在产品约当量	本步骤在产品约当量	40	20	20	
	已交下步骤未完工半成品	60	60	60	
	在产品约当量小计	100	80	80	
生产总量（约当总产量）		320	300	300	
单位产成品成本份额		250	200	150	600
本月所产 220 件产成品成本份额		55 000	44 000	33 000	132 000
月末在产品成本		25 000	16 000	12 000	53 000

（三）第三步骤应计入最终产成品成本的份额

第三步骤的计算方法与第一、第二步骤相同，但由于第三步骤没有耗用原材料，其成本计算只涉及直接人工和制造费用。具体计算过程如下：

1. 第三步骤月末广义在产品约当量

直接人工和制造费用项目在产品约当量 = 60 × 50% = 30（件）

2. 第三步骤约当总量

直接人工和制造费用项目的约当总量 = 30 + 220 × 1 = 250（件）

3. 费用分配率（单位产品应负担的份额）

直接人工费用分配率 = （4 000 + 42 000） ÷ 250 = 184（元/件）

制造费用分配率 = （3 000 + 31 500） ÷ 250 = 138（元/件）

4. 最终产成品应负担的份额

直接人工项目份额 = 184 × 220 = 40 480（元）

制造费用项目份额 = 138 × 220 = 30 360（元）

应负担份额合计 = 40 480 + 30 360 = 70 840（元）

将上述计算结果登记第三步骤生产成本明细账（如表 4 - 27 所示）。

表 4 - 27　　　　　甲产品第三步骤生产成本明细账

产品品名：甲产品　　　　　产量：220 件　　2024 年 6 月　　　　　　　　单位：元

摘　要	直接材料	直接人工	制造费用	合　计
月初在产品成本		4 000	3 000	7 000
本月发生成本费用		42 000	31 500	73 500
生产费用合计		46 000	34 500	80 500

续表

摘要		直接材料	直接人工	制造费用	合　计
本月最终产成品数量			220	220	
在产品约当量	本步骤在产品约当量		30	30	
	已交下步骤未完工半成品				
	在产品约当量小计		30	30	
生产总量（约当总产量）			250	250	
单位产成品成本份额			184	138	322
本月所产220件产成品成本份额			40 480	30 360	70 840
月末在产品成本			5 520	4 140	9 660

四、汇总计算各步骤应计入最终产成品成本的份额

采用平行结转分步法，将各生产步骤应计入相同产成品成本的份额平行汇总，得出最终完工产成品的总成本；将其除以产量，是产成品的单位成本。

根据表4-25、表4-26和表4-27的计算结果，汇总编制鲁南公司"产品成本汇总表"（如表4-28所示）。

表4-28　　　　　　　　产品成本计算汇总表

产品品名：甲产品　　　　产量：220件　　2024年6月　　　　　　单位：元

生产步骤（车间）	直接材料	直接人工	制造费用	合　计
第一步骤本月完工产品成本份额	55 000	27 500	22 000	104 500
第二步骤本月完工产品成本份额	55 000	44 000	33 000	132 000
第三步骤本月完工产品成本份额		40 480	30 360	70 840
本月完工甲产品总成本	110 000	111 980	85 360	307 340
本月完工甲产品单位成本	500	509	388	1 397

根据产品成本计算汇总表，编制结转本月完工入库甲产品成本的会计分录如下：

借：库存商品——甲产品　　　　　　　　　　　　　　307 340.00
　　贷：生产成本——基本生产成本（甲产品第一步骤）　　110 000.00
　　　　　　——基本生产成本（甲产品第二步骤）　　111 980.00
　　　　　　——基本生产成本（甲产品第三步骤）　　 85 360.00

【知识拓展】

产品成本计算的辅助方法——定额法

一、定额法及其特点

（一）定额法的含义

定额法是以产品的定额成本为基础，加上（或减去）脱离定额差异、材料成本差异

和定额变动差异,来计算产品实际成本的方法。

其基本原理是:在实际费用发生时,将其划分为定额成本与定额差异两部分来归集,并分析产生差异的原因,及时反馈到管理部门,月终以产品定额成本为基础,加减所归集和分配的差异,以此求得产品实际成本。

采用定额法计算产品成本时,产品实际成本的计算公式如下:

产品实际成本 = 定额成本 ± 脱离定额差异 ± 材料成本差异 ± 定额变动差异

定额成本是指根据企业现行的各种消耗定额(材料消耗定额、工时定额、费用定额等)为基础计算的预计产品成本,它是一种成本控制目标。定额成本是计算产品实际成本的基础,也是企业对生产费用进行事中控制和事后分析的依据。

脱离定额差异是指产品生产过程中,各项实际发生的生产费用脱离现行定额的差异。脱离定额差异反映了企业各项生产费用支出的合理程度和执行现行定额的工作质量。

材料成本差异是指在定额法下,材料的日常核算以计划成本计价而产生的材料实际成本与计划成本的差异,它反映所耗材料的价差。

定额变动差异是指由于修订消耗定额而产生的新、旧定额成本之间的差额。它与生产费用的超支或节约无关,是定额成本自身变动的结果。

(二)定额法的特点

1. 事前制定产品的定额成本

采用定额法计算产品成本,企业必须事前制定产品的各项消耗定额和费用定额,并以现行消耗定额和费用定额为依据制定产品的定额成本,作为降低产品成本、节约费用支出的目标。

2. 分别核算符合定额的费用和脱离定额的差异

采用定额法计算产品成本,在生产费用发生时应当将符合定额的费用和脱离定额的差异分别核算,及时揭示实际生产费用脱离定额的差异,以加强生产费用和产品成本的日常核算、分析和控制。

3. 以定额成本为基础,加减各种成本差异来求得实际成本

定额法是成本计算和成本管理相结合的一种方法。作为成本计算方法,其产品成本的计算与品种法等基本方法不同,不是按照月初在产品成本加上本月发生的生产费用,再减去月末在产品成本计算出来的,而是在本月完工产品定额成本的基础上,加上或减去本月完工产品应负担的脱离定额差异、材料成本差异、定额变动差异等来求得的。

二、定额法的适用范围

定额法是一种辅助成本计算方法,它是在品种法、分步法、分批法的基础上,运用一种特殊汇集费用的技术计算产品成本的方法。采用此方法计算产品成本,能及时揭示差异,提供有关成本形成动态的各种信息,有助于促使企业控制和节约费用。该方法一般适用于定额管理制度较健全,而且消耗定额比较准确、稳定的企业。

三、定额法的成本计算程序

(一)制定定额成本

采用定额法计算产品成本,应当根据企业现行消耗定额和费用定额,按成本项目分

品种制定产品的定额成本。定额成本确定后,应编制出各种产品的定额成本表。

制定定额成本依据的现行定额,是指企业从月初起采用的定额。在有定额变动的月份,应当根据变动以后的定额调整月初在产品的定额成本,计算定额变动差异。

(二)核算脱离定额差异

在生产费用发生时,将实际费用分为符合定额的费用和脱离定额的差异两部分,分别核算,并予以汇总。

(三)在本月完工产品和月末在产品之间分配成本差异

月末,企业应将月初结转和本月发生的脱离定额差异、材料成本差异和定额变动差异分别汇总,按照企业确定的成本计算的基本方法,在本月完工产品与月末在产品之间进行分配。为了简化成本核算工作,材料成本差异和定额变动差异也可以全部由本月完工产品成本负担,月末在产品只负担脱离定额差异。

(四)将产品定额成本加减应负担的差异,求得产品实际成本

以本月完工产品的定额成本为基础,加上或减去各项成本差异,计算出本月完工产品的实际总成本。以其除以产量,即为完工产品的单位成本。

四、定额法的应用

【例 4-5】 齐鲁公司大量生产甲、乙、丙三种产品,采用定额法计算产品成本。产品定额成本根据"零件定额卡""部件定额卡"直接计算。2024 年 7 月有关"零件定额卡""部件定额卡"如表 4-29 和表 4-30 所示。

表 4-29　　　　　　　　　零 件 定 额 卡

零件编号:201　　　　　　零件名称:A　　2024 年 7 月

材料编号	材料名称	计量单位	材料消耗定额
101	M	千克	3
102	N	千克	4
工序	工时定额		累计工时定额
1	3		3
2	3.5		6.5
3	3.5		10

表 4-30　　　　　　　　　部 件 定 额 卡

部件编号:301　　　部件名称:B　　2024 年 7 月　　实物单位:件　　金额单位:元

工序或耗用零件名称	耗用零件数量	材料等额成本						材料金额合计	工时消耗定额
		M 材料			N 材料				
		数量	计划单价	金额	数量	计划单价	金额		
201	1	3	8	24	4	9	36	60	10
202	4	10	8	80	20	9	180	260	25
203	2	5	8	40	10	9	90	130	5
组装									10
合计		18	8	144	34	9	306	450	50

(一) 制定定额成本

产品的定额成本一般由企业的财会部门会同计划、生产等部门共同制定。

定额成本一般是以产品现行的消耗定额和计划价格或费用的计划分配率为依据并分成本项目计算的。具体计算公式如下：

直接材料定额成本 = 原材料消耗定额 × 原材料计划单位成本

直接人工定额成本 = 生产工时定额 × 计划小时工资率

制造费用定额成本 = 生产工时定额 × 计划小时费用率

计算时，如果产品的零、部件不多，一般先计算零件的定额成本，然后再汇总计算部件和产品的定额成本。如产品的零、部件较多，为了简化成本计算工作，也可以不逐一计算各种零件的定额成本，根据列有零件材料消耗定额、工时消耗定额的"零件定额卡"，以及材料计划单价、计划工资率和费用率，计算各部件的定额成本，然后汇总计算产成品定额成本；或者根据"零件定额卡""部件定额卡"直接计算产品定额成本。

根据上述资料，2024年7月有关"产品消耗定额计算表"和"产品定额成本汇总表"的计算如表4-31和表4-32所示。

表4-31　　　　　　　　　　　产品消耗定额计算表

产品名称：甲产品　　　　　　2024年7月　　　　　　　　　　金额单位：元

工序或耗用部件名称	耗用部件数量	材料费用定额		工时消耗定额	
		部件定额	产品定额	部件定额	产品定额
301	1	450	450	50	50
302	2	400	800	100	200
303	4	250	1 000	100	400
装配					100
合计			2 250		750

表4-32　　　　　　　　　　　产品定额成本汇总表

2024年7月

产品名称	直接材料定额成本	工时消耗定额	直接人工		制造费用		定额成本合计
			计划工资率	定额成本	计划费用率	定额成本	
甲产品	2 250	750	4	3 000	2	1 500	6 750
乙产品	1 000	250	4	1 000	2	500	2 500
丙产品	2 000	500	4	2 000	2	1 000	5 000

(二) 计算脱离定额差异

采用定额法，应当在生产费用发生时，就将符合定额的费用和脱离定额的差异分别反映，分别登记在生产成本明细账中。计算和分析脱离定额成本的差异是定额法的核心内容。

1. 直接材料费用脱离定额差异的计算

直接材料脱离定额的差异，指生产过程中产品实际耗用材料数量与其定额耗用量之间的差异。用公式表示为：

直接材料费用脱离定额差异 = $\sum$ [（材料实际耗用量 - 材料定额耗用量）× 该材料计划单价]

在实际工作中，计算直接材料费用脱离定额的差异，一般有以下三种方法。

（1）限额法。采用定额法计算产品成本时，为了加强材料费用的控制，应当实行"限额领料单"制度。符合定额的材料应根据"限额领料单"领用，如果增加产品产量或需要增加用料，必须办理追加限额手续。由于其他原因需要超额领料，应使用专设的"超额材料领用单"等差异凭证，经过一定的审批手续领用。超额领用的材料，全部是定额差异。如果使用代用材料，应在"限额领料单"中注明，并在原定额内扣除。代用材料并不一定都是定额差异，要先计算出所领代用材料相当于原规定材料的数量，然后再计算出差异。月末还应根据剩余材料，填制"退料单"办理退料或假退料手续。退料单应视为差异凭证，退料单中所列的材料数额和限额领料单中原材料余额，都是材料脱离定额的节约差异。

【例4-6】齐鲁公司2024年7月生产丁产品1 000件，限额领料单规定每件耗用A材料的限额为5千克，总限额为5 000千克；本月实际领料4 800千克，领料差异为200千克。现假设有以下三种情况：

① 设本期投产产品数量符合限额领料单规定的产品数量，即也是1 000件，且期初、期末均无余料。则上述少领200千克的领料差异就是用料脱离定额的节约差异。

② 设本期投产产品数量仍为1 000件，但车间期初余料为100千克，期末余料为120千克。则：

原材料定额耗用量 = 1 000 × 5 = 5 000（千克）

原材料实际耗用量 = 4 800 + 100 - 120 = 4 780（千克）

原材料脱离定额差异 = 4 780 - 5 000 = -220（千克）（节约）

③ 设本期投产产品数量900件，车间期初余料100千克，期末余料120千克。则

原材料定额消耗 = 900 × 5 = 4 500（千克）

原材料实际消耗量 = 4 800 + 100 - 120 = 4 780（千克）

原材料脱离定额差异 = 4 780 - 4 500 = 280（千克）（超支）

由此可见，只有投产产品数量等于批量，且期初、期末均无余额或期初、期末余额数量相等时，领料差异才是用料脱离定额的差异。

（2）切割法。对于需要切割才能使用的材料（如板材、棒材等），可以通过"材料切割核算单"来核算用料脱离定额的差异，以控制用料。"材料切割核算单"一般应按切割材料的批别开立，单中填明发交切割材料的种类、数量、消耗定额和应切割成的毛坯数量；切割完成后，再填写实际切割成的毛坯数量和材料的实际消耗量。根据实际切割成的毛坯数量和消耗定额，计算出材料的定额耗用量，与材料的实际消耗量相比较，即可得出用料脱离定额的差异。

【例4-7】齐鲁公司发出S材料564千克，应切割成Q零件（毛坯）90个，每个消耗定额为6千克，每千克材料计划单价为3.00元，其他有关资料如表4-33所示。表中有关数字的计算如下：

应切割数量 = 540 ÷ 6 = 90（件）

材料定额耗用量 = 88 × 6 = 528（千克）
废料定额回收量 = 88 × 0.2 = 17.6（千克）
材料脱离定额差异 =（540 - 528）× 3 = 36（元）
废料脱离定额差异 =（17.6 - 20）× 1.5 = - 3.60（元）

表 4 - 33　　　　　　　　　　材料切割核算单

材料编号：105　　材料名称：S 材料　　2024 年 7 月 3 日　　零件编号：205　　零件名称：Q 零件

发料数量	退回余料数量		材料实际消耗量	废料实际回收量
564	24		540	20
单位产品消耗定额	单位回收废料定额	应切割成毛坯数量	实际切割成毛坯数量	材料定额消耗量	废料定额回收量
6	0.2	90	88	528	17.6
材料脱离定额差异		废料脱离定额差异		脱离差异原因	责任者
数量	金额	数量	单价	金额	技术不熟练，未按图纸切割，减少了毛坯数量	王　冰
12	36	- 2.4	1.5	- 3.6		

从表 4 - 33 可以看出，材料脱离定额差异 36 元为不利（超支）差异。由于废料回收价值可以冲减材料费用，实际回收废料 20 克，比回收废料定额多了 2.4 千克，可以多冲减材料费用 3.60 元。但是，由于废料脱离定额差异是在减少了切割数量 2 件（90 - 88）以后形成的，所以多回收废料 3.60 元，不能评价为有利（节约）差异。只有当实际切割成的毛坯数量等于或者大于应切割成毛坯数量时，才可以将超定额回收废料的差异认定为有利（节约）差异。

（3）盘存法。盘存法一般适用于原材料在生产开始时一次投足的产品。它是通过定期盘存的方法来核算材料脱离定额差异的。根据企业生产特点，定期的"期"，可以是工作班、工作日、周、旬等。材料脱离定额差异是材料实际消耗量与定额消耗量的差异。材料实际消耗量是被本期所投产的产品消耗的，定额消耗量也应当照着本期投产的产品数量来计算。因此，盘存法核算材料脱离定额差异的程序是：

首先根据"产品入库单"等凭证记录的完工产品的数量和盘存的在产品数量，计算出本期投产的产品数量；然后用本期投产产品数量乘以单位产品材料消耗定额，计算出材料定额消耗量；再根据"限额领料单"、"超额领料单"和"退料单"等凭证以及车间余料的盘存数量，计算出材料实际消耗量；最后将材料实际消耗量与定额消耗量对比，计算出材料脱离定额的差异。有关计算公式如下：

本期投产产品数量 = 本期完工产品数量 + 期末盘存在产品数量 - 期初盘存在产品数量
直接材料脱离定额差异 =（本期材料实际消耗量 - 本期投产产品数量 × 单位产品材料消耗定额）× 材料计划单价

【例 4 - 8】齐鲁公司生产丁产品耗用的 C 材料在生产开始时一次投入。丁产品期初在产品为 50 件，本期完工产品为 1 000 件，盘存可知期末在产品为 150 件。单位丁产品的 C 材料消耗定额为每件 2 千克，C 材料的计划单位成本为每千克 10 元。"限额领料单"中载明的本期已实际领料数量为 2 100 千克。车间 C 材料期初余料为 50 千克，期末余料为 20 千克。材料脱离定额差异计算如下：

投产产品数量 = 1 000 + 150 - 50 = 1 100（件）
原材料定额消耗量 = 1 100 × 2 = 2 200（千克）
原材料实际消耗量 = 2 100 + 50 - 20 = 2 130（千克）
原材料脱离定额差异（数量） = 2 130 - 2 200 = -70（千克）（节约）
原材料脱离定额差异（金额） = -70 × 10 = -700（元）（节约）

计算结果表明，丁产品材料脱离定额的差异为有利差异70千克，节约700元。

不论采用哪种方法核算原材料定额消耗量和脱离定额差异，都应分批或定期地将这些核算资料按照产品品名等成本计算对象汇总，编制直接材料定额成本和脱离定额差异汇总表（其格式如表4-34所示）。这种汇总表，既可用来汇总反映和分析直接材料脱离定额差异，又可用来代替原材料费用分配表据以登记产品成本明细账，还可以报送管理当局或向职工公布，以便根据发生的原因采取措施，进一步挖掘降低材料费用的潜力。

【例4-9】 齐鲁公司生产的甲产品本月实际投产量55件，根据单位产品材料定额成本2 250元（如表4-32所示）和实际消耗材料数量汇总编制"直接材料费用定额和脱离定额差异汇总表"如表4-34所示。

表4-34　　　　　　　　直接材料费用定额和脱离定额差异汇总表

产品名称：甲产品　　　　产量：110件　　2024年7月　　　　　　金额单位：元

材料名称	计量单位	计划单价	定额耗用			实际耗用		脱离定额差异	
			单位定额	耗用量	金额	耗用量	金额	数量	金额
M材料	千克	8	100	11 000	88 000	10 800	86 400	-200	-1 600
N材料	千克	9	130	14 300	128 700	13 900	125 100	-400	-3 600
其他	元		280		30 800		31 000		200
合计					247 500		242 500		-5 000

采用定额法核算产品成本，应根据本月实际发生的生产费用，将符合定额的费用和脱离定额的差异分别核算，编制如下会计分录，并登记生产成本明细账（如表4-37所示）。

借：生产成本——基本生产成本（甲产品定额成本）　　　247 500.00
　　　　　　——基本生产成本（甲产品脱离定额差异）　 -5 000.00
　　贷：原材料——M材料　　　　　　　　　　　　　　　86 400.00
　　　　　　——N材料　　　　　　　　　　　　　　　 125 100.00
　　　　　　——其他　　　　　　　　　　　　　　　　 31 000.00

2. 直接人工费用脱离定额差异的计算

直接人工费用脱离定额差异的计算，因采用工资形式不同而有所区别。

（1）计件工资制度。在计件工资制度下，直接人工为直接计入费用，只要计件单价不变，按计件单价支付的生产工人工资就是定额工资，不存在脱离定额的差异。因此，在计件工资制度下，直接人工脱离定额的差异往往指因工作条件变化而在计件单价之外支付的工资、津贴、补贴等。企业应将符合定额的工资，反映在产量记录中；脱离定额的差异应当单独设置"工资补付单"等凭证，并由有关领导审批。

（2）计时工资制度。在计时工资制度下，直接人工一般为间接计入费用，人工费用脱离定额的差异平时不能按产品直接计算，所以平时只以工时进行考核；在月末实际直接人工费用总额和产品生产总工时确定以后，才能按下列公式计算：

计划小时工资率＝计划产量的定额直接人工费用÷计划产量的定额生产工时

实际小时工资率＝实际直接人工费用总额÷实际生产总工时

某产品定额直接人工费用＝该产品实际完成的定额生产工时×计划小时工资率

某产品实际直接人工费用＝该产品实际生产工时×实际小时工资率

某产品直接人工费用脱离定额的差异＝该产品实际直接人工费用－该产品定额直接人工费用

无论采用哪种工资形式，都应根据核算资料，按照成本计算对象汇总编制"定额人工费用及脱离定额差异汇总表"，表中汇总反映各种产品的定额人工费用、实际人工费用、脱离定额的差异等，并据此登记有关生产成本明细账。

【例4－10】齐鲁公司2024年7月甲、乙、丙三种产品实际生产总工时为200 000小时，其中甲产品85 000小时，乙产品50 000小时，丙产品65 000小时；本月三种产品实际完成定额工时205 000小时，其中甲产品86 000小时，乙产品55 000小时，丙产品64 000小时；本月实际产品生产工人薪酬为820 800元；设本月计划小时工资率为4元（如表4－32）；实际小时工资率为4.104元（820 800÷200 000）。根据上述资料计算直接人工费用脱离定额差异，并编制"直接人工费用定额和脱离定额差异汇总表"（如表4－35所示）。

表4－35 　　　　　　　　　直接人工费用定额和脱离定额差异汇总表

2024年7月 　　　　　　　　　　　　　　　　　　　　　金额单位：元

产品名称	定额人工费用			实际人工费用			脱离定额差异
	定额工时	计划小时工资率	定额工资	实际工时	实际小时工资率	实际工资	
甲产品	86 000		344 000	85 000		348 840	4 840
乙产品	55 000		220 000	50 000		205 200	－14 800
丙产品	64 000		256 000	65 000		266 760	10 760
合 计	205 000	4	820 000	200 000	4.104	820 800	800

根据上述计算结果，将符合定额的人工费用和脱离定额的差异分别核算，编制如下会计分录，并登记甲产品生产成本明细账（如表4－37所示，其他账户略，下同）。

借：生产成本——基本生产成本（甲产品定额成本）　　　　344 000.00
　　　　　　——基本生产成本（甲产品脱离定额差异）　　　4 840.00
　　　　　　——基本生产成本（乙产品定额成本）　　　　220 000.00
　　　　　　——基本生产成本（乙产品脱离定额差异）　　－14 800.00
　　　　　　——基本生产成本（丙产品定额成本）　　　　256 000.00
　　　　　　——基本生产成本（丙产品脱离定额差异）　　 10 760.00
　贷：应付职工薪酬——工资　　　　　　　　　　　　　　820 800.00

3. 制造费用脱离定额差异的计算

制造费用是生产车间为生产产品和提供劳务所发生的间接费用，如果生产多种产品，制造费用属于间接计入费用，其脱离定额的差异不能在平时按产品计算，只有在月末确定实际制造费用总额以后，才能比照计时工资制度下直接人工费用的计算公式计算确定。

【例 4 – 11】 齐鲁公司 2024 年 7 月各种产品实际生产工时和实际完成定额工时同"例 4 – 10"，本月实际制造费用总额为 413 000 元；设本月制造费用计划分配率为每小时 2 元（如表 4 – 36 所示）；实际分配率为 2.065（413 000÷200 000）。根据上述资料计算制造费用脱离定额差异，并编制"制造费用定额和脱离定额差异汇总表"如表 4 – 36 所示。

表 4 – 36 制造费用定额和脱离定额差异汇总表

2024 年 7 月　　　　　　　　　　　　　　　　　　　金额单位：元

产品名称	定额制造费用			实际制造费用			脱离定额差异
	定额工时	计划小时工资率	定额工资	实际工时	实际小时工资率	实际工资	
甲产品	86 000		172 000	85 000		175 525	3 525
乙产品	55 000		110 000	50 000		103 250	– 6 750
丙产品	64 000		128 000	65 000		134 225	6 225
合　计	205 000	2	410 000	200 000	2.065	413 000	3 000

根据上述计算结果，将符合定额的制造费用和脱离定额的差异分别核算，编制如下会计分录，并登记生产成本明细账（如表 4 – 37 所示）。

借：生产成本——基本生产成本（甲产品定额成本）　　　　　172 000.00
　　　　　　——基本生产成本（甲产品脱离定额差异）　　　　　3 525.00
　　　　　　——基本生产成本（乙产品定额成本）　　　　　110 000.00
　　　　　　——基本生产成本（乙产品脱离定额差异）　　　　 – 6 750.00
　　　　　　——基本生产成本（丙产品定额成本）　　　　　128 000.00
　　　　　　——基本生产成本（丙产品脱离定额差异）　　　　　6 225.00
　　贷：制造费用　　　　　　　　　　　　　　　　　　　　　413 000

（三）计算材料成本差异

采用定额法计算产品成本的企业，材料日常核算都是按计划成本计价的，即直接材料的定额成本和材料脱离定额差异都按照原材料的计划单位成本计算的。因此，在月末计算产品实际成本时，还必须计算和分配本月消耗材料应当负担的成本差异。其计算公式为：

$$某产品应分配的材料成本差异 = (该产品直接材料定额成本 \pm 材料脱离定额差异) \times 材料成本差异率$$

【例 4 – 12】 齐鲁工厂甲产品 7 月份所耗直接材料费用定额成本为 247 500 元（如表 4 – 36 所示），脱离定额的差异为节约 5 000 元（如表 4 – 36 所示），原材料的成本差异率为节约 1.2%。该产品应分配的材料成本差异为：

(247 500 – 5 000) × (–1.2%) = –2 910（元）

根据上述计算结果编制如下会计分录，并登记生产成本明细账（如表 4 – 37 所示）。

借：生产成本——基本生产成本（甲产品材料成本差异）　　－2 910.00
　　　贷：材料成本差异　　　　　　　　　　　　　　　　　　　－2 910.00

在实际工作中，材料成本差异的计算和分配是通过编制"材料成本差异分配表"或"耗用材料汇总表"来进行的。

（四）计算定额变动差异

定额变动差异是指由于修订消耗定额（材料消耗定额、工时定额和费用定额等）而产生的新旧定额之间的差额。新定额一般在月初开始实行，当月投入的产品生产费用，都应按新定额来计算脱离定额差异，但月初在产品的定额成本是按旧定额计算的。为了统一以新的定额成本为基础，必须将月初在产品按新的定额成本进行调整。

月初在产品定额变动差异是指月初在产品按调整后的新定额计算的定额成本，与月初在产品按原定额计算的定额成本之间的差额。其计算公式为：

月初在产品调整后定额成本 = 月初在产品盘存数量 × 调整后的单位消耗定额

月初在产品定额变动差异 = 月初在产品按调整后的定额计算的定额成本 － 月初在产品按原定额计算的定额成本

这种计算方法要按照产品构成的零部件和工序进行计算，当构成产品的零部件较多时，计算工作量大。为了简化计算工作，也可以按照变动前后单位产品的定额成本计算出定额变动系数，再据以确定月初在产品定额变动差异。计算公式为：

定额变动系数 = 按新定额计算的单位产品定额费用 ÷ 按原定额计算的单位产品定额费用

月初在产品定额变动差异 = 按原定额计算的月初在产品成本 ×（1 － 定额变动系数）

【例 4 – 13】齐鲁公司生产的甲产品从 2024 年 7 月 1 日起实行新的材料消耗定额，直接人工和制造费用定额不变。单位产品新的直接材料费用定额为 2 250 元（如表 4 – 34 所示），原直接材料费用定额为 2 343.75 元。甲产品月初在产品按原定额计算的直接材料费用为 46 875 元。根据上述资料，计算月初在产品定额变动差异为：

定额变动系数 = 2 250 ÷ 2 343.75 = 0.96

月初在产品定额变动差异 = 46 875 ×（1 － 0.96）= 1 875（元）

月初在产品定额变动差异是定额本身变动的结果，与生产费用是否节约无关。但定额成本是计算产品实际成本的基础，月初在产品定额成本调低时，应将定额变动差异加入本期产品实际生产成本；反之，应从本期产品实际生产成本中扣除。即月初在产品定额成本调整的数额与计入本期产品实际生产成本的定额变动差异之和应当等于零。齐鲁公司甲产品月初在产品成本调整减少了 1 875 元，则甲产品本月实际生产成本中应当加上定额变动差异 1 875 元。由于月初在产品定额调整不属于实际发生费用，不必编制会计分录，直接将其记入甲产品生产成本明细账相应栏内即可（如表 4 – 37 所示）。

表 4 – 37　　　　　　　　　　　　　生产成本明细账

产品品名：甲产品　　　　完工产量：120 件　　2024 年 7 月　　　　　金额单位：元

项　目	行次	直接材料	直接人工	制造费用	合　计
一、月初在产品成本					
定额成本	1	46 875	31 000	15 500	93 375
脱离定额差异	2	－850	410	225	－215

续表

项　目	行次	直接材料	直接人工	制造费用	合　计
二、月初在产品定额调整					
定额成本调整	3	−1 875	0	0	−1 875
定额变动差异	4	1 875	0	0	1 875
三、本月发生生产费用					
定额成本	5	247 500	344 000	172 000	763 500
脱离定额差异	6	−5 000	4 840	3 525	3 365
材料成本差异	7	−2 910			−2 910
四、生产费用合计					
定额成本	8	292 500	375 000	187 500	855 000
脱离定额差异	9	−5 850	5 250	3 750	3 150
材料成本差异	10	−2 910			−2 910
定额变动差异	11	1 875	0	0	1 875
五、差异分配率	12	−2%	1.4%	2%	
六、完工产品成本					
定额成本	13	270 000	360 000	180 000	810 000
脱离定额差异	14	−5 400	5 040	3 600	3 240
材料成本差异	15	−2 910			−2 910
定额变动差异	16	1 875	0	0	1 875
实际成本	17	263 565	365 040	183 600	812 205
七、月末在产品					
定额成本	18	22 500	15 000	7 500	45 000
脱离定额差异	19	−450	210	150	−90

注：表4−37中，各行数字的来源或计算公式如下：

(1) 1行、2行来自上月生产成本明细账；

(2) 3行、4行根据月初在产品定额调整数计算3行+4行=0；

(3) 5行、6行、7行根据会计分录登记；

(4) 8行=1行+3行+5行；

(5) 9行=2行+6行；

(6) 10行=7行；

(7) 11行=4行；

(8) 12行=9行÷8行；

(9) 13行根据本月完工产品产量和现行定额（如表4−32所示）计算；

(10) 14行=13行×12行；

(11) 15行=10行；

(12) 16行=11行；

(13) 17行=13行+14行+15行+16行；

(14) 18行=8行−13行；

(15) 19行=9行−14行

或，=18行×12行。

(五) 计算产品实际成本

将本月各项生产费用登记生产成本明细账（如表 4-37 所示）以后，应将月初在产品成本、月初在产品定额变动和本月生产费用各项目分别汇总，计算出生产费用合计数。生产费用合计数包括定额成本、脱离定额差异、材料成本差异和定额变动差异。为了简化计算，材料成本差异和定额变动差异可以全部由完工产品成本负担，脱离定额差异则要在本月完工产品和月末在产品之间进行分配。

脱离定额差异一般按照本月完工产品和月末在产品定额成本的比例分配。

【例 4-14】 通过前面的成本核算，齐鲁公司 2024 年 7 月甲产品的有关生产费用已经全部记录到表 4-37 中。假设本月甲产品完工 120 件，其脱离定额差异和产品实际成本的计算过程如下：

(1) 直接材料项目。

直接材料脱离定额差异分配率 = -5 850 ÷ 292 500 = -2%

完工产品应分配的脱离定额差异 = 270 000 × (-2%) = -5 400（元）

月末在产品应分配的脱离定额差异 = 22 500 × (-2%) = -450（元）

(2) 直接人工项目。

直接人工脱离定额差异分配率 = 5 250 ÷ 375 000 = 1.4%

完工产品应分配的脱离定额差异 = 360 000 × 1.4% = 5 040（元）

月末在产品应分配的脱离定额差异 = 15 000 × 1.4% = 210（元）

(3) 制造费用项目。

制造费用脱离定额差异分配率 = 3 750 ÷ 187 500 = 2%

完工产品应分配的脱离定额差异 = 180 000 × 2% = 3 600（元）

月末在产品应分配的脱离定额差异 = 7 500 × 2% = 150（元）

(4) 本月完工产品分配脱离定额差异。

本月完工产品分配脱离定额差异 = -5 400 + 5 040 + 3 600 = 3 240（元）

(5) 月末在产品分配脱离定额差异。

月末在产品分配脱离定额差异 = -450 + 210 + 150 = -90（元）

上述计算结果在甲产品"生产成本明细账"中的登记如表 4-37 所示。

(6) 计算结转完工产品实际成本。

通过上述计算和分配，齐鲁公司本月完工甲产品 120 件的实际总成本为 812 205 元，单位成本为 6 768.38 元。根据完工产品总成本编制会计分录如下：

借：库存商品——甲产品　　　　　　　　　　　　812 205.00
　　贷：生产成本——基本生产成本（甲产品定额成本）　810 000.00
　　　　　　　　——基本生产成本（甲产品脱离定额差异）　3 240.00
　　　　　　　　——基本生产成本（材料成本差异）　　-2 910.00
　　　　　　　　——基本生产成本（定额变动差异）　　1 875.00

【知识归纳】

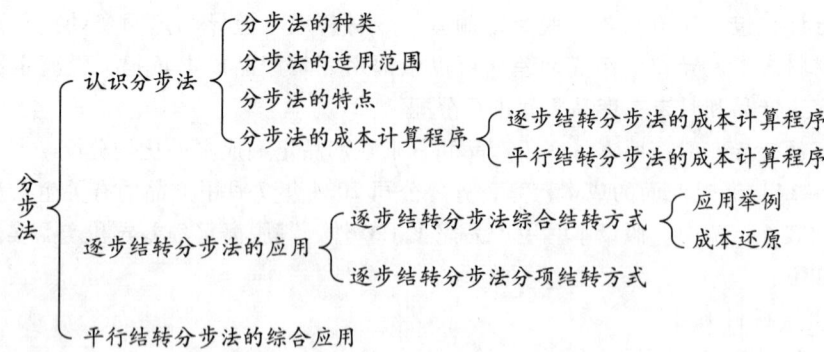

【职业判断能力训练】

一、单项选择题

1. 半成品实物转移，成本也随之结转的成本计算方法是（　　）。
   A. 分批法　　　　　　　　　　B. 逐步结转分步法
   C. 分步法　　　　　　　　　　D. 平行结转分步法
2. 不计算半成品成本的分步法是指（　　）分步法。
   A. 综合结转方式　　　　　　　B. 逐步结转
   C. 分项结转方式　　　　　　　D. 平行结转
3. 分步法的适用范围是（　　）。
   A. 大量大批单步骤生产
   B. 大量大批多步骤生产
   C. 单件小批多步骤生产
   D. 管理上要求分步计算成本的大量大批多步骤生产
4. 分步法中需要进行成本还原的成本计算方法是（　　）。
   A. 综合结转方式　　　　　　　B. 逐步结转
   C. 分项结转方式　　　　　　　D. 平行结转
5. 成本还原是将（　　）成本中自制半成品项目的成本还原为原始成本项目的成本。
   A. 在产品　　　　　　　　　　B. 产成品
   C. 半成品　　　　　　　　　　D. 自制半成品
6. 采用逐步结转分步法，各步骤期末在产品是指（　　）。
   A. 广义在产品　　　　　　　　B. 自制半成品
   C. 狭义在产品　　　　　　　　D. 合格品和废品
7. 成本还原应从（　　）生产步骤开始。
   A. 第一个　　　　　　　　　　B. 最后一个
   C. 任意一个　　　　　　　　　D. 中间一个

8. 在下列企业中，（　　）必须采用逐步结转分步法。
   A. 有自制半成品生产的企业　　　　B. 有自制半成品交给下一步骤的企业
   C. 有自制半成品对外销售的企业　　D. 没有自制半成品生产的企业
9. 平行结转分步法中在产品的含义是指（　　）。
   A. 本步骤在制品　　　　　　　　　B. 最终产成品
   C. 狭义在产品　　　　　　　　　　D. 广义在产品
10. 在一般情况下，下列企业中适合选择平行结转分步法的是（　　）。
    A. 纺织企业　　　　　　　　　　　B. 采掘企业
    D. 冶金企业　　　　　　　　　　　D. 重型机械制造企业
11. 在采用综合逐步结转分步法的情况下，下步骤耗用的上步骤半成品的成本应转入下步骤产品生产成本明细账中的（　　）。
    A. 直接材料项目　　　　　　　　　B. 直接人工项目
    C. 制造费用项目　　　　　　　　　D. 直接材料或自制半成品项目
12. 产品成本计算的分步法是（　　）。
    A. 分车间计算产品成本的方法
    B. 计算各步骤半成品和最后步骤产品成本的方法
    C. 按生产步骤计算产品成本的方法
    D. 计算产品成本中各步骤"份额"的方法
13. 定额成本是（　　）。
    A. 先进企业的平均成本　　　　　　B. 本企业实际发生的成本
    C. 本企业成本控制的目标　　　　　D. 本企业确定的计划成本
14. 需要计算定额变动差异的是（　　）。
    A. 月初在产品　　　　　　　　　　B. 本月投入产品
    C. 月末在产品　　　　　　　　　　D. 本月完工产品
15. 制定定额成本的依据是（　　）。
    A. 本企业现行材料消耗定额、工时消耗定额和费用定额
    B. 本企业平均材料消耗定额、工时消耗定额和费用定额
    C. 本企业实际材料消耗和工时消耗
    D. 先进企业定额成本
16. 采用定额法计算产品成本，本月完工产品实际成本应以（　　）为基础。
    A. 月初在产品定额成本　　　　　　B. 本月完工产品定额成本
    C. 月末在产品定额成本　　　　　　D. 本月投入产品定额成本
17. 在本月完工产品与月末在产品之间分配脱离定额差异的依据是（　　）。
    A. 本月投入产品定额成本
    B. 月末在产品定额成本与本月完工产品定额成本之和
    C. 月初在产品定额成本
    D. 月末在产品定额成本
18. 按计件单价支付的产品生产工人工资等于（　　）。
    A. 定额工资　　　　　　　　　　　B. 脱离定额的差异

C. 直接人工费用　　　　　　　　　　D. 定额变动差异

二、多项选择题

1. 应当采用逐步结转分步法计算成本的企业主要有(　　)。
   A. 自制半成品可加工为多种产品的企业
   B. 有自制半成品对外销售的企业
   C. 需要考核自制半成品成本的企业
   D. 生产多种产品的企业

2. 采用逐步结转分步法时，半成品成本的计算和结转，可以采用(　　)两种方式。
   A. 综合结转　　　　　　　　　　　B. 逐步结转
   C. 分项结转　　　　　　　　　　　D. 平行结转

3. 分步法中能够直接反映产成品成本的原始构成项目的成本计算方法有(　　)。
   A. 逐步结转分步法　　　　　　　　B. 逐步综合结转方式
   C. 平行结转分步法　　　　　　　　D. 逐步分项结转方式

4. 采用平行结转分步法，各生产步骤的期末在产品包括(　　)。
   A. 本步骤正在加工的在制品
   B. 上步骤正在加工的在制品
   C. 已转入下一步骤的自制半成品
   D. 已转入下一步骤的尚未最终完工的自制半成品

5. 逐步结转分步法的特征有(　　)。
   A. 管理上要求计算半成品成本
   B. 最后生产步骤计算的是产成品成本
   C. 半成品实物转移成本随之结转
   D. 期末在产品指狭义在产品

6. 逐步结转分步法中，综合结转方式的特征有(　　)。
   A. 能反映所耗上一步骤半成品的成本水平
   B. 能反映所耗上一步骤半成品的成本构成
   C. 能反映本步骤费用水平
   D. 需要进行成本还原

7. 采用平行结转分步法计算产品成本一般应符合(　　)等条件。
   A. 半成品种类较多，但管理上不要求计算半成品成本
   B. 半成品种类较多，但管理上要求计算半成品成本
   C. 有自制半成品对外销售，需要核算半成品成本
   D. 自制半成品不被企业多种产品生产所消耗

8. 平行结转分步法的特征有(　　)。
   A. 管理上要求分步归集费用，但不要求计算半成品成本
   B. 将各步骤应计入相同产成品成本的份额平行汇总求得产成品成本
   C. 没有自制半成品对外销售，不需要考核半成品成本
   D. 期末在产品是指广义在产品

9. 下列方法中，成本计算期与会计报告期一致的有(　　)。
A. 品种法　　　　　　　　　　B. 逐步结转分步法
C. 分批法　　　　　　　　　　D. 平行结转分步法
10. 定额法计算成本的特点有(　　)。
A. 事先制定定额成本
B. 分别核算符合定额的费用和脱离定额的差异
C. 根据月初在产品成本和本月发生生产费用，计算产品实际成本
D. 以定额成本为基础，加减各种差异求得产品实际成本
11. 采用定额法计算产品成本，产品实际成本的组成项目有(　　)。
A. 定额成本　　　　　　　　　B. 脱离定额差异
C. 材料成本差异　　　　　　　D. 定额变动差异
12. 材料脱离定额差异的计算方法有(　　)。
A. 加权平均法　　　　　　　　B. 限额领料单法
C. 切割法　　　　　　　　　　D. 盘存法
13. 制定定额成本的依据有(　　)。
A. 现行材料消耗定额　　　　　B. 现行工时消耗定额
C. 现行费用定额　　　　　　　D. 其他有关资料
14. 为了简化成本计算工作，(　　)等一般可以全部由本月完工产品成本负担。
A. 定额成本　　　　　　　　　B. 脱离定额差异
C. 材料成本差异　　　　　　　D. 定额变动差异
15. 采用定额法计算产品成本的企业应当具备(　　)等条件。
A. 定额管理制度比较健全　　　B. 定额管理基础工作比较好
C. 产品生产已经定型　　　　　D. 各项消耗定额比较准确、稳定

三、判断题

1. 分步法适用于大量大批单步骤生产企业，如发电、供水等企业。　　　　(　　)
2. 分步法的成本计算期与生产周期不一致，但与会计报告期一致。　　　　(　　)
3. 分步法的成本核算对象是产品品种及其所经生产步骤。　　　　　　　　(　　)
4. 需要计算半成品成本是分步法区别于品种法和分批法的标志。　　　　　(　　)
5. 采用逐步结转分步法，各生产步骤半成品成本结转与其实物转移不一致。(　　)
6. 采用逐步结转分步法，各生产步骤产品生产成本明细账的月末余额就是各该步骤实际结存的在产品成本，即狭义在产品成本，月末在产品成本与该步骤在产品实物一致。
　　　　　　　　　　　　　　　　　　　　　　　　　　　　　　　　　(　　)
7. 逐步结转分步法采用分项结转方式时，为了反映产成品成本的原始构成，必须进行成本还原。　　　　　　　　　　　　　　　　　　　　　　　　　　　　(　　)
8. 综合结转是将上一步骤转入下一步骤的半成品成本，不分成本项目，全部记入下一步骤产品成本计算单中的"直接材料"项目或"自制半成品"项目。　　(　　)
9. 分项结转是不计算半成品成本的分步法。　　　　　　　　　　　　　　(　　)
10. 成本还原是将各生产步骤停留在以后步骤的半成品成本还原为原来成本。(　　)

11. 成本还原是从最后一个生产步骤开始，将最终产成品所耗自制半成品的综合成本，逐步由后一步骤向前一步骤还原，直到第一生产步骤为止。（   ）
12. 采用逐步结转分步法，完工产品是指最后步骤的产成品，在产品是指广义在产品。（   ）
13. 采用平行结转分步法，在产品是指广义在产品；半成品实物向下步骤转移，但其成本不随之结转。（   ）
14. 逐步结转分步法的分项结转适用于管理上不要求计算半成品成本的企业。（   ）
15. 企业采用逐步结转分步法进行成本计算，为了反映原始成本项目，无论是综合结转，还是分项结转，月末都必须进行成本还原。（   ）
16. 无论采用何种成本计算方法，月末都需将本月归集的生产费用在完工产品与在产品之间进行分配。（   ）
17. 采用平行结转分步法时，产成品是指最后一个生产步骤的完工产品。（   ）
18. 平行结转分步法一般适用于管理上要求分步计算成本的大量大批多步骤装配式生产企业。（   ）
19. 采用逐步分项结转与逐步综合结转并进行成本还原的计算结果应是一致的。（   ）
20. 逐步结转分步法和平行结转分步法是分步法计算产品成本的两种具体方法，因此计算出来的产成品总成本应该是相等的。（   ）
21. 采用逐步结转分步法，每月末各步骤成本计算单中归集的生产费用，应采用适当的方法在完工半成品与狭义在产品之间分配。（   ）
22. 采用平行结转分步法，每月末各步骤成本计算单中归集的生产费用，一般都应选用适当的方法在完工产成品与广义在产品之间分配。（   ）
23. 定额变动差异是产品生产过程中实际生产费用脱离现行定额的差异。（   ）
24. 脱离定额差异也可以与定额变动差异合并为一个项目。（   ）
25. 在计件工资制下，如果计件单价不变，按计件单价支付的工资就是定额工资。（   ）
26. 材料成本差异是指修订定额以后，月初在产品账面定额成本与新的定额成本之间的差异。（   ）
27. 月初在产品定额成本调整数额与计入产品成本定额变动差异之和应等于零。（   ）
28. 材料项目脱离定额的差异只反映材料耗用数量的差异，价格差异反映在材料成本差异中。（   ）
29. 定额法的适用范围与企业生产类型没有直接关系。（   ）
30. 定额法是成本计算与成本管理（控制）相结合的一种成本计算方法。（   ）

【职业实践能力训练】

实训练习一 逐步结转分步法（综合结转方式）

目的：练习逐步结转分步法的综合结转方式。

资料：云山工厂生产的甲产品顺序经过第一、第二、第三，三个生产步骤（车间）进行加工。第一步骤完工产品为半成品 A，完工后全部交第二步骤继续加工；第二步骤完工产品为半成品 B，完工后全部交第三步骤继续加工；第三步骤完工产品为产成品甲产品。甲产品原材料在第一步骤生产开始时一次投入，各步骤的人工费用和制造费用发生比较均衡，月末在产品完工程度平均为 50%。2024 年 7 月有关成本计算资料如下：

1. 生产数量资料（如表 4-38 所示）。

表 4-38　　　　　　　　　　生产数量统计表

产品名称：甲产品　　　　　　2024 年 7 月　　　　　　　　　　　　单位：件

项　目	第一步骤	第二步骤	第三步骤
月初在产品数量	100	200	400
本月投入或上步转入数量	1 100	1 000	1 000
本月完工转入下步数量	1 000	1 000	1 100
月末在产品数量	200	200	300

2. 生产费用资料（如表 4-39 所示）。

表 4-39　　　　　　　　　　生产费用资料

产品名称：甲产品　　　　　　2024 年 7 月　　　　　　　　　　　　单位：元

项　目	第一步骤	第二步骤	第三步骤
月初在产品成本	72 500	260 000	800 000
其中：直接材料（半成品）	50 000	190 000	660 000
直接人工	12 500	40 000	80 000
制造费用	10 000	30 000	60 000
本月本步发生生产费用	1 022 500	700 000	735 000
其中：直接材料	550 000		
直接人工	262 500	400 000	420 000
制造费用	210 000	300 000	315 000

要求：根据资料采用逐步结转分步法（综合结转方式）计算甲产品及其半成品 A、半成品 B 成本（月末在产品成本按约当产量法计算），编制结转完工产成品及半成品的会计分录，登记各步骤产品生产成本明细账（如表 4-40、表 4-41 和表 4-42 所示）。

表 4-40　　　　　　　　　　　　第一步骤生产成本明细账

产品名称：半成品 A　　　　　　　2024 年 7 月　　　　　　　　　　　金额单位：元

摘 要	直接材料	直接人工	制造费用	成本合计
月初在产品成本				
本月本步发生费用				
生产费用合计				
本月完工产品数量				
月末在产品约当量				
约当总产量				
本月完工产品单位成本（分配率）				
本月完工产品总成本				
月末在产品成本				

会计分录：

表 4-41　　　　　　　　　　　　第二步骤生产成本明细账

产品名称：半成品 B　　　　　　　2024 年 7 月　　　　　　　　　　　金额单位：元

摘 要	上步转入	本步发生		合 计
	半成品 A	直接人工	制造费用	
月初在产品成本				
本月本步发生费用				
本月上步转入费用				
生产费用合计				
本月完工产品数量				
月末在产品约当量				
约当总产量				
本月完工产品单位成本				
本月完工产品总成本				
月末在产品成本				

会计分录：

表 4-42　　　　　　　　　　　第三步骤生产成本明细账

产品名称：甲产品　　　　　　　　　　2024 年 7 月　　　　　　　　　　金额单位：元

摘要	上步转入	本步发生		合计
	半成品 B	直接人工	制造费用	
月初在产品成本				
本月本步发生费用				
本月上步转入费用				
生产费用合计				
本月完工产品数量				
月末在产品约当量				
约当总产量				
本月完工产品单位成本				
本月完工产品总成本				
月末在产品成本				

会计分录：

实训练习二　成本还原

目的：练习逐步结转分步法综合结转方式的成本还原。

资料：同实训练习一。

要求：采用两种方法，对云山工厂第三步骤所产甲产品总成本中的自制半成品成本进行成本还原，编制产品成本还原计算表（如表 4-43、表 4-44 所示）。分配率保留四位小数，最终结果保留整数。

表 4-43　　　　　　　　　　　产品成本还原计算表

产品：甲产品　　　　　　产量：1 100 件　　2024 年 7 月　　　　　　　　单位：元

摘要	成本项目					
	半成品 B	半成品 A	直接材料	直接人工	制造费用	合计
①还原前总成本						
②本月完工半成品 B						
③半成品 B 成本构成						
④半成品 B 成本还原						
⑤本月完工半成品 A						
⑥半成品 A 成本构成						
⑦半成品 A 成本还原						
⑧还原后总成本						
⑨还原后单位成本						

表 4-44　　　　　　　　　　　　产品成本还原计算表

产品：甲产品　　　　　　产量：1 100 件　　　2024 年 7 月　　　　　　　　　　　　单位：元

摘　要	成本还原分配率	成　本　项　目					合　计
		半成品 B	半成品 A	直接材料	直接人工	制造费用	
①还原前总成本							
②本月完工半成品 B 成本							
③半成品 B 成本还原							
④本月完工半成品 A 成本							
⑤半成品 A 成本还原							
⑥还原后总成本							
⑦还原后单位成本							

实训三　逐步结转分步法（分项结转方式）

目的：练习逐步结转分步法的分项结转方式。

资料：青山工厂生产乙产品，分两个步骤连续加工。第一步骤生产半成品 A 直接转入第二步骤继续加工。成本计算采用分项逐步结转分步法。2024 年 8 月有关资料如下：

1. 第一步骤发生的生产费用：材料费用为 15 010 元，人工费用为 5 160 元，制造费用为 5 780 元。本月完工半成品 A375 千克，月末在产品 50 千克，在产品原材料在生产开始时一次投入，完工程度 50%。完工产品和月末在产品之间分配生产费用，采用约当产量法。

2. 第二步骤发生的生产费用（不包括上步骤转入半成品成本）：人工费用为 4 200 元，制造费用为 6 400 元。在产品按定额成本计算。本月完工入库产成品乙数量 400 千克。

3. 其他有关资料如表 4-45 和表 4-46 所示。

表 4-45　　　　　　　　　　　月初在产品成本　　　　　　　　　　　　　　单位：元

项　目	材料费用	人工费用	制造费用	合　计
第一步骤	6 240	2 040	2 220	10 500
第二步骤	6 325	2 035	2 340	10 700

表 4-46　　　　　　　　　第二步骤月末在产品定额成本　　　　　　　　　　单位：元

摘　要	材料费用	人工费用	制造费用	合　计
月末在产品	4 875	1 685	1 940	8 500

要求：

1. 计算第一步骤半成品 A 成本，并完成表 4-47。
2. 计算第二步骤产成品乙的总成本和单位成本，并完成表 4-48。

表 4-47　　　　　　　　　　第一步骤生产成本明细账

产品名称：半成品 A　　　　　　2024 年 8 月　　　　　　　　　　　　金额单位：元

摘　要	直接材料	直接人工	制造费用	成本合计
月初在产品成本				
本月本步发生费用				
生产费用合计				
本月完工产品数量				
月末在产品约当量				
约当总产量				
本月完工半成品 A 单位成本				
本月完工半成品 A 总成本				
月末在产品成本				

表 4-48　　　　　　　　　　第二步骤生产成本明细账

产品名称：产成品乙　　　　　　2024 年 8 月　　　　　　　　　　　　金额单位：元

摘　要	直接材料	直接人工	制造费用	成本合计
月初在产品成本				
上步骤转入半成品				
本月本步发生费用				
生产费用合计				
本月完工产品数量				
本月完工产品总成本				
本月完工产品单位成本				
月末在产品成本				

实训练习四　平行结转分步法

目的：练习平行结转分步法。

资料：鲁南工厂生产的乙产品顺序经过第一、第二、第三，三个生产步骤加工，原材料在第一步骤生产开始时一次投入，各车间人工费用和制造费用发生比较均衡，月末本车间在产品完工程度均为 50%，每件完工乙产品耗用各步骤 1 件半成品。2024 年 7 月有关成本计算资料如下：

1. 生产数量资料如表 4-49 所示。

表 4-49　　　　　　　　　　生产数量统计表

产品：乙产品　　　　　　　　　2024 年 7 月　　　　　　　　　　　　单位：件

项　目	第一步骤	第二步骤	第三步骤
月初在产品数量	100	200	400
本月投入或上步转入数量	1 100	1 000	1 000
本月完工转入下步或交库数量	1 000	1 000	1 100
月末在产品数量	200	200	300

2. 生产费用资料如表4-50所示。

表4-50 　　　　　　　　　　生产费用资料
产品：乙产品　　　　　　　　　2024年7月　　　　　　　　　　　　　　单位：元

项　目	第一步骤	第二步骤	第三步骤
月初在产品成本	642 500	350 000	140 000
其中：直接材料	350 000		
直接人工	162 500	200 000	80 000
制造费用	130 000	150 000	60 000
本月本步发生生产费用	1 022 500	700 000	735 000
其中：直接材料	550 000		
直接人工	262 500	400 000	420 000
制造费用	210 000	300 000	315 000

要求：根据资料采用平行结转分步法计算乙产品成本，记入产品生产成本明细账（如表4-51、表4-52和表4-53所示）和产品成本计算汇总表（如表4-54所示），并根据产品成本计算汇总表编制会计分录。

表4-51 　　　　　　　第一步骤产品生产成本明细账
产品：乙产品　　　　　　　2024年7月　　　　　　　　　　金额单位：元

摘　要		直接材料	直接人工	制造费用	合　计
月初在产品成本					
本月发生生产费用					
生产费用合计					
最终产成品数量					
在产品约当量	本步在产品约当产量				
	已交下步未完工半成品				
	在产品约当量小计				
生产总量（分配标准）					
单位产成品成本份额					
结转本月1 100件产成品成本份额					
月末在产品成本					

表4-52 　　　　　　　第二步骤产品生产成本明细账
产品：乙产品　　　　　　　2024年7月　　　　　　　　　　金额单位：元

摘　要	直接材料	直接人工	制造费用	合　计
月初在产品成本				
本月发生生产费用				
生产费用合计				
最终产成品数量				

续表

摘要		直接材料	直接人工	制造费用	合计
在产品约当量	本步在产品约当产量				
	已交下步未完工半成品				
	在产品约当量小计				
生产总量（分配标准）					
单位产成品成本份额					
结转本月1 100件产成品成本份额					
月末在产品成本					

表4-53　　　　　　　　　　　第三步骤产品生产成本明细账

产品：乙产品　　　　　　　　　2024年7月　　　　　　　　　　金额单位：元

摘要		直接材料	直接人工	制造费用	合计
月初在产品成本					
本月发生生产费用					
生产费用合计					
最终产成品数量					
在产品约当量	本步在产品约当产量				
	已交下步未完工半成品				
	在产品约当量小计				
生产总量（分配标准）					
单位产成品成本份额					
结转本月1 100件产成品成本份额					
月末在产品成本					

表4-54　　　　　　　　　　　产品成本计算汇总表

产品：乙产品　　　　产量：1 100件　　　2024年7月　　　　　　金额单位：元

生产步骤（车间）	直接材料	直接人工	制造费用	合计
第一步骤				
第二步骤				
第三步骤				
本月完工产品总成本				
本月完工产品单位成本				

会计分录：

项目五
成本报表的编制与分析

学习目标
- 能够正确理解成本报表的概念、作用和种类
- 能够掌握商品产品成本表和主要产品单位成本表的编制
- 能够掌握商品产品成本表和主要产品单位成本表的分析
- 能够根据有关资料进行制造费用明细表的编制和分析
- 能够根据有关资料进行产品销售费用、管理费用和财务费用明细表的编制和分析

任务一 成本报表的编制

PPT

【任务案例】

齐鲁工厂生产甲、乙、丙、丁四种主要产品,企业实行定额成本制度,成本核算采用品种法,基本生产成本设有"直接材料、直接人工、燃料和动力、制造费用"等成本项目。管理当局将成本控制的重点确定为变动成本,为此,管理部门要求财务会计部门每月报告三种主要产品的变动成本资料,提供必要的分析依据。管理部门还定期召开由财会部门、生产单位、计划部门、销售部门参加的成本控制的专题会议,该表也是会议的主要材料之一。

思考: 1. 成本核算人员应该如何设计内部报表,以满足管理部门的信息需求?
2. 如何编制成本报表?

【知识准备】

认识成本报表

成本报表是根据日常成本核算资料及其他有关资料编制的,反映企业一定时期内产品成本水平和费用支出情况,据以分析企业成本计划执行情况和结果的报告文件。

通过编制和分析成本报表,可以考核企业成本计划和费用预算的执行情况,为正确进行成本决策提供资料。编制成本报表,是成本会计工作的重要内容。

（一）成本报表的特点

成本报表是企业内部管理用报表,不对外报送或公布。与财务会计报告相比,成本报表有如下特点：

1. 成本报表是为企业内部经营管理的需要而编制的

成本报表反映企业一定时期内产品成本和费用水平及其构成情况,属于商业秘密,因此成本报表不能对外公开。而在企业内部的生产经营管理工作中,成本费用水平及其构成等成本信息是非常重要的。正确、及时地编制成本报表,可以考核企业成本计划的执行情况,分析成本管理工作中的成绩和问题,挖掘企业降低成本及节约费用的潜力,对及时作出成本决策、有效地指导生产经营活动等方面都具有重要作用。

2. 成本报表的种类、格式、项目和内容等由企业自行确定

各企业的成本信息是与其生产工艺技术过程和生产组织的特点及成本管理的要求密切相关,每个企业需要获取的成本信息总有不同的侧重点。因此,成本报表的种类、格式、项目和内容等方面可自行确定和设计,而对外财务会计报告由国家会计准则统一规定。

3. 成本报表提供的信息反映企业各方面的工作质量

成本报表提供的各项成本费用指标,是反映企业生产、技术、经营和管理工作水平的综合性质量指标,它提供的信息可以直接或间接地反映出企业产品产量的多少,产品质量的高低,原材料及燃料和动力的节约与浪费,工人劳动生产率和平均薪酬的高低,固定资产的利用程度,废品率的变动,生产车间和企业管理部门费用的节约与浪费,以及生产经营管理工作的好坏等情况。成本报表提供的成本信息可以综合反映企业生产经营工作质量。

（二）成本报表的种类

成本报表主要服务于企业内部经营管理,所以它的种类、格式、编报时间等不是由国家统一会计准则规定的,一般都由企业根据自身经营特点和成本管理的具体要求而定。

成本报表按反映的内容可以分为产品生产成本表、主要产品单位成本表、制造费用明细表等。这些报表反映生产部门的成本水平及成本计划执行情况,可以为企业进一步降低成本提供重要依据。

成本报表在报送时间上有很大的灵活性。成本报表在报送时间上不必像对外报送的财务报表那样规范。按其编制的时间,成本报表可以分为年报、半年报、季报、月报以及旬报、周报、日报和班报等。

（三）成本报表的作用

1. 反映企业报告期内产品成本水平

产品成本是反映企业生产技术经营成果的一项综合性指标,企业在一定时期内的物质消耗、劳动效率、工艺水平、生产经营管理水平,都会直接或间接地在产品成本中综合地体现出来。通过编制成本报表能够及时地发现企业在生产、技术、质量、管理等方面取得的成绩和存在的问题,不断总结经验,提高企业经济效益。

2. 反映企业成本计划的完成情况

成本报表中所反映的各项产品成本指标,对掌握企业一定时期的成本水平,分析和考核产品成本计划完成情况及加强成本管理具有重要作用。

3. 为制订成本计划提供依据

计划年度的成本计划是在报告年度产品成本实际水平的基础上，结合报告年度成本计划执行情况，考虑计划年度中可能出现的有利因素和不利因素而制定的，所以本期报表所提供的资料，是制定下期成本计划的重要参考依据。各管理部门还可以根据成本报表的资料对未来时期的成本进行预测，为企业制定正确的经营决策及时提供相关而有用的数据。

4. 为企业的成本决策提供信息

对成本报表进行分析，可以发现成本管理工作中存在的问题，揭示成本差异对产品成本升降的影响程度，查明原因和责任，以便采取有针对性的措施，促使成本水平的不断降低，为企业挖掘降低成本的潜力指明方向。

（四）设置和编报成本报表的要求

1. 设置成本报表的基本要求

成本报表的种类和格式、指标的设计，以及报表的编制时间、编制方法和报送对象等，由企业自行决定，不需要遵循国家会计准则的规定。但企业在设置成本报表时，也应当符合内部管理会计报表设置的一般原则和要求，应当注意报表指标的实用性和报表内容的针对性。

（1）成本报表的指标应具有实用性。成本报表指标的实用性，是指企业设置的成本报表要符合企业生产经营的特点，满足企业成本管理的要求。企业应当从自身生产经营活动的实际情况出发，来设计成本报表的种类和每一种报表的指标内容。企业成本报表的指标应当简明实用，注重指标的内容而不拘泥于形式。

（2）成本报表的内容应具有针对性。成本报表内容的针对性是指企业设置的成本报表的种类、格式和指标内容要有针对性。企业既要有反映成本全貌的报表，又要有反映成本管理中某一专门问题或者针对企业某一具体业务的特点而设计的报表和报表项目。成本报表中的指标内容具有针对性，才能突出成本管理工作的重点，满足成本管理各个方面的专门需要，企业也才有可能利用成本报表提供的信息有针对性地采取措施，及时解决企业生产经营活动和管理工作中存在的问题。

2. 编制和报送成本报表的要求

（1）数字真实。数字真实是指报表中的各项数据必须真实可靠，无弄虚作假，随意估计等行为。这是编制成本报表的基本要求，只有这样，报表才能如实反映企业费用、成本的水平和构成，才有利于企业管理当局正确进行成本分析和成本决策。

（2）计算准确。计算准确是指成本报表中的各项指标数据，必须按照企业在设置成本报表时规定的计算方法计算；报表中的各种相关数据，如不同时期同一报表之间，同一时期不同报表之间，同一报表不同项目之间具有勾稽关系的数据，应当核对相符。

（3）内容完整。内容完整是指企业成本报表的种类应当齐全；报表的各个项目内容应当完整、齐全。只有内容完整的报表，才能满足企业经营管理者对成本信息的需求。

（4）报送及时。报送及时是指企业必须及时编制和报送成本报表。企业的成本报表，有的可以定期编制，有的可以不定期编制，无论定期还是不定期，都要求及时编制，及时反映。如，反映费用支出的报表，既可以按月编制，也可以按旬、按周、按班编制，并及时提供给有关部门负责人和成本管理责任者，以便他们及时检查和分析成本完成情况，发现问题，采取措施，控制支出、节约费用、降低成本。

总之，企业只有精心设计成本报表的种类和格式、指标内容和填制方法，合理规定成本报表的编制时间和报送范围，及时提供内部管理必需的、真实准确的、具有实用性和针对性的成本信息，才能充分发挥成本报表的作用。

【任务处理】

一、商品产品成本报表的编制

商品产品成本报表是反映企业一定时间内生产的全部商品产品的总成本和各主要商品产品的单位成本和总成本的报表。该表通常按月编制，其一般格式如表 5 – 1 所示。

（一）商品产品成本表（按产品种类反映）的结构

按产品种类编制商品产品成本表，反映企业在报告期内生产的全部产品的总成本和各种主要产品（含可比产品和不可比产品）总成本及单位成本。

商品产品成本表分为基本部分和补充资料两部分内容。基本部分中将全部商品产品分为可比产品和不可比产品，并分别列示各种产品的单位成本、本月总成本、本月累计总成本；可比产品是指企业过去曾经正式生产过，有完整的成本资料可以进行比较的产品；不可比产品是指企业本期初次生产的新产品，或虽非初次生产，但以前仅属试制而未正式投产的产品，缺乏可比的成本资料。补充资料部分主要列示可比产品成本降低额和可比产品成本降低率两项指标。

【例 5 – 1】齐鲁工厂 2024 年产品生产成本（按产品种类反映）表格式及有关资料如表 5 – 1 所示。

表 5 – 1　　　　　　　商品产品成本表（按产品种类反映）

编制单位：齐鲁工厂　　　　　　2024 年 12 月　　　　　　　　　　　　单位：元

产品名称	计量单位	实际产量		单位成本				本月总成本			本年累计总成本		
		本月	本年累计	上年实际平均	本年计划	本月实际	本年累计实际平均	按上年实际平均单位成本计算	按本年计划单位成本计算	本月实际	按上年实际平均单位成本计算	按本年计划单位成本计算	本年实际
		(1)	(2)	(3)	(4)	(5)=(9)/(1)	(6)=(12)/(2)	(7)=(1)×(3)	(8)=(1)×(4)	(9)	(10)=(2)×(3)	(11)=(2)×(4)	(12)
可比产品合计	—	—	—	—	—	—	25 500	24 000	236 00	305 000	287 500	300 000
甲产品	件	100	1 000	55	50	48	55	5 500	5 000	4 800	55 000	50 000	55 000
乙产品	件	200	2 500	100	95	94	98	20 000	19 000	18 800	250 000	237 500	24 500
不可比产品合计									24 500	24 200		260 000	263 400
丙产品	件	50	500		250	240	255		12 500	12 000		125 000	127 500
丁产品	件	40	450		300	305	302		12 000	12 200		135 000	135 900
全部商品产品制造成本	—	—	—	—	—	—	—	48 500	47 800	—	547 500	563 400

补充资料：

1. 本年累计可比产品成本实际降低额为 5 000 元（305 000 – 30 000）。

2. 本年累计可比产品成本实际降低率为 1.64%（5 000/305 000）。

(二) 商品产品成本表(按产品种类反映)的编制方法

在成本计划中,对不可比产品只规定有本年计划成本,而对可比产品不仅规定有本年计划成本指标,而且规定有成本降低的计划指标,即本年度可比产品计划成本比上年度(或以前年度)实际成本的降低额和降低率。

报表基本部分各栏数字填列方法:

(1)"实际产量"项目:反映本月和从年初起至本月止各种主要商品产品的实际产量,根据本月成本计算单提供的资料填列,也可以根据"库存商品明细账"中有关完工入库产品数量资料填列。

(2)"单位成本"项目:反映各种主要商品产品的上年实际、本年计划、本月实际和本年累计实际的单位成本。

"上年实际平均单位成本"根据上年 12 月本表中"本年累计实际平均单位成本"栏的数字填列;

"本年计划单位成本"根据企业本年产品成本计划资料填列;

"本月实际"根据本月"产品生产成本明细账"(或"产品成本计算单")提供的资料填列;

"本年累计实际平均单位成本"需要计算填列,计算公式为:

$$某产品本年累计实际平均单位成本 = \frac{该产品本年累计实际总成本}{该产品本年累计实际总产量}$$

(3)"本月总成本"项目:反映各种主要商品产品本月实际产量的上年实际平均、本年计划和本月实际的总成本。

"本月实际生产总成本"根据本月"产品成本计算单"(或"库存商品明细账")提供的资料填列;

"按上年实际平均单位成本计算"栏是用本月实际产量乘以上年实际平均单位成本计算填列;"按本年计划单位成本计算"栏是用本年实际产量乘以本年计划单位成本计算填列。

(4)"本年累计总成本"项目:反映各种主要商品产品本月实际产量的上年实际、本年计划和本年累计实际的总成本。根据产品成本计算单有关资料填列。

(5)补充资料各项目:根据计划、统计和会计等有关资料计算后填列。其中,可比产品成本的降低额和降低率可按下列公式计算。

可比产品成本降低额 = 可比产品按上年实际平均单位成本计算的总成本 - 本期实际总成本

$$可比产品成本降低率 = \frac{可比产品成本降低额}{可比产品按上年实际平均单位成本计算的总成本} \times 100\%$$

(三) 商品产品成本(按成本项目反映)表的结构和编制方法

按成本项目编制商品产品成本表,汇总反映企业在报告期发生的全部生产费用(按成本项目反映)和全部产品总成本。

【例 5-2】齐鲁工厂 2024 年产品生产成本(按成本项目反映)表格式及有关资料如表 5-2 所示。

表 5-2 是按成本项目汇总反映企业在报告期内发生的全部生产费用以及产品成本合

表 5-2　　　　　　　　　　商品产品生产表（按成本项目反映）

单位：齐鲁工厂　　　　　　　　2024 年 12 月　　　　　　　　　　　　　　单位：元

项　目	本年计划数	本月实际数	本年累计实际数
原材料	132 600	10 490	132 000
工资及福利费	64 200	5 600	61 000
制造费用	91 870	6 600	93 000
生产费用合计	288 670	22 690	286 000
加：在产品、自制半成品期初余额	14 100	2 900	19 300
减：在产品、自制半成品期末余额	12 140	2 110	17 100
产品成本合计	290 630	23 480	288 200

计数的报表，分为生产费用和产品成本两部分。生产费用部分按成本项目反映；产品成本部分是在生产费用合计数的基础上，加期初在产品和自制半成品余额、减期末在产品和自制半成品余额计算的产品成本合计数。生产费用和产品成本可以按本年计划数、本月实际数和本年累计实际数分栏反映，便于分析利用。如果可比产品单列，还可以增设上年实际数栏。

表内各项目的填列方法：本年计划数应根据成本计划有关资料填列；本年实际数一栏，按成本项目反映的各种生产费用数，应根据各种产品成本明细账所记本年生产费用合计数，按成本项目分别汇总填列；本年累计实际数应根据本年实际数，加上上年本表的本年累计实际数计算填列。期初、期末在产品和自制半成品余额，应根据各种产品成本明细账的期初、期末在产品成本和各种自制半成品明细账的期初、期末余额，分别汇总填列。以生产费用合计数加在产品、自制半成品期初余额，减在产品、自制半成品期末余额，即可计算出产品成本合计数。

二、主要产品单位成本表编制

主要产品单位成本表是指反映企业在报告期内生产的各种主要产品单位成本的构成情况和各种主要技术经济指标执行情况的报表。该表是对商品产品成本报表进行补充说明的报表。

主要产品单位成本表的主要内容按成本项目列示历史先进水平、上年实际平均、本年计划、本月实际和本年累计实际平均的单位成本。利用主要产品单位成本表可以按照成本项目分析、考核主要产品单位成本的计划执行结果；可以按照成本项目将本月实际单位成本和本年累计实际平均单位成本与上年实际平均单位成本和历史先进单位成本进行对比，了解产品单位成本变化、发展趋势；还可以分析和考核主要产品的主要技术经济指标的执行情况。主要产品单位成本表的格式和内容如表 5-3 所示。

主要产品单位成本表的编制依据主要是有关产品的"产品成本明细账"资料、成本计划、历年有关成本资料、上年度本表有关资料及产品产量、材料和工时的消耗量等资料。主要产品单位成本表应按主要产品分别编制。表内各项目的填列方法说明如下：

表 5-3　　　　　　　　　　　　　主要产品成本表

编制单位：齐鲁工厂　　　　　　　2024 年 12 月　　　　　　　　　　　　　　　单位：元

产品名称	甲产品	本月计划产量	100
规格	—	本月实际产量	110
计量单位	件	本年累计计划产量	1 100
销售单价	—	本年累计实际产量	1 000

成本项目	行次	历史先进水平 20××年①	上年实际平均②	本年计划③	本月实际④	本年累计实际平均⑤
直接材料	1	20	21	20	22.5	22
直接人工	2	9	12	10	11	12
制造费用	3	8	10	9	10	10
合计	4	37	43	39	43.5	44
主要技术经济指标	5	单位用量	单位用量	单位用量	单位用量	单位用量
①主要材料						
②工时						

（1）"本月计划产量"和"本年累计计划产量"项目，分别根据本月和本年产品产量计划填列。

（2）"本月实际产量"和"本年累计实际产量"项目，根据统计提供的产品产量资料或产品入库单填列。

（3）"成本项目"各项目，应按具体规定填列。

（4）"历史先进水平"栏各项目，反映本企业历史上该种产品成本最低年度的实际平均单位成本和实际单位用量，根据有关年份成本资料填列。

（5）"上年实际平均"栏各项目，反映上年实际平均单位成本和单位用量，根据上年度本表的"本年累计实际平均"单位成本和单位用量的资料填列。

（6）"本年计划"栏各项目，反映本年计划单位成本和单位用量，根据年度计划资料填列。

（7）"本月实际"栏各项目，反映本月实际单位成本和单位用量，根据本月产品成本明细账等有关资料填列。

（8）"本年累计实际平均"栏各项目，反映本年年初至本月月末止该种产品的平均实际单位成本和单位用量，根据年初至本月月末止的已完工产品成本明细账等有关资料，采用加权平均计算后填列，有关计算公式如下：

$$某产品的实际平均单位成本 = \frac{该产品累计总成本}{该产品累计产量}$$

$$某产品的实际平均单位用量 = \frac{该产品累计总用量}{该产品累计产量}$$

（9）"主要技术经济指标"项目，是反映主要产品每一单位产品产量所消耗的主要原材料、燃料、工时等的数量。

对本表中不可比产品，不填列"历史先进水平""上年实际平均"的单位成本和单位用量。本表中按成本项目反映的"上年实际平均""本年计划""本年累计实际平均"的单位成本合计，应与商品产品表中的该产品各单位成本金额分别相等。

三、制造费用明细表的编制

制造费用明细表是反映企业在报告期内发生的各种制造费用情况的报表。根据制造费用明细表，可以了解报告期内制造费用的实际支出水平；可以分析考核制造费用计划的执行情况；可以评价制造费用的变化趋势，以便采取有效措施，加强对制造费用的控制和管理，从而降低产品生产成本。

（一）制造费用明细表的结构和内容

制造费用明细表的结构是根据制造费用项目内容，分别反映各项目制造费用的"本年计划数""上年实际数"和"本年实际数"资料。这样，可以将制造费用本年实际数分别与本年计划数和上年同期数进行对比，以便进行分析评价。制造费用的明细表的结构和内容如表5-4所示。

表5-4　　　　　　　　　　　　制造费用明细表

编制单位：齐鲁工厂　　　　　　　2024年　　　　　　　　　　　　单位：元

项　目	行次	本年计划数	上年实际数	本年实际数
工资	1	5 500	7 500	7 100
其他薪酬	2	340	620	564
折旧费	3	3 000	2 900	2 900
差旅费	4	7 200	3 500	7 400
机物料消耗	5	13 500	13 500	15 100
低值易耗品	6	1 100	1 260	1 280
水电费	7	15 000	21 500	15 500
办公费	8	11 100	12 300	13 260
运输费	9	8 000	8 600	9 600
保险费	10	3 700	3 700	3 820
合　计	11	68 440	75 380	76 524

（二）制造费用明细表的编制方法

（1）"本年计划数"栏各项目数字，根据本年制造费用预算填列。

（2）"上年实际数"栏各项目数字，根据上年度本表的"本年实际数"栏相应的数字填列。如果表内所列费用项目与上年度的费用项目在名称和内容上不一致的，应对上年度的各项数字按本年度表内项目的规定进行调整。

（3）"本年实际数"栏各项目数字，根据本年"制造费用明细账"中各费用项目累计数填列。

对制造费用明细表的分析，主要采用"比较分析法"，对费用总额及各个费用项目的本年实际累计数与计划数相比较，可以了解各项费用比计划节约或超支，即计划的完成情况。对于增减变动较大的费用项目，还应作重点分析，深入探究具体原因。

【知识拓展】

一、成本报表的编制依据

编制成本报表的主要依据来自两个方面：

（一）会计数据资料

会计数据资料作为成本报表资料的主要渠道，主要表现在三个方面：

(1) 报告期的成本账簿资料，包括总账、明细账、备查账等。

(2) 以前年度的会计报表资料，包括以前的各类会计文件。

(3) 本期成本计划及费用预算等资料。

（二）其他资料

其他数据包括计划统计资料和业务核算资料，如职工人数、出勤记录等。

二、期间费用明细表的编制

期间费用表具体包括管理费用明细表、财务费用明细表和销售费用明细表，是反映企业在报告期内发生的各种期间费用情况的报表。根据期间费用报表所提供的资料，可以了解报告期内企业管理费用、财务费用和销售费用的实际支出水平，据以考核各种期间费用计划（或预算）的执行情况，分析评价各种期间费用的构成情况和变化趋势，以便加强期间费用的控制和管理。

（一）期间费用明细表的结构和内容

期间费用明细表的结构和内容同制造费用明细表基本相同。各种期间费用明细表中分别按规定的费用项目列示各种费用的"本年计划数""上年实际数"和"本年实际数"，如管理费用明细表的格式及内容如表 5-5 所示，销售费用明细表如表 5-6 所示，财务费用明细表如表 5-7 所示。

（二）期间费用明细表的编制方法

管理费用明细表、财务费用明细表和销售费用明细表各项目的填列方法说明如下：

(1) "本年计划数"栏各项目数字，根据本年度各项费用预算填列。

(2) "上年实际数"栏各项目数字，根据上年度表中"本年实际数"栏相应的数字填列。如果表内所列费用项目与上年度的费用项目在名称和内容上不一致的，应对上年度的各项数字按本年度表内项目的规定进行调整。

(3) "本年实际数"栏各项目数字，根据本年度"管理费用明细账""财务费用明细账"和"销售费用明细账"中各费用项目的累计数填列。

表 5-5　　　　　　　　　　　管理费用明细表

编制单位：齐鲁工厂　　　　　　　　2024 年　　　　　　　　　　单位：元

项目	行次	本年计划数	上年实际数	本年实际数
工资	1	39 500	42 500	40 000
职工福利	2	5 100	5 520	5 270

续表

项　目	行次	本年计划数	上年实际数	本年实际数
差旅费	3	29 500	34 500	26 500
办公费	4	40 000	44 500	38 500
折旧费	5	2 500	2 500	2 500
修理费	6	1 500	1 250	1 550
机物料消耗	7	4 500	3 500	4 250
低值易耗品摊销	8	4 000	4 250	4 100
工会经费	9	3 000	3 600	3 100
职工教育经费	10	1 200	1 100	1 080
劳动保险费	11	1 800	1 700	2 000
董事会费	12	3 500	4 000	3 650
咨询费	13	2 000	2 500	1 550
审计费	14	6 000	8 000	6 500
诉讼费	15	3 600	9 500	4 500
绿化费	16	4 500	6 500	7 850
税金	17	34 500	35 500	34 000
土地使用费	18	2 500	2 500	2 500
技术转让费	19	86 500	89 500	72 000
技术开发费	20	73 500	—	65 000
无形资产摊销	21	5 500	5 000	5 500
业务招待费	22	19 500	21 500	17 000
存货盘亏、毁损	23	2 500	2 000	2 250
其他	24	9 500	16 500	8 000
合　计	25	386 200	348 120	359 150

表5-6　　　　　　　　　　　　　销售费用明细表

编制单位：齐鲁工厂　　　　　　　　　2024年　　　　　　　　　　单位：元

项　目	行次	本年计划数	上年实际数	本年实际数
工资	1	4 500	4 200	5 200
职工福利	2	660	500	600
差旅费	3	7 500	7 600	6 800
办公费	4	2 500	2 900	2 350
折旧费	5	300	300	300
修理费	6	200	200	160
机物料消耗	7	400	400	345
低值易耗品摊销	8	150	150	155
运输费	9	7 000	6 500	7 500
装卸费	10	1 700	1 000	1 900

续表

项　目	行次	本年计划数	上年实际数	本年实际数
包装费	11	10 000	8 900	9 000
保险费	12	22 000	19 500	22 000
委托代销手续费	13	1 500	1 000	1 650
广告费	14	49 500	24 500	49 500
展览费	15	2 500	—	3 000
租赁费	16	—	—	—
销售服务费	17	4 000	1 000	3 000
其他	18	20 000	19 500	18 500
合　计	19	134 410	98 150	131 960

表 5-7　　　　　　　　　　　　财务费用明细表

编制单位：齐鲁工厂　　　　　　　　　2024 年　　　　　　　　　　　　单位：元

项　目	行次	本年计划数	上年实际数	本年实际数
利息支出（减利息收入）	1	72 500	68 500	78 600
汇兑损失（减汇兑收益）	2	—	—	—
金融机构手续费	3	6 000	4 500	7 000
其他	4	—	—	—
合　计	5	78 500	73 000	85 600

任务二　成本报表的分析

PPT

【任务案例】

齐鲁工厂主要产品有甲、乙、丙、丁四种，其中甲、乙产品属于企业的可比产品，工厂今年计划将可比产品成本降低率控制为 1.0769%，但从主要产品单位成本表分析看出，齐鲁工厂可比产品的降低率为 0.85%，是什么原因使成本的降低率达不到计划要求，成本核算会计人员应该从哪几个方面进行分析？影响成本降低的因素有哪些？对产品成本的影响是什么？

【知识准备】

一、成本分析的概念

成本分析是指根据成本核算资料和成本计划资料及其他有关资料，运用一系列专门方法，对成本水平及其构成情况进行分析和评价，揭示企业费用预算和成本计划的完成情况，认识和掌握降低成本费用的规律，查明影响成本升降的各因素及其变动的原因，挖掘降低成本的潜力，提高企业成本效益的一种管理活动。

成本分析是成本核算工作的继续，它贯穿于成本管理工作全过程，包括事前分析、事中分析和事后分析。在实际工作中，经常使用的是成本报表的分析。

二、成本分析的方法

成本分析的方法多种多样，具体选用哪种方法，取决于企业成本分析的目的、费用和成本形成的特点、成本分析所依据的资料等。常用的方法有对比分析法、比率分析法、因素分析法等。

（一）对比分析法

对比分析法是指将两个或两个以上相关的不同时期（或不同情况下）的成本指标数据的对比，揭示客观存在的差异的一种方法。如本期与上期对比、实际与计划对比、本企业与同行业的其他企业对比等。成本指标的对比一定要注意指标的相关性，也就是可对比性。通过分析产生差异的原因，以便研究解决问题的途径和方法，提高企业成本管理水平。在成本分析中，运用对比分析法主要有以下几种比较方式。

1. 分析期实际数与计划数据相比较

这是基本的比较方法。这种方法可以找出分析期实际成本或费用，与计划成本或费用的差异，检查分析成本计划的完成情况，可为进一步分析指明方向。

2. 分析期实际数据与前期实际数据比较

将分析期实际成本、费用与前期实际成本、费用进行比较，可以反映成本、费用变动的趋势。在有关成本、费用的计划资料不全或质量不高时，这种比较尤为重要。在成本分析中，分析期实际数据除了与前期实际成本、费用进行比较以外，还应当与本企业历史先进水平的成本、费用指标比较。

3. 分析期实际数据与本行业实际平均数据和本行业先进企业实际数据比较

将企业实际数据与本行业实际平均数据和同行业先进企业的实际数据进行横向对比，才能找出本企业的差距，确定企业成本管理水平在同行业同类企业中的位置。

（二）比率分析法

比率分析法是指通过计算和对比经济指标的比率，进行数量分析的一种方法。在成本分析中，常用的比率分析法有相关比率分析法、构成比率分析法和趋势比率分析法等。

1. 相关比率分析

相关比率分析是指将两个性质不同但又相关的指标进行对比求出比率进行分析，以便从经济活动的客观联系中，更深入地认识企业的生产经营状况，如成本利润率、产值成本率、销售成本率等。这些指标的计算公式如下：

$$成本利润率 = \frac{产品销售利润}{产品成本} \times 100\%$$

$$产值成本率 = \frac{产品成本}{产品产值} \times 100\%$$

$$销售成本率 = \frac{产品成本}{产品销售收入} \times 100\%$$

2. 构成比率分析

构成比率又称结构比率，是以某一个经济指标的各个组成部分在总体中所占的比重，来分析其构成内容的变化，以便进一步掌握该项经济活动的特点和变化趋势。如将构成产品成本的各个成本项目与产品成本总额相比，计算其占总成本的比重，确定成本的构成比率，然后再将不同时期的成本构成比率相比较，掌握产品成本构成的变动情况。

3. 动态比率分析

将不同时期同类指标的数值进行对比，用以反映分析对象的增减速度和发展趋势，从中发现企业在生产经营方面的成绩或不足。

（三）因素分析法

因素分析法是指根据分析指标与其影响因素之间的数量关系，按照一定的程序和方法，从数值上确定各因素对分析指标差异影响程度的一种技术分析方法。在几个相互联系的因素共同影响着某一指标的情况下，可通过因素分析法测算各因素对经济指标变动的影响程度。其具体方法主要有连环替代法和差额计算法。

1. 连环替代法

连环替代法是用来计算几个相互联系的因素对综合经济指标的变动影响程度的一种分析方法。通过这种计算方法可以衡量各个因素对综合指标的影响程度，从而更好地分析、管理经济活动。

连环替代法的计算程序如下：

（1）确定综合经济指标与各个因素的数量关系，并将其实际数与计划数对比确定实际脱离计划差异，作为分析对象。

（2）以计划数为基础，依次、逐个以各因素的实际数替换其计划数，将每次替换所计算的结果，与这一因素被替换前的结果进行比较，二者的差额是这一因素变化对经济指标差异的影响程度，替换时假定其他因素不变。

（3）将各个因素的影响数值相加，其代数和应同该经济指标的实际数与基数之间的总差异数相符。

一切综合性经济指标的变化往往是许多因素综合影响的结果。这些因素相互联系，按照相同或相反的方向对综合经济指标产生影响。要分析各个影响因素对综合经济指标的影响程度，只有在假定其他因素不变的情况下才可以。运用这一方法时，要正确确定各因素的替换顺序，通常确定各因素的替换顺序的做法是：先数量指标，后质量指标；先实物量指标，后价值量指标。在各因素的替换过程中，要按照统一的替换顺序进行，这样计算的结果才有可比性，如果改变各因素的顺序，可能会得到不同的计算结果。另外，还要注意替换顺序的连环性，每一个因素的替换都是在上一次替换的基础上进行的。

假设某一经济指标 N 是由相互联系的 A、B、C 三个因素组成，计划指标、实际指标和实际脱离计划的差异数的公式如下：

计划指标 $N_0 = A_0 \times B_0 \times C_0$

实际指标 $N_1 = A_1 \times B_1 \times C_1$

差异数 $D = N_1 - N_0$

根据连环替代分析法，测定各个因素的变动对指标 N 的影响程度时计算顺序如下：

计划指标 $N_0 = A_0 \times B_0 \times C_0$ \hfill (1)

第一次替代 $N_2 = A_1 \times B_0 \times C_0$ (2)
第二次替代 $N_3 = A_1 \times B_1 \times C_0$ (3)
第三次替代 $N_1 = A_1 \times B_1 \times C_1$ (4)

据此测定的结果：

A 因素变动的影响 = (2) - (1) = $N_2 - N_0$

B 因素变动的影响 = (3) - (2) = $N_3 - N_2$

C 因素变动的影响 = (4) - (3) = $N_1 - N_3$

综合各因素变动的影响程度 = D = $(N_2 - N_0) + (N_3 - N_2) + (N_1 - N_3) = N_1 - N_0$

【例 5-3】齐鲁工厂原材料费用相关资料如表 5-8 所示，材料费用的实际数和计划数存在差异。运用连环替代法，分析各因素变化对其差异的影响程度。

表 5-8   材料费用分析资料表

项目	计划数	实际数
产品产量（件）	100	110
单位产品材料消耗量（千克）	62	64
材料单价（元）	4	5
材料费用总额（元）	24 800	35 200

根据表中资料，材料费用的实际数超过计划数 10 400 元，形成差异的因素有产品产量、单位产品材料消耗量、材料单价，各因素变化对差异的影响程度计算如下：

计划指标 = 100 × 62 × 4 = 24 800（元）   (1)

第一次替代 = 110 × 62 × 4 = 27 280（元）   (2)

第二次替代 = 110 × 64 × 4 = 28 160（元）   (3)

第三次替代 = 110 × 64 × 5 = 35 200（元）   (4)

据此测定的结果：

产量增加产生的影响 = (2) - (1) = 27 280 - 24 800 = 2 480（元）

材料单耗降低产生的影响 = (3) - (2) = 28 160 - 27 280 = 880（元）

材料价格上升产生的影响 = (4) - (3) = 35 200 - 28 160 = 7 040（元）

2. 差额计算法

差额计算法是连环替代法的一种简化形式，是利用各个因素的实际数与基数之间的差额，直接计算各个因素变化对经济指标差异的影响程度。应用该方法与应用连环替代法的要求相同，只是计算程序简化一些。因此，在实际工作中应用比较广泛。其计算程序如下：

（1）确定各因素的实际数与基数的差额。

（2）用各因素的差额，乘以计算公式中该因素前面的各因素的实际数，以及列在该因素后面的其余因素的基数，就可求得各因素的影响值。

（3）将各因素的影响值相加，其代数和应同该项经济指标的实际数与基数的差相符。

【例 5-4】根据表 5-8 的资料，运用差额分析法，分析各因素变化对其差异的影响程度。

各因素变化对差异的影响程度计算如下：

产量增加产生的影响 = (110 - 100) × 62 × 4 = 2 480（元）
材料单耗降低产生的影响 = 110 × (64 - 62) × 4 = 880（元）
材料价格上升产生的影响 = 110 × 64 × (5 - 4) = 7 040（元）

【任务处理】

一、成本计划完成情况分析

成本计划完成情况分析的目的是找出影响成本计划完成的各种因素，为进一步查明升降的原因指明方向。具体包括全部商品产品成本计划完成分析和主要产品单位成本分析。在分析中，重点是可比产品成本计划完成情况分析。

（一）全部产品成本计划完成情况的分析

进行成本分析，首先应从对全部产品（包括可比产品和不可比产品）成本计划完成情况的总评价开始。通过总评，一是对企业本期全部产品成本计划的完成情况有个总括的了解；二是通过对影响计划完成情况因素的初步分析，找出成本节约或超支的产品，为进一步分析指出方向。

全部产品成本计划完成情况的分析应当是全部产品的计划总成本和实际总成本对比，确定实际成本比计划成本的降低额和降低率。为了使成本指标可比，必须先将成本计划中的计划总成本换算为按实际产量、实际品种构成、计划单位成本计算的总成本，然后再与实际总成本对比，确定成本计划的完成程度。计算公式如下：

全部产品成本降低额 = $\sum$（实际产量 × 计划单位成本） - $\sum$（实际产量 × 实际单位成本）

全部产品成本降低率 = $\dfrac{\text{全部产品成本降低额}}{\sum（\text{实际产量} \times \text{计划单位成本}）} \times 100\%$

【例 5-5】根据表 5-1 可以了解，齐鲁工厂 2024 年 12 月商品计算全部产品成本降低额和降低率，结果如表 5-9 所示。

表 5-9　　　　　　　　　　全部产品成本降低情况表

产品名称	计划总成本	实际总成本	降低额	降低率（%）
可比产品				
甲产品	5 000	4 800	+200	4
乙产品	19 000	18 800	200	1.05
合计	24 000	23 600	+400	1.67
不可比产品				
丙产品	12 500	12 000	+500	4
丁产品	12 000	12 200	-200	-1.67
合计	24 500	24 200	+300	1.22
全部产品合计	48 500	47 800	+700	1.44

从表 5-9 中可以看出，齐鲁工厂 12 月全部产品总成本实际比计划节约 700 元，降低率为 1.44%，超额完成计划。但分别从可比和不可比产品来看，计划完成的程度不同。总的节约额 700 元中，不可比产品成本节约 300 元，可比产品成本节约 400 元。

全部产品成本降低情况既可以按月分析，年末时也可以根据当年的资料分析全年所有商品成本降低完成情况，以便为下一年度的成本计划提供依据。

（二）可比产品成本降低计划完成情况的分析

由于成本计划中规定了可比产品本年累计实际总成本比上年降低任务，即计划降低额和计划降低率，因此，可比产品成本分析首先要计算实际成本降低额和降低率，然后再与计划成本降低额和降低率进行比较，从而了解可比产品成本降低任务的完成情况。

实际降低额和降低率以及计划降低额和降低率的计算公式如下：

计划降低额 = 全部可比产品的计划产量按上年实际平均单位成本计算的总成本 - 全部可比产品的计划产量按计划单位成本计算的总成本

$$计划降低率 = \frac{计划降低额}{全部可比产品的计划产量按上年实际平均单位成本计算的总成本} \times 100\%$$

实际降低额 = 全部可比产品的实际产量按上年实际平均单位成本计算的总成本 - 全部可比产品的实际产量按本年实际单位成本计算的总成本

$$实际降低率 = \frac{实际降低额}{全部可比产品的实际产量按上年实际平均单位成本计算的总成本} \times 100\%$$

假定企业可比产品成本降低计划和实际完成情况的有关资料如表 5-10、表 5-11 所示。

表 5-10　　　　　可比产品成本降低计划表　　　　　单位：元

可比产品	计划产量	单位成本		总成本		计划降低任务	
		上年实际平均	本年计划	按上年实际平均单位成本计算	按本年计划单位成本计算	降低额	降低率（%）
甲产品	1 000	250	245	250 000	245 000	5 000	2
乙产品	1 000	400	398	400 000	398 000	2 000	0.5
合　计				650 000	643 000	7 000	1.0769

表 5-11　　　　可比产品成本降低计划完成情况　　　　单位：元

可比产品	实际产量	单位成本		总成本		实际降低情况		计划降低任务	
		上年实际平均	本年实际	按上年实际平均单位成本计算	本年实际	降低额	降低率（%）	降低额	降低率（%）
甲产品	800	250	247.5	200 000	198 000	2 000	1	5 000	2
乙产品	1 500	400	396.8	600 000	595 200	4 800	0.8	2 000	0.5
合　计				800 000	793 200	6 800	0.85	7 000	1.0769

1. 根据以上两表，将实际完成情况与计划相比较

计划降低额 7 000 元，计划降低率 1.0769%

实际降低额 6 800 元，实际降低率 0.85%

本期可比产品成本降低额和降低率都未完成计划，应进一步分析影响可比产品成本

降低计划完成情况的因素,以便作出正确的评价。

2. 确定影响可比产品成本降低计划完成情况的因素和各因素的影响程度

影响可比产品降低计划完成情况的因素有三个:产品产量、产品品种构成和产品单位成本。下面分别介绍这三个因素的变动与成本降低计划完成情况的关系。

(1) 产量变动的影响。成本降低计划是根据各种产品计划产量制订的,而实际成本降低额和降低率是根据实际产量计算的。因此,产品产量的增减,必然会影响可比产品成本降低计划的完成情况。产量变动影响的特点是:假定其他因素不变,即产品品种构成和产品单位成本不变,单纯产量变动,只影响成本降低额,而不影响成本降低率。

产量变动对成本降低额的影响

$= \sum$(本年实际产量 × 上年实际平均单位成本) × 计划降低率 - 计划降低额

$= 800\,000 \times 1.0769\% - 7\,000$

$= 1\,615.2$(元)

(2) 产品品种构成变动的影响。产量变动往往会引起产品品种构成变动。由于各种产品成本降低幅度不同,如果成本降低幅度大的产品在全部可比产品产量中所占比重比计划提高时,全部可比产品成本降低额和降低率指标的计划完成程度便会相应增大;相反,会相对减小。

产品品种构成变动对成本降低额的影响

$= \sum$(本年实际产量 × 上年实际平均单位成本) $- \sum$(本年实际产量 × 本年计划单位成本) $- \sum$(本年实际产量 × 上年实际平均单位成本) × 计划降低率

$= 800\,000 - 793\,000 - 800\,000 \times 1.0769\%$

$= -1\,615.2$(元)

产品品种构成变动对成本降低率的影响

$= \dfrac{\text{产品品种构成变动对降低额的影响}}{\sum(\text{本年实际产量} \times \text{上年实际平均单位成本})} \times 100\%$

$= \dfrac{-1\,615.2}{800\,000} \times 100\%$

$= -0.2019\%$

(3) 产品单位成本变动的影响。成本计划降低额是本年计划成本比上年实际平均成本的降低数,而成本实际降低额则是本年实际成本比上年实际平均成本的降低数。因此,当产品单位成本实际比计划降低或升高时,必然会引起成本降低额或降低率的变动。

在确定上述各项因素变化对可比产品成本降低计划完成情况的影响时,可采用连环替代法在可比产品降低计划的基础上,分别以实际产量、实际品种结构和实际单位成本,逐步替代计划数,确定各种因素变化对可比产品成本降低额和降低率差异的影响。

产品单位成本变动对成本降低额的影响

$= \sum$(本年实际产量 × 本年计划单位成本) $- \sum$(本年实际产量 × 本年实际平均单位成本)

$= 793\,000 - 793\,200$

$= -200$(元)

产品单位成本变动对成本降低率的影响

$$= \frac{\text{产品单位成本变动对降低额的影响}}{\sum(\text{本年实际产量} \times \text{上年实际平均单位成本})} \times 100\%$$

$$= \frac{-200}{800\,000} \times 100\%$$

$$= -0.025\%$$

总的来看，企业未完成成本降低计划，情况不好。产品单位成本的升高或降低，意味着生产中劳动耗费的浪费或节约，分析时对这一因素的变动影响要给予特别的注意。本例中，由于产品单位成本升高影响可比产品成本降低额为减少200元，降低率为-0.025%。进一步分析可知是A产品造成的，B产品单位成本是降低的；产量变动影响可比产品成本降低额实际比计划增加1 615.2元，而产品品种构成变动影响可比产品成本降低额实际比计划减少1 615.2元，这两个因素的变动影响反映了生产和销售工作对成本的影响。

二、主要产品单位成本表的分析

一般来说，工业企业生产产品的种类较多，如果对全部产品的单位成本不加选择的进行同样的详细深入的分析，会浪费大量的人力、物力，而且也会使分析缺乏重点。因此，产品单位成本分析应抓住关键，把握重点，着重对一些企业经常生产、在全部产品中所占比重较大、能代表企业生产经营基本面貌的主要产品或成本发生异常变动的产品进行分析。

单位产品成本计划完成情况分析内容主要包括：主要产品成本计划情况分析、单位产品成本主要项目完成情况分析。

（一）产品单位成本计划完成情况分析

产品单位成本计划完成情况分析是指将分析对象的各成本项目的实际数与计划数进行对比，确定差异额和差异率以及各成本项目变动对产品单位成本计划的影响程度，查明造成产品单位成本升降的原因。

【例5-6】 齐鲁工厂的甲产品是该企业的主要产品之一，且本年度成本超支，现按成本项目列示如表5-12所示。

表5-12　　　　　　　　产品单位成本计划完成情况分析表

产品：甲产品　　　　　　　　2024年　　　　　　　　单位：元

成本项目	单位成本			与上年实际相比		与本年计划相比	
	上年实际	本年计划	本年实际	成本降低额	成本降低率（%）	成本降低额	成本降低率（%）
直接材料	21	20	22.5	-1.5	-7.143	-2.5	-12.5
直接人工	12	10	11	1	8.333	-1	-10.00
制造费用	10	9	10	0	0	-1	-10.00
合　计	43	39	43.5	-0.5	-1.163	-4.5	-11.54

以上分析表明：A产品本年实际成本比计划超支了4.5元，主要是直接材料超支了2.5元，直接人工费用超支了1元，制造费用超支了1元，影响了单位成本降低任务的完成，因此，还应对各项费用作进一步的分析。

（二）产品单位成本项目分析

此项分析可对每个成本项目逐一进行分析，也可有选择地对某些成本项目进行重点分析。

1. 直接材料项目的分析

直接材料是直接用于产品生产的原材料，生产一种产品往往要消耗多种原材料。直接材料项目分析应根据耗用的各种原材料进行，分析单位产品各种材料的消耗量和相应的材料单价两个因素。其计算公式如下：

$$单位产品直接材料费用 = \sum（直接材料消耗量 \times 材料单价）$$

$$单位产品直接材料差异额 = 单位产品直接材料实际费用 - 单位产品直接材料计划费用$$
$$= 单位产品直接材料消耗量变动的影响 + 单位产品直接材料单价变动的影响$$

$$单位产品直接材料消耗量变动的影响 = \sum（实际材料单耗 - 计划材料单耗）\times 计划材料单价$$

$$单位产品直接材料单价变动影响 = \sum（实际材料单价 - 计划材料单价）\times 实际材料单耗$$

影响材料消耗量变动的因素主要有：材料质量变化、产品设计的变化、下料和生产工艺方法的改变、材料利用程度的改变、废品数量的变化、生产工人技术水平和操作能力的高低、机器设备性能的好坏。

影响材料单价变动的因素主要有：材料买价的变动、材料运费的变动、运输途中合理损耗的变化、材料整理加工费及检验费的变化等。

2. 直接人工项目分析

单位产品直接人工费用的变动，主要受劳动生产率和工资水平两个因素的影响。其计算公式如下：

$$单位产品直接人工费用 = 单位产品工时消耗量 \times 小时工资率$$

$$单位产品直接人工差异 = 单位产品直接人工实际费用 - 单位产品直接人工计划费用$$
$$= 单位产品人工效率差异 + 小时工资率差异$$

其中，单位产品消耗工时数的多少体现劳动生产率（人工效率）的高低。劳动生产率越高，单位产品消耗的工时越少，工资费用就能降低；反之，就会超支。影响劳动生产率变动的因素主要有：生产技术工艺、劳动组织、生产工人的熟练程度、材料质量等。小时工资率体现平均工资水平的高低，它取决于生产工人工资总额和生产工时数。生产工人工资水平提高，就会使直接人工费用增加。

3. 制造费用项目分析

单位产品制造费用的变动主要受单位产品工时消耗量和每小时制造费用分配率的影响。其计算公式如下：

$$单位产品制造费用 = 单位产品耗用工时数 \times 每小时制造费用分配率$$

$$单位产品制造费用差异额 = 单位产品实际制造费用 - 单位产品计划制造费用$$
$$或 = 工时消耗量变动差异 + 小时制造费用分配率变动差异$$

$$工时消耗量变动影响 = （实际单位工时消耗量 - 计划单位工时消耗量）\times 计划小时制造费用分配率$$

小时制造费用分配率变动的影响=(实际小时制造费用分配率-计划小时制造费用分配率)×实际单位工时消耗量

【例5-7】齐鲁工厂甲产品单位成本有关资料如表5-13所示。

表5-13　　　　　　　　　　　甲产品单位成本资料

编制单位：齐鲁工厂　　　　　　　　2024年　　　　　　　　　　　　　单位：元

成本项目	计划金额			实际金额		
直接材料	20			22.5		
直接人工	10			11		
制造费用	9			10		
合计	39			43.5		
主要技术经济指标	计划			实际		
	数量（件）	单价	金额	数量（件）	单价	金额
1. A材料	1	8	8	1	12	12
2. B材料	4	3	12	3	3.5	10.5
3. 人工费用	4	2.5	10	4	2.75	11
4. 制造费用	3	3	9	4	2.5	10

具体分析如下：

(1) 直接材料项目分析。

直接材料差异额=22.5-20=2.5（元）

材料消耗量变动影响数额=(1-1)×8+(3-4)×3=-3（元）

材料单价变动影响数额=(12-8)×1+(3.5-3)×3=5.5（元）

甲产品单位产品成本中直接材料超支了2.5元，其构成因素为：B材料耗用量减少，节约了3元；A材料价格提高，超支了4元，B材料价格提高，超支了1.5元。

(2) 直接人工项目分析。

直接人工差异额=11-10=1（元）

人工效率差异=(4-4)×2.5=0（元）

小时工资率差异=(2.75-2.5)×4=1（元）

甲产品单位产品成本直接人工超支了1元，其构成因素为：小时工资率提高超支了1元。

(3) 制造费用项目分析。

制造费用差异额=10-9=1（元）

工时消耗量变动影响数额=(4-3)×3=3（元）

小时制造费用分配率变动的影响数额=(2.5-3)×4=-2（元）

甲产品单位产品成本制造费用超支了1元，其构成因素为：工时消耗增加，超支了3元；小时制造费用分配率减少，节约了2元。

通过因素分析计算出来的数据，有关部门和管理人员应作进一步的调查和分析，巩固有利差异，加强对不利差异的控制。

【知识归纳】

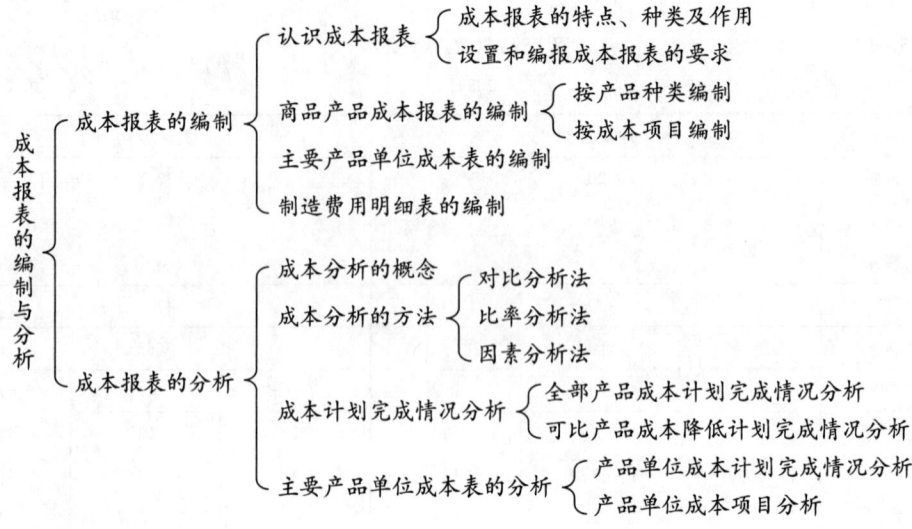

【职业判断能力训练】

一、单项选择题

1. 根据现行有关制度规定，成本报表（　　）。
   A. 属于外部报表
   B. 属于内部报表
   C. 既是内部报表，又是外部报表
   D. 是内部报表，还是外部报表由企业自行决定

2. 通过计算和对比经济指标的比率，进行数量分析的分析方法是（　　）。
   A. 比较分析法　　　　　　　　B. 比率分析法
   C. 连环替代法　　　　　　　　D. 差额计算法

3. 通过指标对比，从数量上确定差异的分析的方法是（　　）。
   A. 比率分析法　　　　　　　　B. 连环替代法
   C. 比较分析法　　　　　　　　D. 差额计算法

4. 将不同时期同类指标的数值对求出比率，进行动态比较，据以分析各项指标的增减变动和变动趋势的分析法是（　　）。
   A. 动态比率分析法　　　　　　B. 相关指标比率分析法
   C. 构成比率分析法　　　　　　D. 比较分析法

5. 连环替代法是用来计算几个相互联系的因素，对综合经济指标变动的（　　）。
   A. 不同影响　　　　　　　　　B. 影响
   C. 影响的程度　　　　　　　　D. 影响的情况

6. 可比产品成本降低率是指下列指标与可比产品按上年实际平均单位成本计算的总成本的比率(　　)。
   A. 可比产品成本降低额　　　　　B. 可比产品本年累计实际总成本
   C. 可比产品上年累计实际总成本　D. 可比产品单位成本降低额
7. 可比产品成本降低额与降低率之间的关系是(　　)。
   A. 成反比　　　　　　　　　　　B. 成正比
   C. 同方向变动　　　　　　　　　D. 无直接关系
8. 分析成本报表，应从(　　)开始。
   A. 全部产品成本计划完成情况的总评价　B. 全部产品实际成本完成情况的总评价
   C. 单位产品成本计划完成情况的总评价　D. 单位产品实际成本完成情况的总评价
9. 下列分析方法中只适用于同质指标的数量对比是(　　)。
   A. 比率分析法　　　　　　　　　B. 比较分析法
   C. 差额计算法　　　　　　　　　D. 连环替代法
10. 运用连环替代法时要正确确定各因素的(　　)。
    A. 重要程度　　　　　　　　　　B. 排列顺序
    C. 详细程度　　　　　　　　　　D. 价值大小

二、多项选择题

1. 制造业的成本、费用报表一般包括(　　)。
   A. 产品成本表　　　　　　　　　B. 制造费用明细表
   C. 主要产品单位成本表　　　　　D. 期间费用明细表
   E. 生产费用表
2. 下列指标中，属于相关指标比率的有(　　)。
   A. 产值成本率　　　　　　　　　B. 成本利润率
   C. 销售成本率　　　　　　　　　D. 原材料费用比率
   E. 制造费用比率
3. 比较分析法是指通过指标对比，从数量上确定差异的一种分析法。实际工作中采用的形式通常有(　　)。
   A. 以成本的实际指标与成本计划或定额指标对比
   B. 以两个性质不同但又相关的指标对比
   C. 以不同时期指标的数值对比
   D. 以本期实际成本指标与前期（上期、上年同期或历史最高水平）的实际成本指标对比
   E. 以本企业实际成本指标（或某项技术经济指标）与国内外同行业先进指标对比
4. 影响产品材料费用总额变动的因素很多，按其相互关系可归纳为(　　)。
   A. 单位产品材料消耗量　　　　　B. 材料成本降低额
   C. 产品产量　　　　　　　　　　D. 材料单价
   E. 材料成本降低率
5. 成本报表分析的基本方法有(　　)。
   A. 指数法　　　　　　　　　　　B. 图表法

C. 比率分析法　　　　　　　　D. 比较分析法
E. 本量利分析法
6. 产品成本表的结构包括（　　）。
A. 可比产品成本表　　　　　　B. 不可比产品成本表
C. 基本报表　　　　　　　　　D. 补充资料
E. 单位产品成本表
7. 影响可比产品成本降低计划完成情况的因素有（　　）。
A. 产品产量　　　　　　　　　B. 产品成本构成
C. 产品单位成本　　　　　　　D. 本年计划总成本
E. 上年实际总成本
8. 制造业编制的费用报表主要有（　　）。
A. 制造费用明细表　　　　　　B. 销售费用明细表
C. 管理费用明细表　　　　　　D. 财务费用明细表
E. 单位产品成本表
9. 影响可比产品成本降低率变动的因素有（　　）。
A. 产品产量　　　　　　　　　B. 产品单位成本
C. 产品品种构成　　　　　　　D. 实际降低率
E. 计划降低率
10. 影响可比产品成本降低额变动的因素有（　　）。
A. 产品产量　　　　　　　　　B. 产品单位成本
C. 产品品种构成　　　　　　　D. 实际降低率
E. 计划降低率

三、判断题

1. 成本报表属于内部报表，不对外公开，因此，成本报表的种类、格式、项目指标的设计和编制方法、编报日期等由企业自行决定。（　　）
2. 运用连环替代法时要正确确定各因素的排列顺序。在分析相同问题时要按照同一排列顺序进行替换，否则会得出不同的计算结果。（　　）
3. 影响可比产品成本降低计划完成情况的主要因素是产品单位成本和产品品种构成。（　　）
4. 影响可比产品成本降低额与影响可比产品成本降低率的因素是相同的。（　　）
5. 成本报表提供的实际产品成本和费用支出资料，不仅可以满足企业内部的需要，而且还可以满足国家宏观调控的需要。（　　）
6. 产品成本报表，是反映企业在报告期内所产生全部产品的总成本和各种主要产品单位成本及总成本的报表。利用产品成本报表，可以对企业成本工作进行一般评价。
（　　）

【职业实践能力训练】

实训练习一　成本报表的编制

目的：掌握产品生产成本表的编制方法。

资料：鲁北工厂生产 A、B、C 三种产品，其中，A、B 产品为主要产品，C 产品为非主要产品。2024 年度有关产品产量成本资料如表 5-14 所示。

表 5-14　　　　　　　　　　产品产量成本资料

2024 年度　　　　　　　　　　　　　　　金额单位：元

项　目	A 产品	B 产品	C 产品
产品产量（件）			
本年计划	4 320	2 016	1 920
本年实际	5 000	2 000	2 000
产品单位成本			
上年实际平均	1 200	1 000	
本年计划	1 164	980	1 110
本年实际平均	1 158	982	1 060

要求：编制产品生产成本表（按产品种类反映），格式如表 5-15 所示。

表 5-15　　　　　　产品生产成本表（按产品种类反映）

编制单位：　　　　　　　　　　2024 年度　　　　　　　　　金额单位：元

产　品	计量单位	产量		单位成本			实际产量的总成本		
		本年计划	本年实际	上年实际平均	本年计划	本年累计实际平均	按上年实际平均单位成本计算	按本年计划单位成本计算	本年实际
主要产品									
A 产品	件								
B 产品	件								
非主要产品									
C 产品	件								
合　计									

实训练习二　连环替代分析法

目的：掌握连环替代分析法的运用。

资料：某企业的材料费用总额、产品产量、单位产品材料消耗量和材料单价的计划指标与实际，指标的资料如表 5-16 所示。

表 5-16　　　　　　　　　　　企业主要产品成本资料

指标	单位	计划数	实际数	差异
产品产量	件	100	102	+2
单位产品材料消耗量	千克	20	16	-4
材料单价	元	15	18	3
材料费用总额	元	30 000	29 376	-624

要求：采用连环替代法各因素变动对材料费用总额变动的影响程度。

实训练习三　成本报表分析

目的：练习全部产品成本计划完成情况分析。

资料：某企业 2024 年 6 月产品成本报表如表 5-17 所示。

表 5-17　　　　　　　　　　　某企业商品产品成本表

编制单位：　　　　　　　　　　2024 年 6 月　　　　　　　　　　计量单位：元

产品名称	计量单位	实际产量	单位成本			总成本		
			上年实际平均	本年计划	本月实际	按上年实际平均单位成本计算	按本年计划单位成本计算	本月实际
可比产品合计								
A 产品	件	100	84	82	83			
B 产品	件	10	760	750	740			
不可比产品合计								
C 产品	件	20	×	120	115	×		
全部产品	×	×	×	×	×			

要求：计算和填列产品成本报表中总成本各栏数字。

实训练习四　成本报表分析

目的：练习可比产品成本降低率计划完成情况分析。

资料：

1. 可比产品成本降低率为 8%。
2. 产品成本报表有关可比产品部分资料如表 5-18 所示。
3. 本期材料涨价影响可比产品成本实际比计划升高 1 200 元。

表 5-18　　　　　　　　　　　　　　产品成本报表

编制单位：　　　　　　　　　　　　2024 年 6 月　　　　　　　　　　　　计量单位：元

可比产品	产量（件）		单位成本（元）			总成本（元）		
	计划	实际	上年实际平均	本年计划	本期实际	按上年实际平均成本计算	按本年计划计算	本期实际
甲	16	26	400	370	350			
乙	22	20	200	190	195			
合计								

要求：

1. 计算并填列产品成本报表中总成本各栏数字。
2. 检查可比产品成本降低率计划完成情况，分析其升降原因，并作出评价。

实训练习五　成本报表分析

目的：练习产品单位成本分析。

资料：A 产品单位成本表如表 5-19 所示。

表 5-19　　　　　　　　　　　　　　主要产品成本表

产品名称：A　　　　　　　　　　　　2024 年 6 月　　　　　　　　　　　　计量单位：元

成本项目	上年实际平均	本年计划	本期实际
直接材料	3 960	3 980	4 000
直接人工	500	520	480
制造费用	900	880	860
合计	5 360	5 380	5 340
主要技术经济指标	耗用量	耗用量	耗用量
原材料消耗量（千克）	2 000	1 900	1 880
原材料单价（元）	4.0	4.2	4.4

要求：

1. 分析 A 产品单位成本变动情况。
2. 分析影响原材料费用变动的各因素和各因素变动的影响程度。

【职业拓展能力训练】

拓展训练一　成本报表分析

目的：练习工资费用分析。

资料：甲产品有关资料如表 5-20 所示。

表 5-20　　　　　　　　　甲产品单位成本工资费用分析表

工种名称	耗用量（小时）		工资率（元/小时）		工资费用		差异	
	计划	实际	计划	实际	计划	实际	数量	金额
车工	200	180	135	140				
钳工	320	300	87.5	90				
合计								

要求：
1. 计算并填列甲产品单位成本工资费用分析表。
2. 采用差额计算分析法分析甲产品工资费用变动的情况。

拓展训练二　成本报表分析

目的：练习主要产品单位成本表的分析。
资料：某工厂甲产品单位成本有关资料如表 5-21 所示。
要求：根据表中资料，对甲产品进行单位成本项目分析。

表 5-21　　　　　　　　　　甲产品单位成本资料
编制单位：　　　　　　　　　2024 年 6 月　　　　　　　　　　　　　单位：元

成本项目	计划金额			实际金额		
直接材料	230			220		
直接人工	160			190		
制造费用	100			90		
合计	490			500		
主要技术经济指标	计划			实际		
	数量（千克）	单价	金额	数量	单价	金额
1. A 材料	1	80	80	1	100	100
2. B 材料	5	30	150	4	30	120
3. 人工费用	4	40	160	4.75	40	190
4. 制造费用	4	25	100	4.5	20	90

项目六
智能化成本核算与管理实训

学习目标
- 能够正确理解成本核算与管理的智能化体现
- 能够在实训平台进行成本核算与管理工作
- 能够运用 RPA 软件进行成本核算与管理的编程工作

任务一　智能化成本核算与管理业务平台实训

一、智能化成本核算与管理实训平台介绍

（一）实训平台业务核算流程

智能化成本核算与管理实训依托湖南中德安普大数据网络科技有限公司业财税融合成本管控职业技能等级证书（初级）培训平台进行。在该平台中外来原始凭证通过扫描进入平台，自制原始凭证空白模板由平台内提供，由成本会计人员在平台内根据外来原始凭证与成本核算要求进行填制。记账凭证空白模板由平台内提供，由成本会计人员在平台内填制，填制记账凭证时涉及的摘要、会计科目已在平台内设置完毕，在填制记账凭证时可以直接调用。记账凭证填制完毕后在平台内自动登记相关账簿，自动生成会计报表。

（二）智能化成本核算与管理实训内容

智能化成本核算与管理实训主要涉及生产成本核算服务流程，包括：汇总材料费用、直接材料费用的分配、材料费用分配的核算；汇总人工费用、直接人工费用的分配、人工费用分配的核算；采用交互分配法分配辅助生产费用，编制辅助生产费用分配表，辅助生产费用分配的核算；生产工时比例法分配制造费用，制造费用分配的核算；根据约当产量法将生产成本在完工产品和在产品之间分配，完工产品入库的成本核算。

二、智能化成本核算与管理实训业务实操

【任务案例】

某公司是一家专注于声电产品，集设计开发、生产、销售为一体的专业性企业。该

公司主营产品是运动型蓝牙耳机和商务型蓝牙耳机，公司凭借前沿的技术、个性化的产品和卓越的营销模式迅猛发展，即使定价较高，仍然占据市场优势地位。

一、产品材料成本核算

1. 编制材料费用汇总表

请根据领料单（如表6-1、表6-2所示）编制材料耗用汇总表（如表6-3所示）。

表6-1　　　　　　　　　　　　　　领料单1　　　　　　　　　　　　　　No：910001

领用部门：生产车间　　　　　　　　　　　　　　　　　　　　　　日期：2024年11月2日

品名	规格	单位	数量	单价	金额	用途
头带		台	5 640	480.00	2 707 200.00	
发声元件		台	5 640	600.00	3 384 000.00	
引线		个	2 820	430.00	1 212 600.00	
总　计：⊗仟柒佰叁拾零万叁仟捌佰零拾零元零角零分					¥ 7 303 800.00	

主管　马茜　　　　　　记账　贺秀珊　　　　　　发料　王大鹏　　　　　　领料　孟辉

表6-2　　　　　　　　　　　　　　领料单2　　　　　　　　　　　　　　No：910002

领用部门：生产车间　　　　　　　　　　　　　　　　　　　　　　日期：2024年11月12日

品名	规格	单位	数量	单价	金额	用途
头带		台	3 760	480.00	1 804 800.00	
发声元件		台	3 760	600.00	2 256 000.00	
耳罩		套	9 400	500.00	4 700 000.00	
引线		个	1 880	430.00	808 400.00	
精品包装盒		套	9 400	50.00	470 000.00	
总　计：壹仟零佰零拾叁万玖仟贰佰零拾零元零角零分					¥ 10 039 200.00	

主管　马茜　　　　　　记账　贺秀珊　　　　　　发料　王大鹏　　　　　　领料　孟辉

表6-3　　　　　　　　　　　　　材料耗用汇总表

　　　　　　　　　　　　　　　　2024年11月30日　　　　　　　　　　　　　　单位：元

应贷科目 应借科目	原材料－ 头带	原材料－ 发声元件	原材料－ 耳罩	原材料－ 引线	原材料－ 精品包装盒	合　计
基本生产成本						
合　计						

制表人：贺秀珊

2. 生产车间领用原材料

2024年11月2日，生产车间领用原材料（领料单如表6-4所示）。

表 6-4　　　　　　　　　　　　　　　　领料单　　　　　　　　　　　　　　　　No：910001

领用部门：生产车间　　　　　　　　　　　　　　　　　　　　　　　　　　日期：2024 年 11 月 2 日

品名	规格	单位	数量	单价	金额	用途
头带		台	9 400	480.00	4 512 000.00	
发声元件		台	9 400	600.00	5 640 000.00	
耳罩		套	9 400	500.00	4 700 000.00	
引线		个	4 700	430.00	2 021 000.00	
精品包装盒		套	9 400	50.00	470 000.00	
总　　计：壹仟柒佰叁拾肆万叁仟零佰零拾零元零角零分					¥ 17 343 000.00	

主管　马茜　　　　　　记账　贺秀珊　　　　　　发料　王大鹏　　　　　　领料　孟辉

（1）填写领用材料分配表（如表 6-5 所示）。

按照两种产品合计投产量进行分配，请计算并填写领用材料分配表。

表 6-5　　　　　　　　　　领用材料费用分配表

　　　　　　　　　　　　　　　2024 年 11 月 2 日　　　　　　　　　　　　　　单位：元

受益对象	投产量	分配率	金额
运动蓝牙耳机	5 200		
商务蓝牙耳机	4 200		
合计	9 400		

注：分配率四舍五入保留 2 位小数，金额四舍五入保留 2 位小数　　　　制表人：贺秀珊

（2）编制记账凭证。

编制领用原材料的记账凭证（如图 6-1 所示）。

图 6-1　记账凭证

二、人工成本核算

2024 年 11 月 30 日，计提本月工资。

（1）编制人工费用汇总表。

根据 2024 年 11 月工资明细表编制人工费用汇总表，如表 6-6 所示。

表 6-6　　　　　　　　　浙江坤腾电子有限公司工资计提明细表

2024 年 11 月 30 日　　　　　　　　　　　　　　　　　单位：元

序号	部门	职务	姓名	基本工资	绩效工资/补助	应发工资
1		总经理	马茜	9 000.00	4 000.00	13 000.00
2		副总经理	明亿涵	7 500.00	3 000.00	10 500.00
3	行政部	行政主管	明子棋	6 000.00	1 700.00	7 700.00
4		人事专员	王莉	4 500.00	1 000.00	5 500.00
5		文员	赵思娜	4 500.00	1 000.00	5 500.00
6	财务部	会计主管	罗小玛	7 000.00	1 700.00	8 700.00
7		业务会计	王宇	5 000.00	1 300.00	6 300.00
8		审核会计	张珏	5 500.00	1 300.00	6 800.00
9		成本会计	贺秀珊	5 000.00	1 300.00	6 300.00
10		税务会计	李嘉怡	5 000.00	1 300.00	6 300.00
11		出纳	贾馨玲	4 500.00	1 300.00	5 800.00
12	采购部	采购主管	甄婉淳	5 500.00	1 700.00	7 200.00
13		采购员	曲海程	5 000.00	1 000.00	6 000.00
14		采购员	马兴	5 000.00	1 000.00	6 000.00
15	仓管部	仓库主管	梁田	5 500.00	1 700.00	7 200.00
16		资料员	谈俊谦	5 000.00	1 000.00	6 000.00
17		仓管员	王大鹏	5 000.00	1 000.00	6 000.00
18	销售部	销售主管	李新虎	5 500.00	2 700.00	8 200.00
19		销售员	赵娇丽	4 500.00	2 700.00	7 200.00
20		销售员	李乔	4 500.00	2 190.00	6 690.00
21		销售员	胡君	4 500.00	2 210.00	6 710.00
22		销售员	黄纯晨	4 500.00	2 180.00	6 680.00
23		销售员	李凌	4 500.00	2 100.00	6 600.00
24		销售员	王淑云	4 500.00	3 100.00	7 600.00
25		销售员	徐幽雅	4 500.00	1 990.00	6 490.00
26		销售员	李盛钦	4 500.00	1 750.00	6 250.00
27		销售员	明穗雯	4 500.00	1 650.00	6 150.00
28	基本生产车间	主管	许瑞	6 000.00	1 500.00	7 500.00
29		工人	金静	5 000.00	800.00	5 800.00
30		工人	孟辉	5 000.00	800.00	5 800.00
31		工人	李卉	5 000.00	800.00	5 800.00
32		工人	洪炜殷	5 000.00	800.00	5 800.00
33		工人	伍汉民	5 000.00	800.00	5 800.00

续表

序号	部门	职务	姓名	基本工资	绩效工资/补助	应发工资
34	基本生产车间	工人	李计展	5 000.00	800.00	5 800.00
35		工人	洪瑷琰	5 000.00	800.00	5 800.00
36		工人	甄鹏	5 000.00	800.00	5 800.00
37		工人	兰余义	5 000.00	800.00	5 800.00
38		工人	陆扬洋	5 000.00	800.00	5 800.00
39	供水车间	工人	洪珂	5 000.00	800.00	5 800.00
40		工人	苏明成	5 000.00	800.00	5 800.00
41		工人	谭安鸣	5 000.00	800.00	5 800.00
42		工人	孟学森	5 000.00	800.00	5 800.00
43		工人	王若岚	5 000.00	800.00	5 800.00
44	供电车间	工人	李隼	5 000.00	800.00	5 800.00
45		工人	何锦宁	5 000.00	800.00	5 800.00
46		工人	田宣辉	5 000.00	800.00	5 800.00
47		工人	孙旭景	5 000.00	800.00	5 800.00
48		工人	何佳顺	5 000.00	800.00	5 800.00
	合 计			246 500.00	66 370.00	312 870.00

人工费用汇总表，如表6-7所示。

表6-7　　　　　　　浙江坤腾电子有限公司工资汇总表

2024年11月30日　　　　　　　　　　　　　　　　　　　　　　单位：元

部门	基本工资	绩效工资	应发工资
总经理			
副总经理			
行政部			
财务部			
采购部			
仓管部			
销售部			
基本生产车间/主管			
基本生产车间/工人			
供水车间			
供电车间			
合　计			

复核：罗小玛　　　　　　　　　　制表人：赵思娜

(2) 编制生产车间工人薪酬分配表。

计算并填写生产车间工人薪酬分配表，如表6-8所示。注：小数尾差计入商务蓝牙耳机。

表6-8 生产车间工人薪酬分配表（工资）

2024年11月30日　　　　　　　　　　　　　　　　　　　　　　单位：元

受益对象	生产工时	分配率	金额
运动蓝牙耳机	1 500		
商务蓝牙耳机	1 800		
合计	3 300		

注：分配率四舍五入保留4位小数，金额四舍五入保留两位小数。　　　制表人：贺秀珊

(3) 编制记账凭证。

编制计提本月工资的记账凭证，如图6-2所示。

图6-2 记账凭证

三、辅助生产成本核算

2024年11月30日，采用交互分配法分配辅助生产费用，如表6-9所示。

表6-9 生产成本 明细账

编制单位：浙江坤腾电子有限公司　　科目：生产成本-辅助生产成本　　2024年11月至2024年11月　　单位：元

日期	凭证记号	科目名称	摘要	借方	贷方	余额方向	余额
2024/11/1		生产成本-辅助生产成本	期初余额	0.00	0.00	平	0.00
2024/11/30	***	生产成本-辅助生产成本-供水车间-水电费	辅助车间缴纳水费	27 135.00	0.00	借	27 135.00

续表

日期	凭证记号	科目名称	摘要	借方	贷方	余额方向	余额
2024/11/30	***	生产成本－辅助生产成本－供电车间－水电费	辅助车间缴纳电费	90 180.00	0.00	借	117 315.00
2024/11/30	***	生产成本－辅助生产成本－供水车间－工资	计提本月工资	29 000.00	0.00	借	146 315.00
2024/11/30	***	生产成本－辅助生产成本－供电车间－工资	计提本月工资	29 000.00	0.00	借	175 315.00
2024/11/30	***	生产成本－辅助生产成本－供水车间－社保	计提本月社保	5 160.00	0.00	借	180 475.00
2024/11/30	***	生产成本－辅助生产成本－供电车间－社保	计提本月社保	5 160.00	0.00	借	185 635.00
2024/11/30	***	生产成本－辅助生产成本－供水车间－公积金	计提本月公积金	1 600.00	0.00	借	187 235.00
2024/11/30	***	生产成本－辅助生产成本－供电车间－公积金	计提本月公积金	1 600.00	0.00	借	188 835.00
2024/11/30	***	生产成本－辅助生产成本	本期合计	188 835.00	0.00	借	188 835.00

(1) 填写辅助生产费用分配表。

根据辅助生产车间提供劳务数量汇总表（如表6－10所示），计算并填写辅助生产费用分配表（如表6－11所示）。

表6－10　　　　　　　　辅助生产车间提供劳务数量汇总表
2024年11月

受益单位	耗水量（立方米）	耗电量（度）
供水车间		4 550
供电车间	350	
基本生产车间	5 510	55 000
行政等管理部门	110	450
研发部门	15	40
销售部门	45	80
合计	6 030	60 120

制表人：彭俊

表 6-11　　　　　　　　　　　　辅助生产费用分配表

2024 年 11 月 30 日　　　　　　　　　　　　　　　　单位：元

项目		供水车间			供电车间			合计
		数量（立方米）	费用分配率	分配金额	数量（度）	费用分配率	分配金额	
待分配辅助生产费用		6 030.00	10.43	62 895.00	60 120.00	2.09	125 940.00	188 835.00
交互分配	供水车间				4 550.00		9 509.50	9 509.50
	供电车间	350.00		3 650.50				3 650.50
对外分配辅助生产费用		5 680.00			5 5570.00			
对外分配	基本生产车间	5 510.00			55 000.00			
	行政等管理部门	110.00			450.00			
	销售部门	60.00			120.00			

注：费用分配率及金额保留 2 位小数点，计算尾差计入销售部门　　　　　制表人：贺秀珊

(2) 编制记账凭证。

编制对内分配辅助费用的记账凭证（如图 6-3 所示）。注：先写完借方科目和金额再写贷方科目和金额。

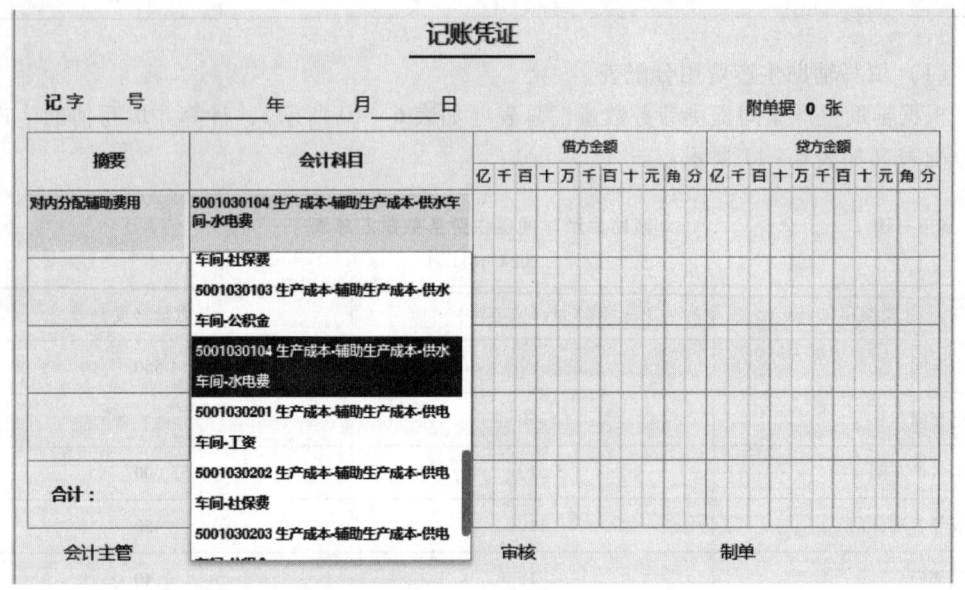

图 6-3　记账凭证

(3) 编制记账凭证。

编制对外分配辅助费用的记账凭证，如图 6-4 所示。

图 6-4 记账凭证

四、制造费用核算

2024 年 11 月 30 日，结转制造费用（如表 6-12 所示）。

表 6-12　　　　　　　　　　　生产成本明细账

编制单位：浙江坤腾电子有限公司　　科目：生产成本－制造费用　　2024 年 11 月至 2024 年 11 月　　单位：元

日期	凭证记号	科目名称	摘要	借方	贷方	余额方向	余额
2024/11/1		制造费用	期初余额	0.00	0.00	平	0.00
2024/11/30	***	制造费用－工资	计提本月工资	7 500.00	0.00	借	7 500.00
2024/11/30	***	制造费用－社保费	计提本月社保	1 032.00	0.00	借	8 532.00
2024/11/30	***	制造费用－公积金	计提本月公积金	320.00	0.00	借	8 852.00
2024/11/30	***	制造费用－折旧费	计提固定资产折旧	13 194.45	0.00	借	22 046.45
2024/11/30	***	制造费用－水电费	对外分配辅助费用	185 471.00	0.00	借	207 517.45
2024/11/30		制造费用	本期合计	207 517.45	0.00	借	207 517.45

（1）编制制造费用分配表（如表 6-13 所示），生产工时比例法分配制造费用。注：小数尾差计入商务蓝牙耳机。

表 6-13　　　　　　　　　　　制造费用分配表

　　　　　　　　　　　2024 年 11 月 30 日　　　　　　　　　　　　　　　　　　　单位：元

受益对象	生产工时	分配率	金额
运动蓝牙耳机	1 500		
商务蓝牙耳机	1 800		
合计	3 300		

注：分配率四舍五入保留 4 位小数，金额四舍五入保留两位小数　　　　制表人：贺秀珊

（2）编制记账凭证。

编制结转制造费用的记账凭证如图6-5所示。

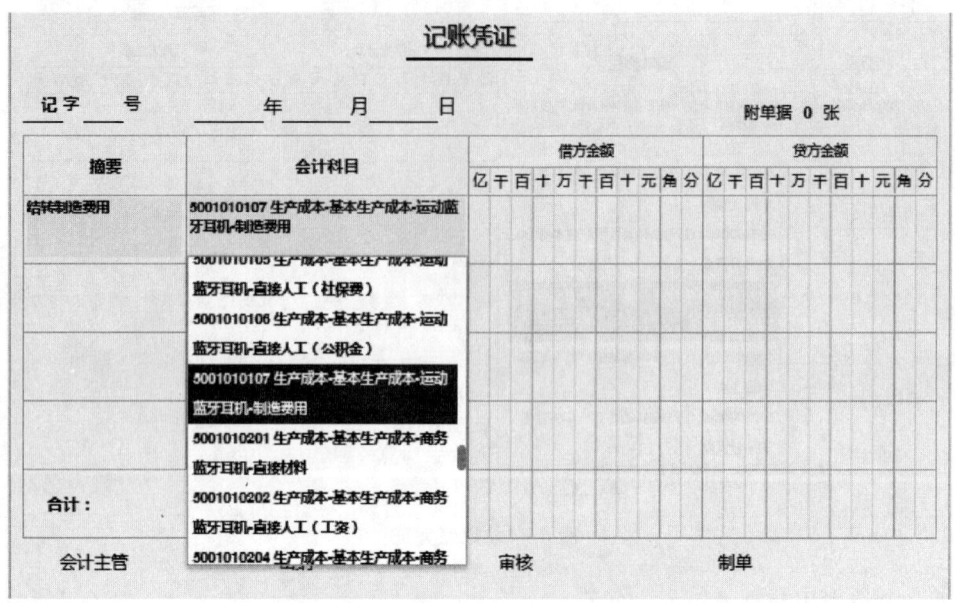

图6-5 记账凭证

五、在产品和产成品核算

2024年11月30日，完工产品入库。入库单如表6-14所示。

表6-14

编号	成品名称	单位	规格	数量	单价	金额								附注
						十	万	千	百	十	元	角	分	
1	运动蓝牙耳机			5 500										
2	商务蓝牙耳机			4 600										
总 计：	佰	拾	万	仟	佰	拾	元	角	分	¥				

仓库 交 入库单 厂商号 收402669
工场 2024年11月30日 门市部

记账 贺秀珊　　保管 谈俊谦　　制票　　交货人 许瑞

①存根（白）②合计（红）③交货单位（黄）

（1）编制蓝牙耳机成本计算表（如表6-15所示）。

根据约当产量法将生产成本在完工产品和在产品之间分配，原材料在生产开始时一次投入，月末在产品的完工程度均为50%。

注：运动蓝牙耳机月末在产品数量为900对，小数尾差计入月末在产品成本。

（2）编制记账凭证。

根据运动蓝牙耳机和商务蓝牙耳机成本计算表（如表6-15和表6-16所示）编

表6-15　　　　　　　　　运动蓝牙耳机成本计算表

产品名称：运动蓝牙耳机　　　2024年11月30日　　　　　　　　　　　　单位：元

项目	直接材料	直接人工			制造费用	成本合计
		工资	社保	公积金		
月初在产品成本	6 047 050.00	3 760.00	456.00	290.00	1 150.00	6 052 706.00
本月投产费用	9 594 000.00	26 363.70	4 690.95	1 454.55	94 326.15	9 720 835.35
生产成本累计	[ ]	[ ]	[ ]	[ ]	[ ]	[ ]
分配率	[ ]	[ ]	[ ]	[ ]	[ ]	—
产成品成本	[ ]	[ ]	[ ]	[ ]	[ ]	[ ]
月末在产品成本	[ ]	[ ]	[ ]	[ ]	[ ]	[ ]

注：分配率保留四位小数，其他计算结果保留两位小数。　　　　　　　　制表人：贺秀珊

制完工产品入库的记账凭证如图6-6所示。

表6-16　　　　　　　　　商务蓝牙耳机成本计算表

产品名称：商务蓝牙耳机　　　2024年11月30日　　　　　　　　　　　　单位：元

项目	直接材料	直接人工			制造费用	成本合计
		工资	社保	公积金		
月初在产品成本	6 625 400.00	5 360.00	1 880.00	1 360.00	2 090.00	6 636 090.00
本月投产费用	7 749 000.00	31 636.30	5 629.05	1 745.45	113 191.30	7 901 202.10
生产成本累计	14 374 400.00	36 996.30	7 509.05	3 105.45	115 281.30	14 537 292.10
分配率	2 712.1509	7.4740	1.5170	0.6274	23.2892	
产成品成本	12 475 894.14	34 380.40	6 978.20	2 886.04	107 130.32	12 627 269.10
月末在产品成本	1 898 505.86	2 615.90	530.85	219.41	8 150.98	1 910 023.00

注：分配率保留四位小数，其他计算结果保留两位小数。小数尾差计入月末在产品成本。　　制表人：贺秀珊

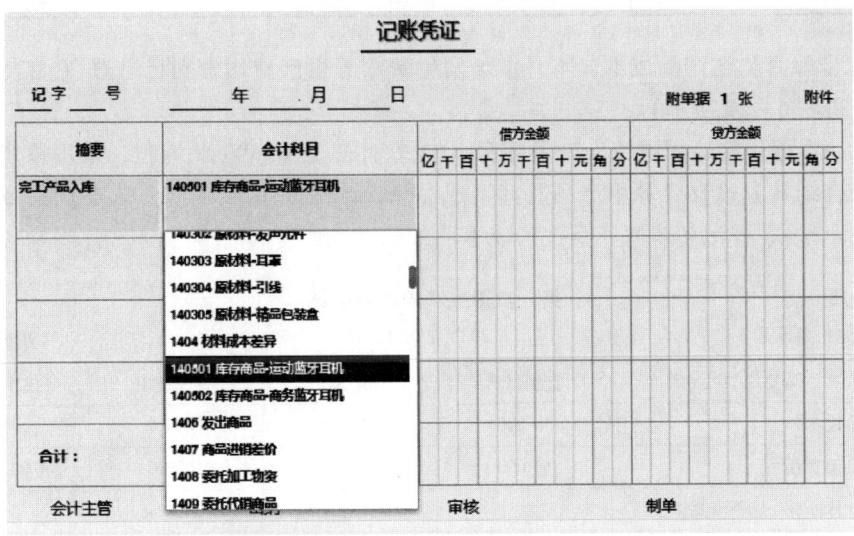

图6-6　记账凭证

六、登记账簿、编制会计报表略。

任务二　智能化成本核算与管理 RPA 软件编程实训

【任务案例】

运用财智未来云账房 RPA 软件——AutoWork 编程，采用逐步结转分步法（综合结转方式）计算产品成本。

资料：云山工厂生产的甲产品顺序经过第一、第二和第三，三个生产步骤（车间）进行加工，第一步骤完工产品为半成品 A，完工后全部交第二步骤继续加工；第二步骤完工产品为半成品 B，完工后全部交第三步骤继续加工；第三步骤完工产品为产成品甲产品。甲产品原材料在第一步骤生产开始时一次投入，各步骤的人工费用和制造费用发生比较均衡，月末在产品完工程度平均为 50%。

1. 生产数量资料（如表 6-17 所示）。

表 6-17　　　　　　　　　　产品数量统计表

产品名称：甲产品　　　　　　　　2024 年 7 月　　　　　　　　单位：件

项目	第一步骤	第二步骤	第三步骤
月初在产品数量	100	200	400
本月投入或上步转入数量	1 100	1 000	1 000
本月完工转入下步数量	1 000	1 000	1 100
月末在产品数量	200	200	300

2. 各步骤月初在产品成本、本月本步发生费用等生产费用资料已登账（如表 6-18、表 6-19 和表 6-20 所示）。

要求：根据资料运用财智未来云账房 RPA 软件——AutoWork 编程，采用逐步结转分步法（综合结转方式）计算甲产品及其半成品 A、半成品 B 成本（月末在产品成本按约当产量法计算），登记各步骤产品生产成本明细账。

表 6-18　　　　　　　　　第一步骤生产成本明细账

产品名称：半成品 A　　　　　　　2024 年 7 月　　　　　　　金额单位：元

摘要	直接材料	直接人工	制造费用	成本合计
月初在产品成本	50 000	12 500	10 000	72 500
本月本步发生费用	550 000	262 500	210 000	1 022 500
生产费用合计				
本月完工产品数量				
月末在产品约当量				

续表

摘要	直接材料	直接人工	制造费用	成本合计
约当总产量				
本月完工产品单位成本（分配率）				
本月完工产品总成本				
月末在产品成本				

表6-19　　　　　　　　　　　第二步骤生产成本明细账

产品名称：半成品B　　　　　　2024年7月　　　　　　　　金额单位：元

摘　要	上步转入	本步发生		合　计
	半成品A	直接人工	制造费用	
月初在产品成本	190 000	40 000	30 000	260 000
本月本步发生费用		400 000	300 000	700 000
本月上步转入费用				
生产费用合计				
本月完工产品数量				
月末在产品约当量				
约当总产量				
本月完工产品单位成本（分配率）				
本月完工产品总成本				
月末在产品成本				

表6-20　　　　　　　　　　　第三步骤生产成本明细账

产品名称：甲产品　　　　　　　2024年7月　　　　　　　　金额单位：元

摘　要	上步转入	本步发生		合　计
	半成品B	直接人工	制造费用	
月初在产品成本	660 000	80 000	60 000	800 000
本月本步发生费用		420 000	315 000	735 000
本月上步转入费用				
生产费用合计				
本月完工产品数量				
月末在产品约当量				
约当总产量				
本月完工产品单位成本（分配率）				
本月完工产品总成本				
月末在产品成本				

【任务处理】

一、登录财智未来财务机器人（RPA）实训平台，网址：http://comuc.caizhiweilai.com

二、登录设计端，采用逐步结转分步法（综合结转方式）计算产品成本，RPA流程图设计：

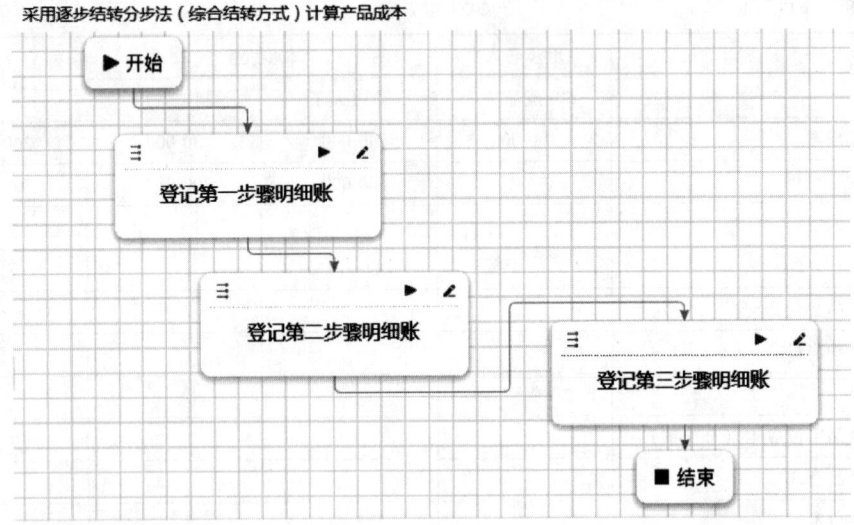

三、登记第一步骤生产成本明细账RPA财务机器人编程：

项目六 智能化成本核算与管理实训

1		打开Excel，路径为 'C:/Users/lenovo/Desktop/采用逐步结转分步法（综合结转方式）计算产品成本/生产数量统计表.xlsx'，赋值给excelRet
2		打开Excel，路径为 'C:/Users/lenovo/Desktop/采用逐步结转分步法（综合结转方式）计算产品成本/第一步骤生产成本明细账.xlsx'，赋值给excelRet1
3		循环执行4次
4		将ASCII码 65+i 转换为所表示的字符，赋值给sRet
5		设置表'Sheet1' 单元格sRet+'6' 的公式为 sRet+'4'+'+sRet+'5'
6		循环执行3次
7		将ASCII码 65+i 转换为所表示的字符，赋值给sRet
8		读取表'Sheet1' 单元格'B6' 的值赋值给cell_value
9		将cell_value写入工作表'Sheet1'单元格sRet+'7'中
10		读取表'Sheet1' 单元格'B7' 的值赋值给cell_value
11		将cell_value写入工作表'Sheet1'单元格'B8'中
12		循环执行2次（停用）
13		将ASCII码 65+i 转换为所表示的字符，赋值给sRet
14		将cell_value*0.5写入工作表'Sheet1'单元格sRet+'8'中
15		循环执行3次
16		将ASCII码 65+i 转换为所表示的字符，赋值给sRet
17		设置表'Sheet1' 单元格sRet+'9' 的公式为 sRet+'7'+'+sRet+'8' （停用）
18		循环执行3次
19		将ASCII码 65+i 转换为所表示的字符，赋值给sRet
20		设置表'Sheet1' 单元格sRet+'10' 的公式为 sRet+'6/'+sRet+'9'
21		设置表'Sheet1' 单元格sRet+'11' 的公式为 sRet+'7*'+sRet+'10'
22		设置表'Sheet1' 单元格sRet+'12' 的公式为 sRet+'8*'+sRet+'10'
23		循环执行3次
24		设置表'Sheet1' 单元格'E'+str(i) 的公式为 'B'+str(i)+'+C'+str(i)+'+D'+str(i) （停用）
25		读取表'Sheet1' 单元格'E11' 的值赋值给cell_value1
26		跳出当前流程块，返回cell_value1

操作视频

四、登记第二步骤生产成本明细账 RPA 财务机器人编程:

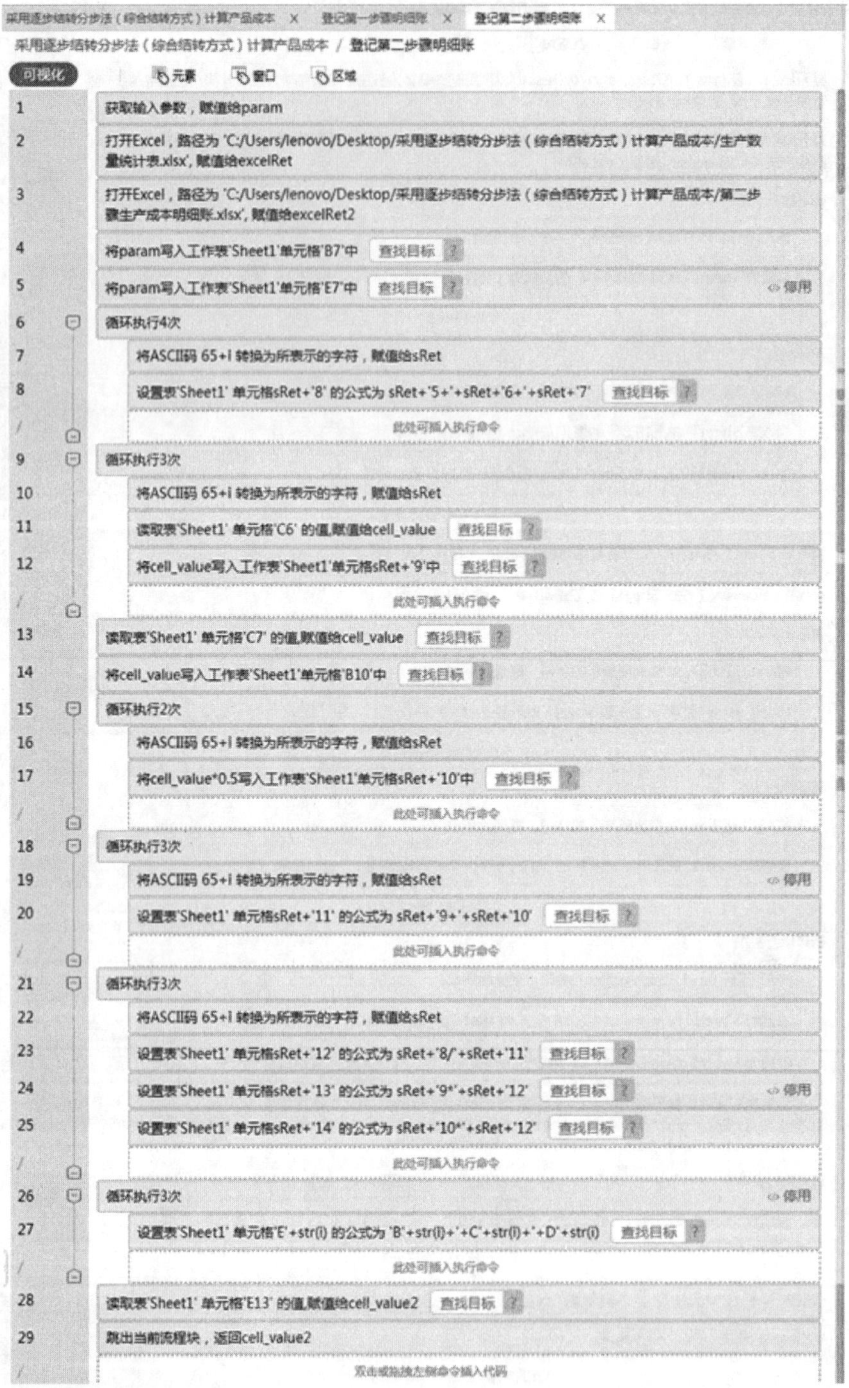

1	获取输入参数,赋值给param	
2	打开Excel,路径为'C:/Users/lenovo/Desktop/采用逐步结转分步法(综合结转方式)计算产品成本/生产数量统计表.xlsx',赋值给excelRet	
3	打开Excel,路径为'C:/Users/lenovo/Desktop/采用逐步结转分步法(综合结转方式)计算产品成本/第二步骤生产成本明细账.xlsx',赋值给excelRet2	
4	将param写入工作表'Sheet1'单元格'B7'中	
5	将param写入工作表'Sheet1'单元格'E7'中	停用
6	循环执行4次	
7	将ASCII码 65+i 转换为所表示的字符,赋值给sRet	
8	设置表'Sheet1'单元格sRet+'8'的公式为 sRet+'5'+'*'+sRet+'6'+'+sRet+'7'	
9	循环执行3次	
10	将ASCII码 65+i 转换为所表示的字符,赋值给sRet	
11	读取表'Sheet1'单元格'C6'的值赋值给cell_value	
12	将cell_value写入工作表'Sheet1'单元格sRet+'9'中	
13	读取表'Sheet1'单元格'C7'的值赋值给cell_value	
14	将cell_value写入工作表'Sheet1'单元格'B10'中	
15	循环执行2次	
16	将ASCII码 65+i 转换为所表示的字符,赋值给sRet	
17	将cell_value*0.5写入工作表'Sheet1'单元格sRet+'10'中	
18	循环执行3次	
19	将ASCII码 65+i 转换为所表示的字符,赋值给sRet	停用
20	设置表'Sheet1'单元格sRet+'11'的公式为 sRet+'9'+'+'+sRet+'10'	
21	循环执行3次	
22	将ASCII码 65+i 转换为所表示的字符,赋值给sRet	
23	设置表'Sheet1'单元格sRet+'12'的公式为 sRet+'8'/'+sRet+'11'	
24	设置表'Sheet1'单元格sRet+'13'的公式为 sRet+'9'*'+sRet+'12'	停用
25	设置表'Sheet1'单元格sRet+'14'的公式为 sRet+'10'*'+sRet+'12'	
26	循环执行3次	停用
27	设置表'Sheet1'单元格'E'+str(i)的公式为 'B'+str(i)+'+'C'+str(i)+'+'D'+str(i)	
28	读取表'Sheet1'单元格'E13'的值赋值给cell_value2	
29	跳出当前流程块,返回cell_value2	

操作视频

五、"登记第三步骤生产成本明细账编程"位置

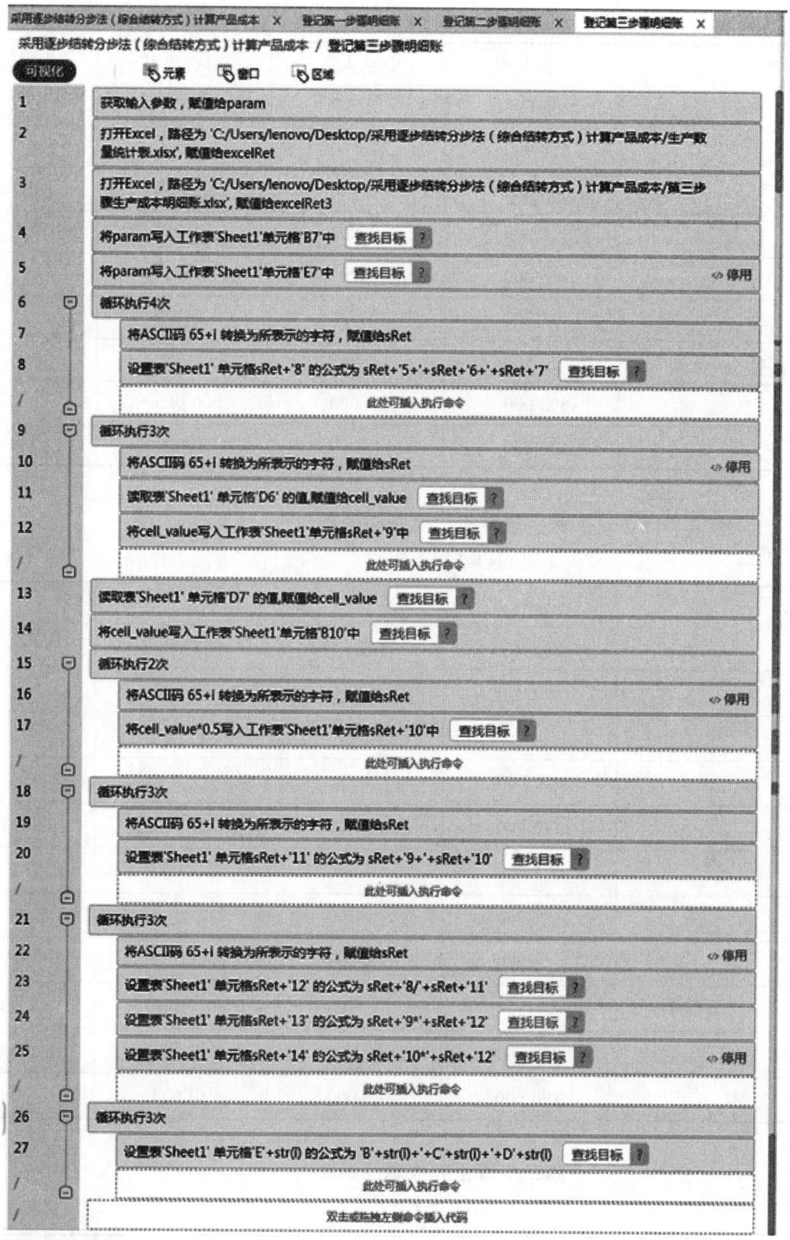

操作视频

六、运行程序后结果如下：

第一步骤、第二步骤、第三步骤生产成本明细账登记完毕：如表 6-21、表 6-22 和表 6-23 所示。

表 6-21　　　　　　　　　　　　第一步骤生产成本明细账

产品名称：半成品 A　　　　　　2024 年 7 月　　　　　　　　金额单位：元

摘　要	直接材料	直接人工	制造费用	成本合计
月初在产品成本	50 000	12 500	10 000	72 500
本月本步发生费用	550 000	262 500	210 000	1 022 500
生产费用合计	600 000	275 000	220 000	1 095 000
本月完工产品数量	1 000	1 000	1 000	
月末在产品约当量	200	100	100	
约当总产量	1 200	1 100	1 100	
本月完工产品单位成本（分配率）	500	250	200	950
本月完工产品总成本	500 000	250 000	200 000	950 000
月末在产品成本	100 000	25 000	20 000	145 000

表 6-22　　　　　　　　　　　　第二步骤生产成本明细账

产品名称：半成品 B　　　　　　2024 年 7 月　　　　　　　　金额单位：元

摘　要	上步转入	本步发生		成本合计
	半成品 A	直接人工	制造费用	
月初在产品成本	190 000	40 000	30 000	260 000
本月本步发生费用		400 000	300 000	700 000
本月上步转入费用	950 000			950 000
生产费用合计	1 140 000	440 000	330 000	1 910 000
本月完工产品数量	1 000	1 000	1 000	
月末在产品约当量	200	100	100	
约当总产量	1 200	1 100	1 100	
本月完工产品单位成本（分配率）	950	400	300	1 650
本月完工产品总成本	950 000	400 000	300 000	1 650 000
月末在产品成本	190 000	40 000	30 000	260 000

表 6-23　　　　　　　　　　　　第三步骤生产成本明细账

产品名称：甲产品　　　　　　　2024 年 7 月　　　　　　　　金额单位：元

摘　要	上步转入	本步发生		成本合计
	半成品 B	直接人工	制造费用	
月初在产品成本	660 000	80 000	60 000	800 000
本月本步发生费用		420 000	315 000	735 000
本月上步转入费用	1 650 000			1 650 000
生产费用合计	2 310 000	500 000	375 000	3 185 000
本月完工产品数量	1 100	1 100	1 100	
月末在产品约当量	300	150	150	

续表

摘　要	上步转入	本步发生		成本合计
	半成品 B	直接人工	制造费用	
约当总产量	1 400	1 250	1 250	
本月完工产品单位成本（分配率）	1 650	400	300	2 350
本月完工产品总成本	1 815 000	440 000	330 000	2 585 000
月末在产品成本	495 000	60 000	45 000	600 000

【知识归纳】

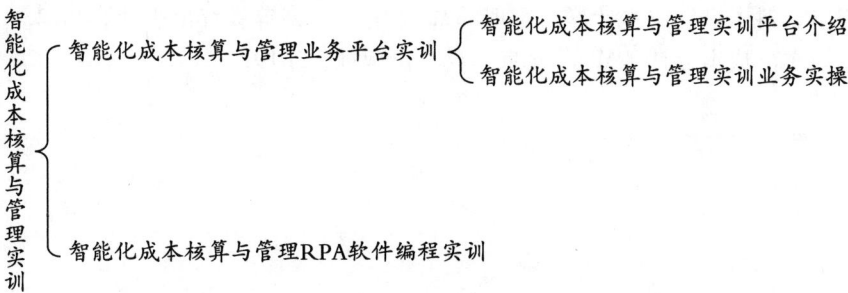

参考文献

1. 财政部. 企业产品成本核算制度（试行），2013.
2. 财政部. 企业会计准则应用指南（含企业会计准则及会计科目）[M]. 上海：立信会计出版社，2019.
3. 财政部会计资格评价中心. 初级会计实务 [M]. 北京：经济科学出版社，2024.
4. 张敏，黎来芳，于富生. 成本会计学 [M]. 北京：中国人民大学出版社，2024.
5. 程坚，钭志斌. 成本计算与管理 [M]. 北京：高等教育出版社，2023.
6. 毛波军. 成本会计 [M]. 北京：科学出版社，2019.